Limenistische Mystik
Die Weimarer Vorträge

Von K. Theo Frank

© 2026 K. Theo Frank
Verlag: BoD · Books on Demand GmbH, Überseering 33,
22297 Hamburg, bod@bod.de
Druck: Libri Plureos GmbH, Friedensallee 273,
22763 Hamburg

ISBN 978-3-7557-9515-5

Inhalt:

Montag:
Vorrede..3
Die Widersprüche..11
Dienstag:
Limenistik und Widersprüche..............................58
Mystik und Normalität...96
Die Versinnhaftung...144
Mittwoch:
Die Metapher...170
Die Poesie..243
Systematisierung..256
Donnerstag:
Mystik und Physik...268
Was der Materialismus nicht erfassen kann.........291
Freitag:
Religiöse Mystik: Meister Eckhart und die Beginen....323
Mystik im Kommunismus.....................................352
Die Zukunft der Mystik..374
Schlussbemerkung..381
Literaturverzeichnis...384

Erklärung: Die dargestellten Meinungen sind ausschließlich die persönlichen und subjektiven des Autors.

Montag

Vorrede

Sehr geehrte Damen und Herren!
Willkommen an diesem sonnigen Montagnachmittag auf unserer zweiten Limenistik-Konferenz, hier im schönen Weimar! Angesichts unseres Themas ahnen Sie es sicher schon: Wir werden uns mit dem Unbegreifbaren, Unvorstellbaren und Unerklärbaren befassen. Aber was ist das Unbegreifbare? Wie soll man sich das Unvorstellbare vorstellen oder das Unerklärbare erklären? Und warum sollte man es überhaupt tun? Unbegreifbare Vorgänge lassen sich nicht in die Begriffe fassen, die wir momentan kennen; unvorstellbare Vorgänge lassen sich nicht von unserer Vorstellung, unserer inneren Anschauung erfassen und Unerklärbares lässt sich im Rahmen unseres momentanen Wissens nicht hinsichtlich seiner Ursache entschlüsseln.

Sie sehen vielleicht schon, worauf ich hinauswill: auf Widersprüche. Geheimnisse, mysteriöse Ereignisse widersprechen dem, was man sich momentan vorstellen, begrifflich erfassen oder erklären kann. Ein paar Beispiele: (i) Dass drei gleich fünf ist, kann man zwar begrifflich formulieren, es sich aber nicht vorstellen, beispielsweise mithilfe von gedachten Streichhölzern. Außerdem gibt es keine Erklärung für eine solche Konstellation. Selbst wenn man eine findet, handelt es sich um einen mathematischen Trick, der eine unentdeckte Division durch null beinhaltet. (ii) Ein Baby, das auf einer Eisenbahn die Straße überquert oder eine Kuh, die statt Hörnern Antennen auf dem Kopf hat, kann man sich vorstellen, begrifflich erfassen und zu-

3

mindest technisch erklären. Dennoch ist dieses Bild widersprüchlich und lässt sich unter keinen Umständen erklären. Außer man nimmt an, es handele sich um Bullshit[1].

(iii) Die Nuancen der Liebe kann man fühlen, sich an sie erinnern, sie sich somit vorstellen, aber selten in Begriffe fassen, schon gar nicht mittels eindeutiger, technischer Formulierungen. Erklären kann man sie sich zumeist gar nicht. Die Liebe ist somit das unbegreifbare Mysterium schlechthin.

(iv) Ein bestimmtes Verhalten von Menschen, die Ausführung von schlimmen Straftaten, ist für uns widersprüchlich, obwohl wir sie uns bildlich vorstellen und in Begriffe fassen können. Aber sie widersprechen unserem moralischen Kompass und stellen daher ein - wenn auch makabres - Geheimnis dar.

(v) Auch das Abstrakte erfüllt das Kriterium der Unvorstellbarkeit. Abstraktes steckt zumeist in Gesetzen, sowohl solchen für das menschliche Zusammenleben als auch in naturwissenschaftlichen Gesetzen, beispielsweise aus der Biologie oder der Physik. Das Evolutionsgesetz[2] betrifft zwar alle lebenden Wesen, aber es ist abstrakt und steckt sozusagen als Gesetz in jenen Wesen, wobei es sie gleich-

---

[1]"Bullshit" bedeutet in der Philosophie prätentiöses Gerede ohne relevanten oder mit falschem Inhalt.

[2]Das Evolutionsgesetz geht im Wesentlichen auf Charles Darwin (12.2.1809 - 19.4.1882) zurück. Es besagt, dass neben der Überlegenheit im Kampf um Ressourcen diejenige Spezies überlebt, die durch zufällige genetische Veränderungen in ihren Nachkommen besser an die jeweiligen Umweltbedingungen angepasst ist und welche darüber hinaus die Fähigkeit erworben hat, sich auch innerhalb derselben Generation, z.B. durch Intelligenz und gezieltes Eingreifen in ihre Umgebung, immer besser an jene anzupassen.

4

zeitig als solche definiert bzw. umfasst. Ein anderes, hochabstraktes Gesetz beinhaltet die Äquivalenz von Masse und Energie[3], über das wir später ausführlicher sprechen werden. Es besagt, dass sich die Masse eines Systems verringert, wenn es Energie abgibt, jedoch erhöht, wenn es Energie aufnimmt. Es gibt jedoch Betrachtungen, die abstrakter und viel älter sind als die genannten Naturgesetze, nämlich theologische Betrachtungen. Tatsächlich ist Gott DAS Modell für absolute Unbegreiflichkeit, Unvorstellbarkeit und Unerklärbarkeit, für das absolut Geheimnisvolle. Die Theologie versucht, dennoch ein wenig Licht in Gottes Geheimnis zu bringen, wobei sie jenes - ob gewollt oder ungewollt - meist noch verstärkt. Nehmen wir das Verständnis von Gott als abstrakte Wirklichkeit. Damit ist keine bestimmte, reale Sache gemeint, keine bestimmte "Washeit", beispielsweise die Milchstraße, auch nicht alle realen Dinge zusammen. Vielmehr ist Gott die Wirklichkeit überhaupt, die Tatsache, DASS etwas da ist. William Hoye [1, Vorlesung 1] spricht bei der abstrakten Wirklichkeit auch von "Dassheit". Sieht man die Wahrheit als Abbild der Washeit im Bewusstsein, so sind in Gottes Bewusstsein Wahrheit und Washeit identisch. Gott ist Erkenntnis, die sich ewig selbst erkennt als wahrheitsgetreue Kopie der Washeit in seinem Bewusstsein, die aber keine Kopie, sondern er selbst ist, somit sein Bewusstsein. Gott als die abstrakte Wirklichkeit ist aber nicht seine Schöpfung, sondern das Sich-Bewusst-Sein jener Washeit, das

---

[3]Die Masse-Energie-Äquivalenz wurde von Albert Einstein (14.3.1879 - 18.4.1955) als Konsequenz der Speziellen Relativitätstheorie entdeckt und durch die berühmte Formel $E=mc^2$ ausgedrückt. Es handelt sich um ein nahezu universelles Gesetz, da es sich auf alle massehaltigen Körper bezieht.

sich und damit jene Wirklichkeit erst erzeugt, indem es sich jener Wirklichkeit bewusst ist, also sich selbst. Die Dassheit ist die höchste Abstraktion der Existenz, sie ist nicht an ein konkretes Sein gebunden und somit der Unergründlichkeit Gottes am nächsten. Sie ist begrifflich formulierbar, aber absolut unvorstellbar.

Meine Damen und Herren!
Sämtliche Ausprägungen der Unbegreiflichkeit, Unvorstellbarkeit und Unerklärbarkeit kann man unter dem Begriff des Widerspruchs subsumieren. Wird man eines Widerspruches gewahr, möchte man am liebsten ausrufen: "Das geht doch nicht, das ist nicht möglich, das ist unbegreiflich!" Widersprüche besitzen allerdings noch ein anderes Moment, nämlich die Motivation, sie aufzuklären. "Wie kann man diesen Widerspruch aus der Welt schaffen? Wie kann man sich das Geschehene vorstellen, es in Begriffe fassen oder erklären. Wie kann ich das Geheimnis hinter dem Widerspruch lösen?" Ein Geheimnis hat daher stets etwas Erotisches.

Was ist Mystik, meine Damen und Herren?
Diese Frage werden meine Kolleginnen und Kollegen im Weiteren noch öfter stellen. Ohne zu viel vorwegzunehmen, kann ich sagen, dass die Mystik Widersprüche zu unserem Verständnis, somit Geheimnisse zementiert. Deswegen ist sie gerade in der heutigen Zeit attraktiv, denn in einer übererklärten Welt ist es ein Problem, offene Fragen überhaupt zu finden, ohne dass sie sofort von irgendeinem Computerprogramm beantwortet werden. Die Beantwor-

tung der Fragen, die Lösung der Geheimnisse und Widersprüche, ist immer mit dem Herstellen von Sinn verbunden. Sich etwas Neues oder anderes vorzustellen, etwas in Begriffe zu kleiden oder etwas zu begründen, bedeutet, ihm einen Sinn zu geben. Eine begrifflich formulierte Sache macht im Rahmen der Begriffszusammenhänge Sinn, etwas Vorgestelltes macht innerhalb des Vorstellbaren Sinn, etwas Erklärtes macht innerhalb der Erklärungsgrundsätze Sinn. Die Frage ist nur, ob die Begriffssysteme, das Vorstellbare und die Erklärungsgrundsätze dasjenige sind, was wir als Realität bezeichnen. Nehmen wir komplett durcheinandergewürfelte Begriffe: "Sieben, Auto, Hund", so macht die Tatsache, dass ihre Aneinanderreihung keinen Sinn machen soll, innerhalb dieses Rahmens Sinn und ist dort widerspruchsfrei, sie hat aber dadurch keine Realität. Ein Auto mit sieben Hunden ist selten, aber durchaus realisierbar. Nehmen wir die Aussage, dass ein Auto und ein Lkw nicht gleichzeitig denselben Ort im Raum belegen können. Diese Aussage ist nur in einer Welt widerspruchsfrei, in der zwei Körper sich nicht durchdringen können - unserer Alltagswelt.

Wie kommen Widersprüche überhaupt zustande? Nehmen wir ein Tier, das niemand je zuvor gesehen hat. Wir könnten es durch die Gemeinsamkeiten beschreiben, die es mit bekannten Tieren teilt. Z.B. hat es ein weißes Fell, lange Ohren, Hufe, einen Schwanz, spitze Zähne usw. Wenn wir das tun, bemerken wir sehr schnell, wie kompliziert die Beschreibung wird. Da das neue Tier bestimmte Gemeinsamkeiten mit bekannten Tieren oder mit einem Gegenstand hat, ist es einfacher, statt konkreter Gemeinsamkeiten, das ähnliche Tier oder den ähnlichen Gegenstand als Vergleichsobjekt zu nennen. Allerdings muss man sich darüber im Klaren sein, dass dem neuen Tier definitiv Gemeinsamkeiten fehlen, die die Vergleichsdinge teilen und jene Vergleichsdinge bestimmte Eigenschaften des Tieres nicht besitzen. Möglicherweise handelt es sich dabei um Eigenschaften, die durch keinen unserer Sinne wahrnehmbar sind, von denen wir aber wissen, dass sie da sein müssen.

Man kann nun sagen, dass das fremde Tier mehrfache Widersprüche aufweist. Auch wenn es uns so vorkommt, sind es jedoch keine "inneren" Widersprüche zwischen seinen Eigenschaften, sondern die zwischen jenen Eigenschaften und den bisher von uns in einem Tier für möglich oder zumindest gewöhnlich gehaltenen. Es sind Widersprüche zwischen dem Tier und unseren bisherigen Anschauungen sowie den Inhalten der von uns bisher verwendeten Begriffe und Erklärungen. Sie sind (i) einerseits Ausdruck der Unzulänglichkeit des Menschen, die Dinge nicht vollständig durch seine Anschauung, Erklärung und seine Begriffe erfassen zu können. Daher sind auch die unbekannten Eigenschaften Teil des Widerspruchs. Andererseits sind Widersprüche Ausdruck (ii) seiner kognitiven Möglichkeiten, denn er kann den Spieß umdrehen und jederzeit Aussagen formulieren, auch wenn die Natur sie gar nicht verwirklicht, wofür sein wichtigstes Werkzeug die Negation ist, da sie das Nicht-Etwas gedanklich als Etwas (anderes) begreift, beispielsweise als seinen Gegensatz innerhalb einer Totalität[4]. Zur Negation gehören: das gedankliche Vernichten, die Synthese von Dingen, deren Zerteilen; und der Emergenz, d.h. dem gedanklich völlig Neuem. Die beiden Arten von Widersprüchen (i-ii) sind die Ursache aller Unbegreifbarkeit, Unvorstellbarkeit und Unerklärbarkeit. Fluch und Fähigkeit des Menschen ist es, das Reale zu transzendieren, um den Preis, dass er mit dem Ergebnis nichts anfangen kann. Um die Widersprüche, meine Damen und Herren, soll es nun gehen.

Bevor wir beginnen, noch ein paar organisatorische Punkte. Wer es noch nicht getan hat, soll bitte sein Namensschild vom Tisch am Eingang abholen. Denken Sie daran, dass es hier in der Villa "Christiane" stets deutlich sichtbar zu tragen ist. Darüber hinaus möchte ich daran erinnern, dass es pro Tag weniger Vorträge geben wird als bei unserer ersten Konferenz. Das soll allen die Möglichkeit geben, die Nachmittage für Ausflüge zu Weimars geschichtlich und kulturell interessanten Orten zu nutzen. Ich empfehle die Innenstadt mit ihren zahlreichen Museen, aber auch einen Spaziergang durch den Schlosspark von Ettersburg. Weimar ist voller Geschichte, solcher, auf die unser Land stolz ist, aber auch solcher, die wir am liebsten verdrängen würden. Ich spreche vom ehemaligen Konzentrationslager Buchenwald. Aber wir sollten auch nicht vergessen, welche großen Gelehrten mit Weimar verbun-

---

[4] Totalität bedeutet ein prinzipiell abgeschlossenes System inklusive der Komponenten, welche die Totalität ausmachen, weil sie sie über ihre Wechselwirkungen stabilisieren. Totalitäten beinhalten Aktionen und deren Gegenaktionen, von der einfachen Schraube-Mutter-Verbindung bis zu den komplizierten Zügen in einem Schachspiel.

9

den sind: Johann Wolfgang von Goethe, Friedrich Schiller, Friedrich Nietzsche und so weiter. Während unserer Konferenz sollten wir versuchen, vor allem auf ihren Spuren zu wandeln. Und nun wünsche ich uns fünf fruchtbringende Tage.

Die Widersprüche

Meine sehr geehrten Damen und Herren! Ich bin hocherfreut, den ersten Spezialvortrag vor Ihnen halten zu dürfen. Doch bevor wir in die Mystik selbst einsteigen, möchte ich gern - anknüpfend an meinen Vorredner - über Widersprüche reden. Was sind Widersprüche? Zur Beantwortung dieser Frage, möchte ich die Mutter aller Widersprüche anführen, den logischen Widerspruch. Entsprechend nenne ich in Widerspruch zueinanderstehende Aussagen "Gegensätze", in logischem Widerspruch zueinanderstehende Aussagen "logische Gegensätze".

Ich sage: "Die Sonne scheint." Mein Freund sagt den logischen Gegensatz: "Nein! Die Sonne scheint nicht." Wenn es sich um einen sehr guten Freund handelt, könnte ich geneigt sein, ihm um des lieben Friedens willen Recht zu geben. Wenn er mich ebenso gern hat, gibt er mir gleichfalls recht. Doch so funktioniert Logik nicht. Einer von uns beiden hat unrecht und wir beide können gleichzeitig nicht im Recht sein. Der Satz vom logischen Widerspruch besagt, dass keine Aussage wahr und unwahr sein kann. Liegen solche sich ausschließenden Aussagen vor, so entsprechen sie einer Nullaussage, d.h., man kann nichts Brauchbares aus ihnen ableiten oder gar Entwicklungen voraussehen. Im limenistischen Verständnis ist das Erlangen verlässlicher Vorhersagen jedoch das Grundprinzip menschlichen Strebens, um sich unter deren Berücksichtigung existent zu erhalten. Also herrscht im Menschen immer der Antrieb, logische Widersprüche abzuweisen, um Vorhersagbarkeit zu erreichen.

Die Abweisung eines logischen Widerspruchs kann zunächst darin bestehen, ihn zu falsifizieren, also zu untersuchen, ob es sich wirklich um einen solchen Widerspruch handelt. Es kann nämlich sehr wohl der Fall sein, dass der Satz "die Sonne scheint" sich nicht auf dieselbe Sonne bezieht oder nicht auf dieselbe Sache, auf die sie angeblich scheint. "Die Sonne scheint auf das Haus." und "Die Sonne scheint nicht auf das Haus", bilden keinen Widerspruch, wenn es sich um unterschiedliche Häuser handelt. Logische Widersprüche sind ebenfalls nur scheinbar, wenn sich die Aussagen auf unterschiedliche Zeiten beziehen (Am Montag scheint die Sonne, am Dienstag nicht), oder wenn es sich um subjektive Bewertungen unterschiedlicher Beobachter handelt ("Trotz der Wolken würde ich behaupten: Die Sonne scheint!"). Man könnte auch sagen, dass in einer allgemeineren Welt "Die Sonne scheint, die Sonne scheint nicht" ein logischer Widerspruch vorliegt, in einer spezifischeren "Die Sonne scheint auf mein Haus aber nicht auf deins" jedoch nicht.

Was aber, wenn sich die beiden Aussagen tatsächlich logisch ausschließen, wenn sie also "unvereinbar" sind? Der einzige Weg, solche Widersprüche abzuweisen, ist, sie "aufzulösen". D.h. die richtige Aussage setzt sich gegen die falsche durch und letztere wird abgewiesen, zusammen mit dem durch sie verursachten Widerspruch. Dafür müssen die Vertreter der widersprüchlichen Aussagen nicht miteinander kämpfen, bis sie tot umfallen. Der Widerspruch zwischen Sonne und Nicht-Sonne lässt sich auflösen, indem man einfach in den Himmel schaut und gedanklich die richtige Schlussfolgerung zieht. Die Zuweisung eines logischen Widerspruchs und dessen gleichzeitige Hinterfragung als Widerspruch ist ebenfalls ein logischer Widerspruch, der allerdings nur "gelöst" werden kann. Somit handelt es sich bei einem scheinbaren logischen Widerspruch ebenfalls um einen logischen Widerspruch und seine Falsifizierung - beispielsweise die Feststellung, dass die Sonne auf ein Haus scheint und auf ein anderes nicht - ist ebenfalls seine Auflösung.

Meine Damen und Herren!
Schauen wir uns den Satz vom logischen Widerspruch noch einmal genauer an: Eine Aussage über eine Sache kann nicht zugleich wahr und falsch sein. Diesen Satz kann man ein wenig umgestalten: Wir behaupten, dass die Wahrheit über eine Sache und die Nichtwahrheit über eine Sache in jener Sache nicht zusammenfallen können.

Ich möchte den letzteren Satz noch ein wenig strukturieren, um mich den Widersprüchen jenseits der logischen zu nähern. Die erste Stufe wäre eine Positivierung: Aus "Ein Hund ist ein Hund und nicht nicht ein Hund" würde dann "Ein Hund ist ein Hund und keine Katze." In umgestalteter Form: "Ein Hund und eine Katze können nicht in einem Tier zusammenfallen." Martin Luthers (10.11.1483 - 18.2.1546) berühmtes Zitat: "Ein Christenmensch ist ein freier Herr über alle Dinge und niemand untertan. Ein Christenmensch ist ein dienstbarer Knecht aller Dinge und jedermann untertan." [2] entspricht auf den ersten Blick einem solchen logischen Widerspruch, wobei Herr und

13

Knecht logisch nicht im Christenmenschen zusammenfallen können, so wie Hund und Katze in einem Tier[5].

Das erinnert uns an etwas, das wir aus der Physik kennen, nicht wahr? Zwei Körper können nicht gleichzeitig am selben Ort sein. In der gleichen Weise können zwei Orte zur gleichen Zeit nicht auf dasselbe Individuum zutreffen, ein Umstand, der der Alibisuche bei Kriminalfällen ihren Sinn gibt. Lassen Sie uns dem logischen Widerspruch, ausgehend von diesen räumlich-zeitlichen Koinzidenzen, weitere Struktur geben: Ich nenne gleichzeitig+am selben Ort=zusammen; gleichzeitig+nicht am selben Ort=getrennt; zu unterschiedlichen Zeiten+am selben Ort=verharrt; zu unterschiedlichen Zeiten+an unterschiedlichen Orten=bewegt. Die stärkste Form von "Zusammen" wäre das Objekt selbst. Alle Räume und Zeiten, von denen ich hier spreche, sind generalisiert. Zusammen kann z.b. auch

---

[5]Das Paradoxon wird durch eine Spezifikation des Verständnisses von Freiheit aufgelöst. Der gläubige Christenmensch ist frei, indem er frei von der Notwendigkeit ist, sich Gott mittels seiner Werke anzudienen. Daher muss er sich in seinen Bemühungen gottgefällig zu sein, nicht mehr auf sich selbst richten, sondern kann für andere da sein (Knecht), was wiederum das Zeichen dafür ist, dass er wirklich an die Auferstehung Jesu Christ glaubt und diesen Glauben gegenüber gottgefälligen Werken als einzigen Weg in das ewige Leben ansieht. Der Christenmensch nutzt also seine Freiheit dazu, unfrei zu sein. Diametral entgegen, aber der gleichen Logik folgend, steht das Motto liberaler Ökonomen wie Milton Friedmann (31.6.1912 - 16.11.2006), das besagt: Die Ausrichtung ökonomischer Werke auf andere Menschen sei nicht nötig oder sogar schädlich, da die Ausrichtung jener Werke auf den eigenen Erfolg ohnehin nur durch ihre Nützlichkeit für andere gegeben ist und andererseits nur durch sie effektive und rationale Entscheidungen getroffen werden können.

das emotionale Zusammensein zweier Liebenden bedeuten. Analog zum Satz vom logischen Widerspruch folgt, dass Getrenntes nicht zusammen sein kann und zusammen Seiendes nicht getrennt sein kann. Insbesondere können zwei getrennte Dinge nicht ein und dasselbe sein und dasselbe kann nicht, getrennt von sich, sich gegenüberstehen (das menschliche Bewusstsein vielleicht ausgenommen). Gegensätze, die nicht zusammen auftreten können, werde ich im Weiteren als "Gegensätzlichkeiten" bezeichnen. Ihnen gegenüber stehen Gegensätze, die nie getrennt auftreten können. Im Weiteren werde ich sie als "Einsätzlichkeiten" bezeichnen.

Um mich von der Logik kommend allgemeineren Widersprüchen zu nähern, möchte ich diese Logik ein wenig aufweichen. Hierzu hebe ich das strikte Negierungsverhältnis zwischen "getrennt" und "zusammen" auf, ohne jedoch die Dimensionalität null von Raum- und Zeitpunkten aufzugeben. Dadurch gibt es in bestimmten Fällen Getrenntes, das zusammen sein kann und etwas, das zusammen ist, kann getrennt sein. Ein Objekt kann viereckig und blau gleichzeitig sein, die Liebenden können zusammen sein und räumlich getrennt sein. Nun möchte ich auch die Zeit- und Raumpunkte mit einer Unschärfe versehen, und zwar in allen generalisierten Dimensionen. Diese Aufweichung erlaubt das unwidersprochene Zusammen aller getrennten Dinge bzw. das Getrennt jedes einzelnen Dinges. Ein Objekt kann normalerweise nicht rot und blau sein, ohne lila zu werden, aber rot und blau gekachelt oder rot und blau blinkend. Ein einziges Ding kann andererseits aus mehreren getrennten Dingen bestehen. Zusammen und getrennt

15

können sogar miteinander verschmelzen, beispielsweise in einer Hassliebe oder, wie wir später sehen werden, bei dialektischen Widersprüchen.

Außerdem wird durch die Aufweichung Veränderung im gleichen räumlich-zeitlichen Punkt zugelassen. Jemand ist gleichzeitig in der Wohnung und draußen, wenn er gerade hereinkommt oder hinausgeht. Ein Mensch ist ein Wesen, das es nicht ist und nicht das Wesen, das es ist. Diese Aussage von Jean-Paul Sartre (12.6.1905 - 15.4.1980) verdeutlicht die ständige Veränderung, insbesondere das sich frei und selbstverantwortliche Entwerfen des Menschen in einen anderen/neuen Zustand. Zum Widerspruch zwischen Verharren und Bewegen: Etwas Verharrtes kann nicht bewegt sein und etwas Bewegtes nicht verharrt. Und wieder möchte ich eine gewisse Unschärfe in diese Festlegungen bringen. Auf diese Weise erhalten wir ein dynamisches System, das in sich stabil ist, obwohl sich in seinem Inneren alles bewegt und Materie mit der Umwelt getauscht wird. Es stellt sich die Frage, ob die Negierungsverhältnisse generell negierbar sind oder nur optional. Bleibt der Ausschluss von Zusammen oder Getrennt irgendwo erhalten? In welchen Fällen ist Bewegtes nicht gleichzeitig verharrt und Verharrtes nicht bewegt? Oder können wir grundsätzlich alles Zusammen trennen, alles Getrennte zusammenführen, alles Bewegte verharren und alles Verharrte bewegen? Sicher nicht, denn die Empirie[6]

---

[6]Empirie ist die "Methode, die sich auf wissenschaftliche Erfahrung stützt, um Erkenntnisse zu gewinnen; aus wissenschaftlicher Erfahrung gewonnenes Wissen; Erfahrungswissen." [3] Im Weiteren wird

wird uns einen Strich durch die Rechnung machen. Die ultimative Evidenz[7] hierfür ist gegeben, wenn sich zusammengefügtes Getrenntes oder getrenntes Zusammengefügtes dadurch in der Realität vernichtet. Gleiches gilt für bewegtes Verharrtes und verharrtes Bewegtes. Mit dieser Aussage sind wir, meine Damen und Herren, beim ultimativen limenistischen Kriterium für die Existenz der Dinge angekommen: der Existenz selbst. Man könnte nun zwischen der Existenz von etwas in unseren Gedanken und der Existenz in der Realität unterscheiden. Allerdings gibt es die Realität für uns Menschen ebenfalls nur in verschiedenen Gedankenwelten. Selbst das, was wir unter Empirie verstehen, ist nur eine Gedankenwelt. Wir gelangen also zu einer relativen Widersprüchlichkeit, d.h., ob Aussagen widersprüchlich sind oder nicht, hängt vom Bezugssystem bzw. der Bezugswelt ab. Was? Hat da jemand Postmoderne gesagt? Nun, postmoderne Beliebigkeit würde bedeuten, dass wir uns nur auf unsere Wünsche beziehen, oder besser, auf ein Wahrheitsschlaraffenland.

Zunächst einmal gehe ich davon aus, dass es die Realität gibt und dass sie eine geordnete Struktur aufweist, die der Mensch zumindest teilweise erkennen und anhand seines Verstandes entsprechende Voraussagen treffen kann. Damit meine ich nicht nur unsere direkte physische Umgebung, sondern auch abstrakte wissenschaftliche Wahrheiten und die inneren Zustände von Menschen. Generell

---

der Begriff Empirie auch in der Bedeutung von "in der Wirklichkeit erwiesen" benutzt, was letztendlich auf unmittelbare Evidenz zurückgeht.
[7]Evident ist ein wahres, offensichtliches Urteil aufgrund einer direkten Beobachtung, beispielsweise: Es ist hell, weil die Sonne scheint.

schöpfen wir Aussagen bezüglich irgendeiner Sache aus unseren momentan erinnerten Begriffen, Vorstellungen und Erklärungen, die ich im Weiteren mit "BEVOR" abkürzen werde. Die BEVOR innerhalb er BEVOR-Welt stehen in vielfältigen Beziehungen zueinander, sollten aber im Großen und Ganzen einen widerspruchsfreien Komplex ergeben. Trotzdem müssen Aussagen nicht widerspruchsfrei zu den BEVOR sein, insbesondere, wenn sie von anderen Menschen stammen. Tatsächlich gibt es Widersprüche und Übereinstimmungen von Aussagen mit der BEVOR-Welt, also BEVOR-Widersprüche und Übereinstimmungen. Es kann sich um begriffliche, anschauliche und Deutungswidersprüche handeln sowie deren Kombinationen. Begrifflich-anschauliche Widersprüche sind begrifflich oder anschaulich nicht erfassbare Aussagen. Deutungswidersprüche zu den BEVOR entstehen, wenn eine Aussage einerseits zwar erklärbar und begreifbar, andererseits jedoch nicht BEVOR ist, eine vorhandene BEVOR auslöschen oder in ihr Gegenteil verkehren würden. Ein Wolpertinger wäre ein Deutungswiderspruch, ein "Quantenzustand" ein anschaulicher Widerspruch, "©!#?!©" ein begrifflicher Widerspruch. Widersprüche zu den BEVOR müssen nicht unbedingt objektiv falsch sein.

In *Bild 1* ist die BEVOR-Welt schematisch dargestellt. Sie besteht aus einem strikten Teil, in dem alles mit unseren Begriffen, Vorstellungen und Erklärungen erfassbar ist, d.h. etwas muss begrifflich erfassbar, vorstellbar und erklärbar sein. Aber es gibt auch weniger strikte Bereiche, wo etwas im ungünstigsten Fall nur noch begrifflich erfassbar oder vorstellbar oder nur noch abstrakt erklärbar ist. Unerklärbares, Unbegreifliches und Unvorstellbares befindet sich jenseits der strikten BEVOR. Unerklärbares, Unbegreifliches oder Unvorstellbares befindet sich jenseits des entsprechenden Teilbereichs der BEVOR.

Die BEVOR-Welt enthält die "praktisch-reale" Welt der Wahrheiten, somit der vernünftigen Wissenschaft, dem Hilfreichen, der Ethik. Die praktisch-reale Welt ist von dem bestimmt, von dem wir individuell oder als Gruppe überzeugt sind, dass es richtig ist. Wissenschaft beispielsweise kann objektiv korrekte Aussagen hervorbringen. Führt die Wissenschaft aber zu Zerstörung und Leid, ist sie zum Praktisch-Realen widersprüchlich. Innerhalb der BEVOR-Welt gibt es außer der praktisch-realen Welt noch Annahmen, Vermutungen, Fantasien, Wünsche usw. an deren Wahrheit wir unsere Zweifel haben, deren Zustandekommen wir jedoch begrifflich formulieren, uns vorstellen und/oder, im Rahmen der Fantasie, erklären können. Eine Kuh mit Hörnern wäre ein Teil der realen und der praktisch-realen Welt, ein Pferd mit Flügeln wäre ein Teil der Fantasie-Welt. Aber beide wären Teil der BEVOR-Welt.

Beachten Sie, dass praktisch-reale Wahrheiten, aber auch Fantasie-Aussagen, nicht unbedingt begreifbar, vorstellbar UND erklärbar sein müssen. Daher können sich Aspekte des Praktisch-Realen außerhalb der BEVOR befinden. Beachten Sie außerdem, dass die BEVOR und damit auch alle anderen Welten abhängig von den Individuen sind, die sie in sich tragen. Johann Wolfgang von Goethe

19

(28.8.1749 - 22.3.1832) beispielsweise deutete das Zustandekommen von Farben als Wechselwirkung zwischen Licht und Finsternis [4]. Diese Aussage ist natürlich falsch, allerdings hatte Goethe gewissenhafte Experimente durchgeführt und eine - zumindest für ihn - schlüssige Erklärung gefunden. In seiner BEVOR-Welt war die Farbenlehre praktisch-real, in der Welt der heutigen Wissenschaft - also der objektiven praktischen Realität - ist sie falsch. Dennoch überlappen jene Welten in den Menschen, was mit den grundsätzlich gemeinsamen Fähigkeiten der Spezies Mensch, Erziehung und gleichen sozialen Einflüssen zu tun hat.

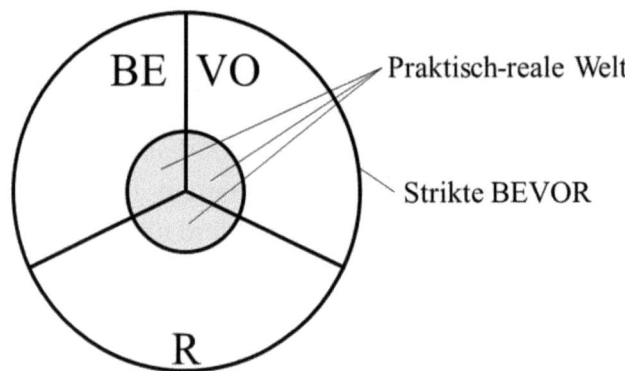

Bild 1: BEVOR-Welt. Die strikte BEVOR besteht aus Vorstellung, Begrifflichkeit und Erklärung. Die nicht-strikte BEVOR aus Vorstellung, Begrifflichkeit oder Erklärung. Die praktisch-reale Welt ist Teil der BEVOR, darüber hinaus bestehen Letztere aus Fantasien, Spekulationen etc.

Meine Damen und Herren!
Lassen Sie mich ein paar Beispiele für das Gesagte vorbringen. Wir haben bereits gehört, dass Widersprüche zwischen Dingen bestehen können, die nicht zusammen sein können. Solche Gegensätzlichkeiten sind nach unseren Betrachtungen nicht mehr nur auf sich logisch ausschließende Aussagen beschränkt. Sie sind gegensätzlich, z.B.,
(i) weil sie sich zusammen auslöschen würden.
(ii) weil sie unterschiedliche Kategorien bilden.
(iii) weil ein Ding in einen Bereich gehört, das andere in den anderen.
(iv) weil sie zwar im gleichen Bereich aktiv sind, aber getrennt Aufgaben ausführen müssen.

(ad i) Sich auslöschende Gegensätze sind stark an die Auflösung von logischen Widersprüchen angelehnt. Zwei widersprüchliche Aussagen würden sich nämlich zu einer Nichtinformation addieren. Die gleichzeitige Gültigkeit der Sätze "Es ist Tag." und "Es ist Nacht." würde keine Information darüber preisgeben, ob es nun Tag oder Nacht ist. Man kann nicht gleichzeitig bremsen und beschleunigen, starke und schwache Knochen haben usw. Auch Feinde würden sich gegenseitig oder - im Fall von Raub- und Beutetieren - ersterer den andern töten und bilden daher einen entsprechenden Widerspruch. In einer bekannten Fantasiewelt können Orks und Hobbits nicht zusammenkommen, da sie sich gegenseitig umbrächten.
(ad ii) Unterkategorien, die zusammen eine obere Kategorie bilden, sind per definitionem Alternativen zueinander. Daher können sie nicht zur selben Zeit im selben Objekt

wirklich sein. Fragt man nach der Bedeckung eines Baumes, so handelt es sich entweder um Nadeln oder Blätter, nicht um beides. Ein Homo erectus ist nicht gleichzeitig ein Homo habilis, es sei denn, jemand hat ein genetisches Experiment veranstaltet. Die Widersprüche innerhalb der Kategorien beziehen sich, wie Sie sehen, nicht so sehr auf die Objekte, die ihnen zugeordnet sind. Es handelt sich vielmehr um widersprüchliche Eigenschaften.

(ad iii) Dinge - denen es prinzipiell möglich wäre - können mitunter nicht gleichzeitig zusammenkommen, weil es räumlich unmöglich ist. Beispielsweise kann ein Eisbär in freier Natur keinen Pinguin fressen, da die eine Art am Nordpol, die andere am Südpol lebt. Ein Straftäter im Gefängnis ist der Widerspruch zu einem unbescholtenen Bürger, da sie beide durch eine Mauer voneinander getrennt sind.

(ad iv) Widersprüche werden nicht nur den Unterkategorien einer bestimmten oberen Kategorie, beispielsweise Farben, zugeschrieben, sondern auch den Komponenten abgeschlossener Totalitäten, beispielsweise Lebewesen in einem Ökosystem oder die Bestandteile einer Maschine. Freilich relativieren sich diese Widersprüche, wenn man sich der Totalität hinsichtlich ihres Zusammenwirkens bewusst wird. Auch Farben sind keine Gegensätzlichkeiten mehr, wenn man einen Regenbogen betrachtet oder Licht mithilfe eines Prismas in seine Farbkomponenten zerlegt.

Meine Damen und Herren!
Wir haben ebenfalls gehört, dass bestimmte Dinge nicht getrennt auftreten können. Lassen wir neben den rein logischen (ein Objekt kann nicht von sich getrennt sein)

auch anders begründete Einsätzlichkeiten zu. Beispielsweise können Mutter und Kind nicht dauerhaft an verschiedenen Orten sein. Innerhalb verschiedener Regenbögen kann die Farbe Blau nicht an verschiedenen Stellen sein. Dinge können nicht getrennt auftreten, z.B., weil
(i) sich die getrennten Dinge sonst auslöschen würden,
(ii) sie als Eigenschaften in einer Kategorie sind,
(iii) sie in den gleichen Bereich gehören,
(iv) weil sie zwar in unterschiedlichen Bereichen aktiv sind, aber aufeinander angewiesene Aufgaben ausführen, z.B. im Rahmen einer Totalität.

Das Verharren widerspricht zwar nicht der Logik, unserer praktisch-realen Welt jedoch grundsätzlich, da sich alles bewegt und verändert. Eine Aufweichung des Verharrens gegenüber der Bewegung brächte das bereits genannte, abgeschlossene System hervor, das sich im Inneren bewegt, außen jedoch stabil bleibt. Versteht man umgekehrt Bewegung als gleichzeitiges Sein in einem und einem anderen Zustand, widerspricht sie der Logik, aber nicht der praktisch-realen Erfahrung.

Meine Damen und Herren!
Lassen Sie uns ein wenig Ordnung in die aufgeweichten logischen Widersprüche bringen, die ich im Weiteren als logisch-antagonistische Widersprüche bezeichnen werde. Was verbindet diese Widersprüche? Die Aussage: "Gerade ist Tag und Nacht zugleich", geht einerseits auf den logischen Aspekt zurück, dass bei Tag die Sonne scheint und bei Nacht eben nicht. Er birgt andererseits einen geometrisch-physikalischen Widerspruch, d.h. einen Zustand,

23

der geometrisch-physikalischen Gesetzen widerspricht, nämlich dass die Sonne in der Nacht nicht zu sehen ist, weil sich die Südhalbkugel ihr zugewendet hat. Es ist durchaus ein Sonnensystem mit mehreren Sonnen vorstellbar, sodass bezüglich der einen gerade Tag und bezüglich der anderen Nacht ist.

Sie sehen, meine Damen und Herren, dass logisch-antagonistische Widersprüche dann entstehen, wenn sie Gesetzen widersprechen. Aber was wäre so schlimm an der Verletzung solcher Gesetze? Nun, logisch-antagonistische Widersprüche beziehen sich auf Totalitäten, z.B. Systeme. Würde der logisch-antagonistische Widerspruch in einem System vorhanden sein, würde er das System in seiner Funktion einschränken oder es sogar zerstören und möglicherweise auch sich selbst. Ein System, bestehend aus Wolf und Schafherde würde zerstört, wenn der Wolf die Herde vollständig frisst und dann keine Nahrung mehr hat. Ein Auto würde nicht oder nur sehr kurz funktionieren, wenn man die Räder durch Schiffsschrauben ersetzen würde. Ein Auto würde höchstwahrscheinlich einen Unfall verursachen, wenn es mit überhöhter Geschwindigkeit auf der falschen Straßenseite führe. Logisch-antagonistische Widersprüche kann man als diejenigen Widersprüche definieren, welche zu einer Zerstörung des Systems führen würden. In erinnernden systematischen Zusammenhängen sind jene Widersprüche durch Gesetze verboten, ansonsten gilt das evolutionäre Prinzip. Wir haben es also geschafft, von den Nullaussagen bei logischen Widersprüchen zu "erweiterten" Nullaussagen zu gelangen, der Annihilierung konkreter Systeme aufgrund von logisch-antagonistischen Widersprüchen, d.h. von Getrenntem, das zusammen ist; von Zusammen, das getrennt ist; von Bewegtem, das verharrt; und von Verharrtem, das sich bewegt.

Meine Damen und Herren!
Wir kehren den logisch-antagonistischen Widersprüchen den Rücken und kommen zu der anderen Seite der Medaille. Es gibt nämlich Gegensätze, welche über ihr Verhältnis zueinander Totalitäten stabilisieren oder gar reproduzieren, d.h. trotz plötzlicher Störungen wiederherstellen. Der Widerspruch zwischen Beutetieren und Raubtieren scheint auf Gegensätzlichkeiten zu beruhen, der von Organen im Körper auf Einsätzlichkeiten. Doch stellt sich das Zusammensein und gleichzeitiges Getrenntsein von Raub-/Beutetieren oder Organen eben nicht als logisch-antagonistische Unvereinbarkeit heraus. Der Widerspruch zerstört das System nicht - beispielsweise das Ökosystem oder den Körper, an dem jedes Organ an seinem Platz ist - sondern bewahrt es, selbst wenn Untersysteme dafür zugrunde gehen oder sich auslöschen müssen. Bei diesen Widersprüchen handelt es sich um die dialektischen Widersprüche G.W.F. Hegels (27.8.1770 - 14.11.1831), diejenigen, die etwas Getrenntes zusammenführen und etwas Zusammengeführtes trennen, die Sich-Bewegendes verharren bzw. etwas Verharrendes bewegen und dadurch erhalten. Gegensätze, die in einem dialektischen Widerspruch zueinanderstehen, werde ich im Folgenden als "Gegenseitigkeiten" (zusammen) bzw. "Einseitigkeiten" (ge-

25

trennt) bezeichnen, wobei Gegenseitigkeiten und Einseitigkeiten aufgrund des dialektischen Verhältnisses von "zusammen" und ""getrennt" identisch sind.

Beginnen wir bei den Totalitäten, deren einfachste Form die Null ist. Unsere mathematische Null besteht jedoch aus unendlich vielen additiven Komponenten, beispielsweise $-a$ und $+a$. "Sichtbare" Totalitäten bestehen hingegen aus Komponenten, die sich nicht gegenseitig auslöschen, sondern in bestimmter Weise aufeinander einwirken. Nehmen wir beispielsweise ein Auto. Motor und Bremse sind innerhalb des Autos besonders markante Gegenseitigkeiten, weil sie einander entgegenwirken, aber dennoch nicht losgelöst vom Rest des Autos sind. Sie erlauben dem von Hegel postulierten endlichen Geist[8], seinen freien Willen durch die Wirkung der durch ihn bewegten Gegenseitigkeit in deren Gegenseitigkeit zu erkennen, beispielsweise wenn er sich entschließt, Gas zu geben, jedoch bremsen muss, um das Auto nicht zu Schrott zu fahren. In diesem Moment werden "Bremse" und "Gaspedal", trotz ihrer vermeintlichen logisch-antagonistischen Gegensätzlichkeit, zu Gegenseitigkeiten. Mit einem intakten Auto kann sich

---

[8] Im Gegensatz zum absoluten Geist, der ewig, überall und umfassend selbstidentisch und daher unendlich selbstbestimmt ist, ent-/besteht eine Welt, somit deren Dinge, in der/denen sich der endliche Geist im anderen selbst erkennt, aus einer Substanz, die NIE mit sich selbst übereinstimmt. Um Subjekt zu sein, muss der endliche Geist als erkennende Totalität, die immer nur eine selbsterkennende ist, in jedem noch so kleinen oder großen Ding Widersprüche erzeugen, sich selbst permanent anders werden, was im abstraktesten Verständnis durch eine zeitlich/räumlich fraktale Landschaft aus Sein und Nichts realisiert wird. Der endliche Geist ist als Subjekt jener Widersprüche jene Substanz [vgl. 5].

der Geist weiterhin seines freien Willens versichern. Er könnte auch so lange beschleunigen, bis sich ihm eine natürliche Bremse in Form eines Baumes in den Weg stellt, allerdings nur einmal.

Durch dieses Modell war Hegel in der Lage, die Vereinigung gegenläufiger Bewegungen in einem System, z.B., dem Wachsen einer Pflanze aus Samen und deren Absterben unter Freigabe von Samen, zu erklären und Denkansätze für die spätere Untersuchung des Verhaltens komplexer dynamischer Systeme und die Entstehung fraktaler Strukturen durch Rückkopplung der Komponenten aufeinander zu entwickeln. Solche komplexen Systeme müssen nicht kompliziert sein. Schon ein abgeschlossenes Biosphärensystem aus Pflanzen und Pflanzenfressern kann bezüglich der Populationen fraktale zeitliche Strukturen entwickeln.

Die Gegen- und Einsätze in einer stabilen Totalität, somit Gegenseitigkeiten, bilden "aufgehobene" dialektische Widersprüche, d.h., sie sind integriert und dadurch neutralisiert, bzw. integrieren und neutralisieren sie sich ständig. Raub- und Beutetiere sind dialektisch verstanden Gegenseitigkeiten, logisch-antagonistisch verstanden Gegensätzlichkeiten. Es verbleibt eine begrenzte Unvereinbarkeit von Raub- und Beutetier und ein Widerspruch zu unserem ethischen Empfinden, denn die Beutetiere müssen ja sterben. Organe im Körper sind logisch-antagonistisch verstanden Einsätzlichkeiten, tatsächlich Teil einer stabilen Totalität, somit dialektische Einseitigkeiten, damit Gegenseitigkeiten. Hegels Modell impliziert, dass die "Aufhebung"[9] von dialektischen Widersprüchen die Welt geschichtlich in die richtige Richtung treibt, da sich der endliche Geist dadurch immer besser in den Komponenten der Totalitäten erkennen kann. Der endliche Geist wohnt in den Dingen und tut nichts anderes, als sie bewusst zu bewegen, sodass er sich durch deren bewusste Bewegung in der dadurch induzierten Bewegung von ihnen jeweils gegenseitigen Dingen als freier, selbstbewusster Geist er-

---

[9]Der Begriff des Aufhebens wird in der Hegelschen und der materialistischen Dialektik in dreifacher Hinsicht verstanden, nämlich als Aufheben im Sinne der Auflösung des Konfliktes zwischen vermeintlichen Gegensätzen, doch statt einen der Gegensätze abzuweisen, wird der Widerspruch in veränderter Form bewahrt und dadurch auf ein höheres Niveau gehoben - als aufgehobener Widerspruch. Die Hegelsche/Marxsche Dialektik besitzt starke Bezüge zur christlichen Scholastik. So entspricht das Aufheben in dreifacher Hinsicht dem Aufheben des Widerspruchs zwischen Vater und Sohn im Heiligen Geist, mit dem beide zu ein und demselben verschmelzen und dennoch als Personen erhalten bleiben. Es entspricht auch dem Aufheben des Widerspruchs zwischen irdischen und auferstandenen Christen in Gott, d.h. in deren Seele. Dabei negiert sich die gegenseitige Negation der Konstituenten des "Heiligen Geists", welche wiederum jenes Negieren negiert (den Widerspruch beenden und gleichzeitig bewahren). Äquivalent kann man sich gegenseitig aufhebende Gegensätze annehmen, die sich dadurch in der Totalität aufhebend bewahren und sich so erhöhen. In diesem Zustand ist der Heilige Geist - im Sinne Hegels - in der Lage, sich an sich selbst seiner selbstbestimmten Freiheit zu versichern und dadurch Selbstbewusstsein zu erlangen. Wenn man bedenkt, dass die Scholastik dialektisches Denken spiegelt und dieses wiederum ein Abbild der fraktalen Naturprozesse ist, so kann man das dreifache Aufheben als Grundlage natürlicher Prozesse verstehen.

28

kennt. Der menschliche Geist ist dem endlichen Geist Hegels ähnlich. Menschen sind Wesen, die wissen, dass sie selbst es sind, die tun, was sie tun und sich dessen durch ihr Tun ständig versichern. Wenn sich der Geist des Menschen in den von ihm angestoßenen Bewegungen in der Gesellschaft wiedererkennt, ist diese Gesellschaft für ihn perfekt in dem Sinne, dass er darin "aufgehoben" ist. Freilich befindet sich der menschliche, im Vergleich zum in der Wirklichkeit agierenden endlichen Geist, in seiner eigenen subjektiven Blase.

Meine Damen und Herren!
Sie fragen sich, was die Totalitäten mit dem dialektischen Denken zu tun haben. Nun, sehr viel. Beginnen wir jedoch mit einem ursprünglicheren, dem platonischen Verständnis von Dialektik. Platon (428/427 - 348/347 v. Chr.) definierte dialektisches Denken als das Durchdenken von Erscheinungen (Phänomenen), um zu wahren, ersten Prinzipien zu kommen, aus denen die Erscheinungen abgeleitet werden können, die jedoch selbst nicht auf erste Prinzipien zurückzuführen sind. Später bewegte sich das Verständnis dialektischen Denkens weg von seinem Ziel hin zu einer Methode. Dialektisches Denken meinte nun das Denken in dialektischen Widersprüchen zum Zwecke der Erkenntnis. Hierzu gehört das (innerliche) Ausdiskutieren zweier scheinbar gegensätzlicher Argumente, aber auch das Suchen nach gegensätzlichen Darstellungen bezüglich der eigenen Prämisse. Man muss nämlich immer vermuten, dass diese Prämisse Teil einer Totalität ist, d.h. innerhalb eines stabilen Systems mit anderen Komponenten zusammenwirkt. Somit bedeutet die Suche nach den Gegensätzen die

Suche nach der Totalität, ohne die sich die Prämisse möglicherweise gar nicht verstehen lässt.

Falls die Gegensätze in logischem Widerspruch zueinanderstehen, wird einer gegen den anderen gewinnen. Stehen sie als Gegenseitigkeiten in einem dialektischen Widerspruch zueinander, gehen sie bei dessen Offenlegung in "aufgehobener" Beziehung in das Verständnis ein[10]. Die Begriffe "zu Hause" und "in der Fremde" lösen sich beispielsweise nicht als logischer Widerspruch auf, denn man ist nie in der Fremde, wenn man sein Zuhause nicht gedanklich bei sich trägt und man ist nie zu Hause, wenn man nicht wenigstens eine halbe Stunde in neuen Gefilden war. Dieser dialektische Zustand steht im Sinne des Verstehens höher als der rein logische von "hier" und "dort", beinhaltet aber noch immer deren Widerspruch in veränderter Form. Dialektisches Denken bildet die Gegenseitigkeiten aus dem Selbsterkenntnisprozess des Hegelschen Geistes, inklusive des subjektiv menschlichen, eins zu eins im subjektiven menschlichen Geist ab.

Von Karl Marx (5.5.1818 - 14.3.1883) wurde Hegels Philosophie materialistisch umgedeutet. Für Marx trieben Widersprüche alle Entwicklung voran, vor allem die gesellschaftliche Geschichte, der der Geist des Menschen nachfolge. Dabei sind die sogenannten antagonistischen Widersprüche solche, die sich für das gewünschte Ziel

---

[10]Ein dialektisch dreifach aufgehobenes Verständnis wird im Geist in (i) veränderter und (ii) erhöhter Form (iii) bewahrt. In der Limenistik kommt das (iv) emergente "Aufheben" im Sinne der Einarbeitung neuer Gegebenheiten hinzu.

nicht "aufheben" lassen, wodurch sie den logischen Widersprüchen ähnlich sind. Beispielsweise lassen sich Arbeiterklasse und Kapitalisten - laut Marx - nicht in einer Gesellschaft ohne Ausbeutung vereinen. Deswegen sind die Klassen zu einem Endkampf gezwungen, den die Kapitalisten gesetzmäßig verlieren werden, nicht nur wegen der Unmenschlichkeit der Ausbeutung der Arbeiterklasse, sondern weil das kapitalistische System die weitere Steigerung von Wissenschaft und Produktivität verhindere.

Meine Damen und Herren!
Wir haben dialektische und logisch-antagonistische Widersprüche kennengelernt, von denen die Ersteren "aufgehoben" sind und die zweiten "aufgelöst" werden können. Die Ersteren repräsentieren Gleichgewichte in weitesten Sinn, angefangen von einfachen Kräftegleichgewichten bis hin zu komplexen dynamischen Gleichgewichten, welche z.B. die Totalität eines menschlichen Organismus stabil halten. Für stabile Totalitäten können sich ihre Gegenseitigkeiten/Einseitigkeiten auch auslöschen, weshalb man jene begrenzt als logisch-antagonistische Gegensätzlichkeiten/Einsätzlichkeiten verstehen kann. Die zweiten zerstören jene Systeme. Wie verhalten sich diese Widersprüche nun zu den uns interessierenden BEVOR-Widersprüchen? Während uns die logisch-antagonistischen und die dialektischen Widersprüche, insbesondere in ihrer materialistischen Ausprägung, objektiv erscheinen, sind die BEVOR-Widersprüche in jedem Fall subjektiv. Sie entstehen, wenn Beobachtungen oder Ideen nicht unseren Vorstellungen, Begriffen oder Erklärungen entsprechen. Beispielsweise können wir nicht verstehen, uns vorstellen

oder ausdrücken, wie manches System funktioniert, wie seine Komponenten ineinandergreifen. Oder wir haben uns Vorstellungen, Begrifflichkeiten und Wissenschaften von den inneren Zusammenhängen bestimmter Dinge verschafft, die nicht den Schlussfolgerungen anderer Wissenschaftler oder den Vorgaben der praktischen Realität entsprechen, in falscher Weise über sie hinausgehen.

BEVOR-Widersprüche haben den Charakter von logisch-antagonistischen oder unaufgehoben-dialektischen Widersprüchen zu den BEVOR. BEVOR-Widersprüche sind Widersprüche in unserem Bewusstsein, wo sie aufgelöst oder aufgehoben werden können. Im ersten Fall setzt sich die richtige Meinung gegen die falsche durch, im zweiten integrieren sich beide Meinungen in ein stabiles System von Konzepten, in dem sie nicht als unvereinbar verstanden werden, sondern als sich ergänzende Gegenseitigkeiten. Im ersten Fall wird über widersprüchliche Alternativen entschieden, die entweder in keinem logischen Widerspruch zueinanderstehen oder von denen eine falsch ist. Im zweiten Fall müssen die Alternativen zu einer Totalität "zusammengesucht" werden.

Beachten Sie, dass die Alternativen "wahr" und "falsch" bzw. "etwas" und "nicht-etwas" bezüglich einer bestimmten Aussage als logischer Widerspruch betrachtet werden können, da sie unaufgelöst gleichzeitig richtig und falsch sind. Somit ist die Aufhebung eines zuvor unaufgehobenen dialektischen Widerspruches ebenfalls nur die Auflösung eines logischen Widerspruchs. Allerdings steigt die

32

Kompliziertheit der Auflösung angefangen von der Evidenzentscheidung: "Die Sonne scheint oder die Sonne scheint nicht", über die logisch-antagonistischen Widersprüche "Der Wolf frisst das Reh oder er frisst es nicht" hin zu den dialektischen "Das Ökosystem würde ohne Rehe und rehefressende Wölfe zugrunde gehen" immer weiter an und immer mehr Zusatzinformationen im Rahmen der Totalität müssen berücksichtigt werden. Diese Berücksichtigung ist nicht trivial und die Entscheidung zwischen "wahr" und "falsch" kann möglicherweise nicht endgültig getroffen werden.

Lassen Sie uns, meine Damen und Herren, nun die radikale Annahme wagen, dass es keine Widersprüche jenseits des menschlichen Denkens und daraus abgeleiteten Aussagen oder Handelns gibt, welche ich unter dem Begriff "Aussage" zusammenfasse. Anders formuliert: Nichts, was jenseits der Aussagen des Menschen geschieht, ist widersprüchlich. Ich könnte die Annahme einfach als eine Definition betrachten und dogmatisch stehenlassen. Doch ich will sie ein wenig begründen. Tatsächlich existieren logische Widersprüche oder solche Aussagen, die den Naturgesetzen widersprechen, nur in unseren Gedanken, da sie in der realen Welt gar nicht auftreten können. Die Behauptung, ein Esel sei gleichzeitig ein Fahrrad, trifft in der Realität niemals zu und wenn sie es aus irgendeinem Grund täte, stünde sie nicht im Widerspruch zur Realität. Allerdings gibt es auch in der realen Welt Situationen, in denen Kräfte beobachtbar sind, bei denen sich eine Option gegen die andere durchsetzen muss, um Weiterexistenz zu gewährleisten. Allerdings geschieht das nur kurzfristig auf

33

der Schwelle zwischen Sein und Nicht-Sein. Die Organisationsstruktur eines Affenrudels hat sich unter der Prämisse des Überlebens unter den gegebenen Umständen herausgebildet. Müsste sie sich bei einer Veränderung der Umstände ebenfalls ändern, wäre der Widerspruch zwischen der alten und der neuen Struktur allerdings nur von sehr kurzer Dauer. Das Affenrudel würde nicht auf die Idee kommen, die alte Struktur mit Gewalt aufrecht zu erhalten, und wenn es keine andere Möglichkeit hat, wird es aussterben. Eine ähnliche Kurzlebigkeit erwarte ich von Widersprüchen, die in der Realität noch nicht in einem System aufgehoben sind.

Man könnte allgemein sagen, dass logisch-antagonistische Widersprüche, würden sie in der Realität dauerhaft aufrechterhalten, das System zerstören und damit die Existenz beenden. Aufgehobene dialektische Gegenseitigkeiten hingegen halten in ihrem Zusammenwirken das System in der Existenz, sind also diesbezüglich keine sich ausschließenden Gegensätze. Sie sind es nur bezogen auf einzelne Systemkomponenten. Unaufgehoben-dialektische Widersprüche in der Realität würden Gegensätze bezeichnen, die kurz davor stehen Gegenseitigkeiten zu werden. Bezogen auf den Menschen bezeichnen sie nicht erkannte Aufhebung von Gegenseitigkeit. Logisch-antagonistische und unaufgehoben-dialektische Widersprüche sind langfristig also nur in unserem Denken und Handeln existent. Bedenken Sie, dass die alleinige Verortung von Widersprüchen im menschlichen Geist den vermeintlichen Widersprüchen außerhalb davon ihren Status als solche aberkennt. Aufgrund der zeitlichen und räumlichen

Begrenztheit jener vermeintlichen materiellen Widersprüche ist das meiner Meinung nach vertretbar. Wir setzen hier den Zustand des Nicht-Seins mit dem des voraussehbar baldigen Nicht-Mehr- oder Anders-Seins gleich.

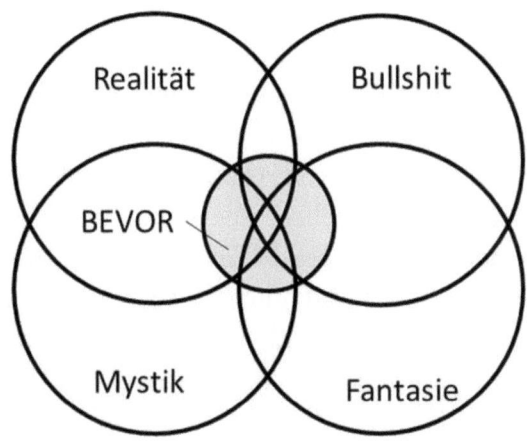

Bild 2: Die DANACH- liegt prinzipiell jenseits der BEVOR-Welt. Sie besteht aus Realität, Mystik, Fantasie, Bullshit. Weitere Welten oder Unterwelten sind möglich. DANACH und BEVOR überlappen, beispielsweise, wenn eine Aussage mathematisch erklärbar, aber nicht vorstellbar ist. Die Welten können untereinander überlappen, beispielsweise, wenn die reale Welt in den BEVOR prinzipiell nicht abbildbar ist bzw. sich dagegen wehrt.

Meine Damen und Herren!
Widersprüche existieren nur in der Welt des menschlichen Geistes. Sie bestehen grundsätzlich zwischen Aussagen,

35

die unvereinbar und damit sich ausschließende Gegensätze sind. Sie sind logisch-antagonistische und unaufgehoben-dialektische Gegensätze. Keine Widersprüche zur geistigen Welt eines Menschen oder Teilen davon aufzuweisen, wird von mir als "Sinnhaftigkeit" oder "Sinnhaftung" bezeichnet. Der zugehörige Prozess, also die Abweisung der Widersprüche, ist die "Versinnhaftung", wobei die Übereinstimmung, die Bestätigung und die Erweiterung bzw. Wandlung einer Welt (bis hin zum Nietzscheanischen Umsturz aller Werte) besondere Grade der Widerspruchsbefreiung darstellen. Die Erzeugung von Widersprüchen heißt entsprechend "Entsinnhaftung" oder "Paradoxierung". Diese Bezeichnungen sind meiner Meinung nach angemessen, denn Widersprüche spielen sich nur im Denken und aufgrund unseres Denkens ab. Ein Widerspruch beschreibt eine Situation, die man sich nicht vorstellen, begrifflich beschreiben oder erklären kann. "Die Katze springt nur morgens über die Mauer", lässt sich ohne genauere Kenntnis nicht erklären. "Die Katze oszilliert durch die Mauer", lässt sich nicht vorstellen und nur schwer "begreifen", da die "Oszillation" den Prozess begrifflich nicht erfasst. Die "Versinnhaftung" ermöglicht hingegen Erklären, Vorstellen, Begreifen. Sie bewirkt, dass zuvor Unvorstellbares vorstellbar wird, begrifflich nicht Fassbares begreifbar, und/oder dass Unerklärbares erklärbar.

Meine Damen und Herren!
Der Begriff "Widerspruch" wird im Weiteren als Bezeichnung für die Nichtsinnhaftigkeit verwendet. Widersprüche

entstehen bei abwesender Sinnhaftigkeit bzw. fehlende Sinnhaftigkeit bedeutet Widerspruch. Versinnhaftung ist die Auflösung oder Aufhebung von Widersprüchen in Bezug auf bestimmte Gedankenwelten, wobei jene Welten veränderbar sind, allerdings nur im Rahmen einer Versinnhaftung. Bestimmte Aussagen, die in einem Teil der Gedankenwelt widersprüchlich sind, sind es in einem anderen eventuell nicht. Versinnhaftung in einer Welt, in der eine Aussage paradox ist, gegenüber einer zweiten Welt, in der sie nicht paradox ist, reißt sie aus letzterer heraus und macht sie in ihr eventuell paradox, während sie sie in ersterer sinnhaft macht. Im strikten Fall sind die Welten bezüglich jener Aussage widersprüchlich. Widersprüche, die in einer bestimmten Welt versinnhaftet wurden, nenne ich "Entsprüche", die zugehörigen Gegensätze "Entsätze" für Auflösungen bzw. "Gegenseitigkeiten" für Aufhebungen. Entsprüche können in ihrer Formulierung identisch mit den ursprünglichen Widersprüchen sein, aber auch abweichen, um die Versinnhaftung einzubauen.

Bisher haben wir beispielhaft die BEVOR-Welt als Referenzsystem für Wider- und Entsprüche betrachtet. Etwas, das in der praktisch-realen Welt sinnhaft ist, wird von uns - individuell oder als Gruppe - als objektiv wahr und erstrebenswert angesehen, etwas, das in dieser Welt paradox ist hingegen nicht. Versuchen wir nun, uns der Welt außerhalb der BEVOR zu nähern, wie es in *Bild 2* dargestellt ist. Die Bereiche jenseits der BEVOR sind die sogenannten "DANACH". Genauso wie es strikte BEVOR aus Begreifbarkeit, Vorstellbarkeit und Erklärbarkeit gibt, gibt es strikte DANACH aus Unbegreifbarkeit, Unvorstellbarkeit

37

und Unerklärbarkeit. Etwas, das in der DANACH-Welt strikten Sinn macht, ist durch den Menschen unbegreifbar, unvorstellbar und unerklärbar. Ist eine dieser Möglichkeiten nicht gegeben, ist die Aussage in der strikten DA-NACH-Welt widersprüchlich, in der nicht-strikten teilweise widersprüchlich. Allgemein kann man von Anschauungs-, Begriffs-, Erklärungs-BEVOR, aber auch von Begriffs-, Anschauungs- und Erklärungs-DANACH sprechen. Widersprüche zu BEVOR sind Entsprüche in den DANACH und Widersprüche zu DANACH sind Entsprüche in den BEVOR. DANACH sind Nicht- bzw. Noch-Nicht-BEVOR.

Unter diesen Bedingungen kann man folgende Welten unterscheiden:
(i) Realität: Teile der Realität können sich vollständig in den BEVOR, vollständig in den DANACH, aber auch in den BEVOR und den DANACH befinden. In den BEVOR kann ihre Erklärung zutreffend, aber auch mythisch[11] sein,

---

[11]Mythos ist eine sinngebende Fantasie, eine phantastische Erklärung für noch nicht bzw. überhaupt nicht erklärbare (allumfassende, unbedingte, einzigartige/besondere, moralische oder anderweitig hochbewertete) Wahrheiten, somit eine Heimat für Menschen, die deren Bedürfnis nach derartigen Wahrheiten befriedigt. Mythen stehen jenseits vernünftiger, rationaler Erklärungen und können sie deswegen nicht sein [vgl. 6]. Ihr innerer Sinn entsteht, wenn bekannte Überzeugungen jenseits ihres Geltungsbereichs verschoben oder ausgedehnt werden. Alle Sinngebungen im Mythos ergeben sich letztlich aus solchen Verschiebungen und Erweiterungen. Die Erklärung des Wetters durch das Wirken der Götter stellt eine Übertragung von gesellschaftlichen/familiären Hierarchien auf die Natur dar. Albert Einsteins Formel $E=mc^2$ besitzt Mythisches, weil sie unverrückbar und umfassend

38

beide können wissenschaftlich erscheinen. Die Zusammensetzung der Materie wurde in der Antike wissenschaftlich auf die Bestandteile Feuer, Luft, Wasser und Erde zurückgeführt, heute auf die chemischen Elemente. In den DANACH ist die Realität ein Mysterium, das seine Aufklärung erheischt.

(ii) Fantasie: Teile der sinnhaften Fantasie, also des Mythischen, befinden sich *per definitionem* außerhalb der praktisch-realen Welt, doch sie können sich alle innerhalb der BEVOR befinden. Einen Wolpertinger kann man sich vorstellen, ihn beschreiben und eine mythische Erklärung für seine Existenz finden.

(iii) Bullshit: Absurde[12] Aussagen sind in der absurden Welt sinnhaft, streng genommen jedoch in gar keiner, da nichts der Bullshit-Welt Zugehöriges sinnhaft ist, worauf die Absurdität ja beruht. Der berühmteste absurde Entspruch stammt von Albert Camus (7.11.1913 - 4.1.1960). Camus beschrieb Absurdität mithilfe der Sisyphos-Legende [7]. Sie besagt, dass Sisyphos aufgrund seiner Verfehlungen gegenüber den Göttern dazu verdammt wurde, bis in alle Ewigkeit einen schweren Stein den Berg hinaufzurollen, welcher jedes Mal wieder herunterrollt, sodass er seine schwere Arbeit von Neuem beginnen muss. Auch dieser Widerspruch ist weder vernünftig noch geheimnisvoll. Dieses Tun ist in keiner Welt sinnhaft. Jemand hält

---

scheint, ihre rationale Bedeutung übersteigt. Mythen verleihen Ereignissen (moralisch höheren) Sinn und Erklärung. Obwohl Kontingenz keine Notwendigkeit besitzt, Absurdes überhaupt keinen Sinn, weisen Mythen Kontingenz, sogar Absurdem Sinnhaftigkeit zu.

[12]Bullshit ist eine Verschiebung des Mythos hin zum Absurden. Im Weiteren werden die Begriffe "Bullshit" und "absurd" synonym verwendet, im Sinn von nicht-sinnhaftbar.

jeden Morgen den Staubsauger an seine Glatze, weil er hofft, die Haare würden dadurch wachsen. Der Widerspruch des Tuns scheint für ihn aufgrund seiner individuellen BEVOR nicht vorhanden. Allerdings wird er die Idee aufgrund empirischer Langzeiterfahrung irgendwann aufgeben. Wenn die Haare nicht wachsen, besitzt sein Tun den Sinn nicht, dem er ihm zuschrieb. In diesem Fall könnte jemand die Begründung des Mannes als Mythos entschuldigen. Ein anderer würde sie als Absurdität abstempeln. Der Satz: "Die Traube ist viereckig, wegen gelb", ist eine Absurdität, die definitiv nicht mit einem Mythos zu retten wäre, auch wenn sich so etwas wie eine Erläuterung darin befindet. Man kann ihn nicht einmal als falsch klassifizieren. Er birgt auch kein Geheimnis.

(iv) Mystik: Mystisches befindet sich, wie das Absurde, zumindest teilweise in den DANACH, wo es sich sinnhaft(!) festsetzt. Genau das ist die Definition des Mystischen: Es ist in den DANACH stabil sinnhaft. Eine Aussage ist mystisch, wenn sie sich aufgrund ihrer Sinnhaftigkeit in der mystischen Welt erfolgreich dagegen wehrt, in den BEVOR oder im Bullshit versinnhaftet zu werden. Mystische Aussagen müssen sich in ihrer DANACH-Welt und mit den anderen Aussagen in jener stabil versinnhaften, was aber nur funktioniert, wenn jene Welt in sich sinnhaft ist, aufgrund innerer Beziehungen bzw. gegenüber einer (negativen) Referenzwelt. Das Hauptproblem besteht freilich darin, dass die DANACH nicht von unseren BEVOR erfasst werden.

Um Sinnhaftigkeit zu erzeugen, müssen die Aussagen in und mit der jeweiligen Welt versinnhaftet werden, im Realen letztendlich durch Empirie, im Bereich der Fantasie durch Mythisierung, in der Mystik durch stabile Sinnhaftigkeit in den DANACH, in der Bullshit-Welt durch maximale Entsinnhaftung. In allen Welten existieren sinnhafte Aussagen, die in wieder anderen Welten Widersprüche darstellen. Ein paar Beispiele: Die Versinnhaftung des logischen Widerspruchs: "Die Sonne scheint" und "Die Sonne scheint nicht" im Realen bedeutet entweder die Abweisung einer der beiden Aussagen oder die Erkenntnis, dass verschiedene Regionen auf der Welt gemeint sind. Die Versinnhaftung des Widerspruchs: "Raub- und Beutetiere können im selben Gebiet existieren" im Realen bedeutet seine Aufhebung in ein funktionierendes Ökosystem. Ähnlich wie die +1 die -1 löschen einzelne Raubtiere einzelne Beutetiere aus, bilden aber gerade dadurch eine stabile Totalität. Die Zahlenfolge 9-1-1 steht im Widerspruch zu den praktisch-real bedeutungsvollen Zahlenfolgen, die ich kenne, einfach, weil sie nicht dazugehört. Sagt mir jemand aus den USA, dass es sich um den dortigen Polizeinotruf handelt, und erscheint mir die Aussage im Rahmen meiner vorhandenen BEVOR authentisch, so versinnhaftet sich der Widerspruch praktisch-real und die Aussage wird dadurch Teil der praktisch-realen BEVOR, wo sie keinen Widerspruch mehr, also einen Entspruch darstellt. Die zunächst bedeutungslose Zahlenfolge 6-6-6 wird im Rahmen von Okkultismus als Teufelszahl sinnhaft. Der Widerspruch: "Ein Mensch kann fliegen", ist in der Superman-Fantasie sinnhaft. Jemand, der einen Staub-

41

sauger an seine Glatze hält, tut etwas, das offenbar ein Geheimnis birgt. Falls sein Vorhaben, sich Haare wachsen zu lassen, empirisch funktioniert, wird die Tat in der praktisch-realen Welt sinnhaft. Falls es nicht funktioniert, ist das Tun Bullshit. Die Aussage: "Der Staubsauger saugt sich aus dem Kopf", ist in der BEVOR-Welt ein Widerspruch, und zwar hinsichtlich des Verständnisses und der Anschauung, in ihrer mystischen Welt stellt sie allerdings keine dar. Jene Welt spannt sich aus dem Zusammen der Begriffe "hinein" und "hinaus" auf, die zwar in der praktischen Realität eine dialektische Totalität bilden, in jener Totalität in einem bestimmten Verhältnis zueinander stehen, deren gleichzeitiges Auftreten aber gerade deshalb unvorstellbar und unerklärbar ist. Also stellt die Aussage keinen Bullshit dar. Anders wäre es bei der Aussage: "Der Staubsauger verruft Blumen." Es gibt zahlreiche Möglichkeiten, mystische Welten zu konstruieren, die - sinnhaft in sich - außerhalb der BEVOR liegen. Manchmal sind sie kompliziert, manchmal genügt nur ein einziges Wort: In Gottes Reich, in dem er allmächtig ist, ist sinnhaft, was auf seinen Befehl über alles Irdische hinausgehen kann.

Meine Damen und Herren!
Machen wir mit dem uns am meisten interessierenden Gebiet einfach weiter: der Mystik. Wie verhält sich die Mystik zum Mythos? Ist Mystik reine Fantasie? Mystische Entsprüche, d.h. in der mystischen Welt versinnhaftete Aussagen, sind nicht identisch mit der Fantasiewelt, obwohl man das auf den ersten Blick glauben könnte. Das Pferd Pegasus ist Teil der Fantasiewelt und man kann sich

das Tier im Rahmen der BEVOR vorstellen und begrifflich beschreiben. Die begrifflich beschriebenen und vorgestellten Flügel auf seinem Rücken sind keine Mystik. Allenfalls ist die fehlende Erklärung dieser Anatomie im Vergleich zu den Pferden in unseren praktisch-realen BEVOR mystisch, solange sie nicht geliefert wird. Das geflügelte Pferd Pegasus ist somit ein Begriffs- und Anschauungs-BEVOR sowie eine Erklärungsmystik. Allerdings kann seine Erscheinung im Rahmen einer Argumentation, die auf Realitäten oder Fantasien bezugnimmt, d.h. durch einen Mythos erklärt werden. Dann hat Pegasus nichts Mystisches mehr an sich.

Ist Mystik Abweichung von der Realität? Widersprüche zur Realität können in diejenigen unterteilt werden, die (i) aus einem Mangel an Vorstellung, Begriffen und Erklärungen bezüglich jener resultieren und (ii) solche, die jene Realität fantasievoll transzendieren. Das von meinem Vorredner bereits genannte Beispiel eines unbekannten Tieres entspräche Fall (i). Für den Fall (ii) hätte ich folgende Beispiele: "Bei Nacht sind alle Katzen grau, weil sie sich über die Dunkelheit ärgern", ist wissenschaftliche Unlogik. "Bei Nacht sind alle Katzen weiß, damit die Wachhunde besser auf sie aufmerksam werden", ist falsche Dialektik. Alle diese Sätze überinterpretieren die Informationen, auf die sie zugreifen können, und mischen so Fakten zu Fantasie. Mystisch sind diese Aussagen jedenfalls nicht, denn die Empirie wird sie irgendwann widerlegen und daher als falsch in die praktische Realität holen.

43

Bedeutet Mystik Unwissen? Natürlich existieren Widersprüche zwischen dem praktisch-realen Teil der BEVOR und der uns zunächst nicht zugänglichen Realität, die wir erst bei einem besseren Wissensstand in Form praktisch-real versinnhafteter Phänomene erkennen. Bis dahin ergeben sich zahlreiche BEVOR, die aus Missverständnissen, falschen oder fehlenden Daten, mangelnder Einbildungskraft, fehlenden Begriffen, falschen Begriffsassoziationen, falscher wissenschaftlicher Logik bzw. Dialektik resultieren. Das fehlende oder falsche Wissen erzeugt allerdings keine Mystik, sondern entweder eine praktische Realität, die noch lückenhaft bzgl. der tatsächlichen Realität ist. Das hinterfragte Ding ist mysteriös, allerdings nicht mystisch, da es im Mystischen nicht sinnhaft ist. Die Geheimnisse der Mystik sind stabilisierte Mysterien, nicht solche, deren Aufklärung antizipiert wird. Mystische Geheimnisse verteidigen sich gegen die Aufklärung und geben ihr nicht willig nach. Solange man nicht weiß, ob sich das Mysterium in den BEVOR versinnhaften lässt, ist es jedoch potenzielle Mystik. Tritt besseres Wissen ein, bildet das alte Wissen keinen mystischen Entspruch zu jenem, da es in seiner Fehlerhaftigkeit praktisch-real versinnhaftet wurde.

Wie verhält sich die mystische Welt zur Bullshit-Welt, also zu grundsätzlich Nicht-Sinnhaftem? Die mystische Komponente strebt nicht nur bei der Versinnhaftung in den BEVOR, sondern auch bei völlig absurden Aussagen gegen null. Umgekehrt gesprochen: Die Entsinnhaftung einer Aussage in der mystischen Welt überführt jene möglicherweise nicht in die praktisch-reale Welt oder in eine

Fantasievorstellung, sondern in die absurde Welt. "Das Baby fährt in einer Eisenbahn über die Straße", kann durchaus erklärungsmystisch verstanden werden. Es ist ein Geheimnis, warum das Baby das tut, und Mystik würde versuchen, dieses Geheimnis zu stabilisieren und gegen Angriffe aus anderen Welten zu schützen. Mit dem Wegfall der Möglichkeit eines Geheimnisses - eben indem man den Satz als Blödelei abstempelt - wird die Aussage jedoch absurd. Eine Kuh aus der praktisch-realen Welt trägt Hörner. Eine Kuh aus der Bullshit-Welt trägt möglicherweise Antennen auf dem Kopf. Auch diese Vorstellung ist eher absurd als mystisch. Allerdings ändert sich dieser Status, sobald man eine Kuh mit Antennen tatsächlich beobachtet. Dann wandelt sich Bullshit zu einem interessanten Mysterium. Erst wenn man eine Erklärung für die Antennen gefunden hat, wird die Gegebenheit mystisch entsinnhaftet. Sollte sich keine Erklärung finden, bleibt die Antennenkuh erklärungsmystisch.

Schauen wir uns nun die Seite an, die es eigentlich gar nicht geben dürfte: die praktisch-reale Mystik. Mit einem Hammer einen Nagel einzuschlagen, scheint in der praktisch-realen Welt absolut widerspruchsfrei zu sein, außer, man stellt die Frage nach der genauen Übertragung der Kraft des Schlages auf die Atome des Nagels, den Einfluss ihrer Bindungskräfte und wie man sie sich vorstellen kann. Möglicherweise sind irgendwann wissenschaftlich genau zu erklären, aber sie wäre noch immer unanschaulich. Im günstigsten Fall befeuert eine gefundene Erklärung die menschliche Begriffswelt und Vorstellungskraft. Abs-

45

trakte physikalische Gesetze sind im Rahmen der Formelsysteme zwar praktisch-real sinnhaft, aber kaum vorstellbar oder mit Worten darstellbar bzw. erklärbar. Das bedeutet nichts anderes, als dass der Teil der physikalischen Zusammenhänge, der nicht in die BEVOR fällt, automatisch in der mystischen Welt zu finden ist. Beispielsweise war der Wechsel zwischen Tag und Nacht lange Zeit physikalisch nicht verstanden. Durch das Verständnis der Planetenbewegung wurde der Widerspruch mit Sinn behaftet, blieb aber eine Zeit lang ein anschaulicher Widerspruch in der breiten Bevölkerung. Heutzutage ist die Anschauung so weit entwickelt, dass sich jeder die Ursache von Tag und Nacht vermittels seiner Einbildungskraft vergegenwärtigen kann. Künstler neigen dazu, das Wesen bzw. das Sein ihrer Motive abzubilden, nicht das konkrete Motiv selbst. Paul Cézanne (19.1.1839 - 22.10.1906) ist es nach dem Bekunden zahlreicher Kunstkenner gelungen, die besondere "Apfeligkeit" von Äpfeln vorstellbar zu machen, die aufgrund ihrer Abstraktheit eigentlich in der Mystik zu verorten ist.

Grundsätzlich kann man sich auf die Entwicklung einer solchen Vorstellbarkeit nicht verlassen. Der springende Punkt ist, dass es unvorstellbare Aussagen gibt, selbst wenn wir eine Erklärung gefunden haben. Dabei kann es sich um Dinge handeln, die aus der tatsächlichen Realität in unsere praktisch-reale überführt wurden, aber nicht in die Welt unserer möglichen Vorstellungen. Diese Dinge bilden besonders intensive mystische Entsprüche. Beginnen wir mit dem Konzept der Schwelle. Die Überlagerung der Gegensätze "trennen" und "zusammenführen" erzeugt

46

zunächst eine mystische Welt jenseits der BEVOR. Nur zwei mystische Wesen können im konkreten Sinn getrennt und zusammen sein. Die Schwelle vereinigt beides, freilich in der praktisch-realen Welt, wodurch der mystische Entspruch ein ganzes stückweit verschwindet. Trotz der praktisch-realen Sinnhaftigkeit - tatsächlich handelt es sich bei der Schwelle um dialektische Gegenseitigkeiten - bleibt die gleichzeitige Trennung und Zusammenführung schwer vorstellbar, also mystisch.

Ein anderes Beispiel sind abstrakte, naturwissenschaftliche Formeln. Quantenmechanische Teilchen bewegen sich in einer Form, die unserer bisherigen Anschauung widerspricht, die wir aber als gleichzeitige Wellen- und Partikelbewegung erklärend versinnhaften können. Wie bei dem ökologischen System aus Raub- und Beutetieren können wir uns diese Situation nicht vorstellen - und diesmal ist die Fähigkeit der tatsächlichen Einbildungskraft und keine ethische Aversion gemeint - weshalb die Quantenmechanik eine starke mystische Komponente besitzt. Ein Beispiel, über das wir noch ausführlicher reden werden, ist Schrödingers Katze[13]. In diesem Gedankenexperiment ist eine hypothetische Katze, die den Blicken des Experimentators durch die Kiste, in der sie sich befindet, entzogen ist, gleichzeitig tot und lebendig. Dieser Widerspruch ist ein mystischer Entspruch, denn er ist so konstruiert, dass er allen Überzeugungen der BEVOR widerspricht. Die

---

[13]"Schrödingers Katze" ist ein Gedankenexperiment von Erwin Schrödinger (12.8.1887 - 4.1.1961), mit dem er die Interpretation der Quantenmechanik als reines Werkzeug für Wahrscheinlichkeitsvorhersagen kritisierte.

Zustände "tot" und "lebendig" können sich in der praktischen Realität nicht überlagern. Man könnte diesen Widerspruch sehr einfach auflösen, indem man ihn zu einem logischen Widerspruch erklärt und die Aussagen zurückweist. Aber ist das wirklich die einzige Möglichkeit? Würde uns durch diese "Nulllösung" brauchbares Wissen entgehen? Was, wenn sich die beiden Zustände unter bestimmten Bedingungen doch überlagern könnten? Nun, obwohl sich diese Situation als komplett BEVOR-widersprüchlich darstellt, ist sie für quantenmechanische Objekte tatsächlich praktische Realität.

Meine Damen und Herren!
Sind mystische Entsprüche stabil gegen ihre Entsinnhaftung? Schließlich faszinieren Geheimnisse und erheischen permanent ihre Aufklärung. Mystik bedeutet, dass widersprüchliche Ereignisse, Bewegungen, Aussagen oder Dinge auf der mystischen Ebene als sinnhaft betrachtet werden, eben weil sie zu unseren BEVOR widersprüchlich sind. Anders gesagt: Mystische Entsprüche werden durch ihre sinnhafte Widersprüchlichkeit zu den BEVOR auf der mystischen Ebene sinnhaft. Die Entsinnhaftung eines mystischen Entspruches kann im Rahmen der Fantasie oder sogar auf der praktischen Realitätsebene erfolgen. Oder er wird endgültig zu Bullshit erklärt. Das Pferd Pegasus kann in der Fantasiewelt vollständig sinnhaft werden, wenn es im Rahmen einer Mythologie eine Erklärung für die Herkunft der Flügel gibt. Das Gedankenexperiment über Schrödingers Katze ist unter Physikern schon längst sinnhaft und als wenig besondere Sache in ihr Denken integriert. An einem menschlichen Gesicht stimmt etwas

nicht. Man weiß zunächst nicht, was es ist, schließlich erkennt man: Die Ohrmuscheln sind irgendwie falsch. Jemand erklärt uns, dass es sich um Blumenkohlohren handelt und dass ihr Träger Boxer ist. In diesem Beispiel haben wir es zunächst mit einem Geheimnis zu tun, einem Widerspruch im Sinne von Nichtübereinstimmung zu unseren BEVOR. Da sich das Geheimnis der Ohren nicht halten kann, wird es rückwirkend zum bloßen Mysterium. Dass der Mensch aufgrund der Ohren besser hören könne, wäre eine Aussage mit hohem wissenschaftlich-mythischem Anteil. Dass er mit ihnen besser in sich hineinhören könne, wäre eine mystische Aussage. Wie alle mystischen Entsprüche wehrt sie sich gegen die mystische Entsinnhaftung, da sie in ihrer mystischen Welt sinnhaft ist, in welcher das, was nach außen gerichtet ist, seine Funktion nach innen ausführt.

Intuitiv ist klar, dass wir an der Versinnhaftung von etwas, das im Widerspruch zu unseren praktisch-realen BEVOR steht, stark interessiert sind. Schließlich sind jene BEVOR ausschlaggebend für unser Leben. Gleichzeitig kann man die BEVOR mithilfe der angestrebten Versinnhaftung deutlich erweitern. Mit seiner Sinnhaftigkeit in den BEVOR verschwindet jedoch nicht nur das Paradoxon, sondern auch die Faszination des Menschen für die Aussage senkt sich ab und damit die Möglichkeit, durch jene zu weiteren Denkmustern zu kommen. Durch ihre Versinnhaftung in der praktischen Realität oder der Fantasiewelt, z.B. durch Erklärung, verschwindet die Mystik.

Doch tut sie das wirklich? Mystische Aussagen beinhalten, was von den BEVOR (teilweise) nicht erfasst wird, was der uns vorstellbaren, begreifbaren oder erklärbaren Welt widerspricht. Dabei dreht sie den Spieß zwischen unserer BEVOR-Welt und dem, was sich nicht darin befindet, einfach um, indem sie Letzteres positiv bewertet, ja geradezu sucht. Mystik zielt auf das ewig Geheimnisvolle, das Unergründliche, das Unbegreifliche oder das Unvorstellbare ab. Dies geschieht meist unter Zuhilfenahme von Umschreibungen und Konstruktionen aus den BEVOR, sogar aus praktischer Realität. Dann mischt sich das Geheimnisvolle mit praktisch-realen Anteilen, um sich einerseits überhaupt zeigen zu können, aber auch, um sich darin zu verstecken und das Geheimnis noch zu verstärken. Daher erreicht der Versuch der Versinnhaftung in den BEVOR oft nur eine Verfestigung der mystischen Sinnhaftigkeit.

Trotz und wegen ihrer Versinnhaftung bleiben oft unerklärliche, unbegreifliche oder unvorstellbare, somit mystische Aspekte an der Sache zurück. Das Zusammen von Wellen und Teilchen ist in der Welt quantenmechanischer Formeln sinnhaft, aber durch jene Sinnhaftigkeit erst mystisch. Mit der Dreifaltigkeit, in der Vater, Sohn und Heiliger Geist - obwohl verschiedene Personen - ein und dasselbe sind, gelingt eine Darstellung Gottes als vom Menschen nicht erfassbares Wesen, und zwar gerade aufgrund der Erklärungsversuche, wer Gott eigentlich ist. Ein anderes Beispiel: Dass Gott die Entscheidungen eines jeden Menschen voraussehen kann, sie aber nicht prädeterminiert, lässt sich begrifflich fassen und nicht in getrennten

Denkräumen vorstellen, basierend auf Logik oder praktischer Realität jedoch nicht erklären[14]. Diese Tatsache bleibt also erklärungsmystisch, trotz aller Versuche der BEVOR-Versinnhaftung.

Dennoch ist Mystik nicht vor der Entsinnhaftung in den DANACH/Versinnhaftung in den DAVOR gefeit. Ein Gespenst ist geheimnisvoll, eines, das sich in einem alten Schloss versteckt, noch geheimnisvoller. Der Satz "Grün ist Rot verschoben", klingt geheimnisvoller als das klare "Grün ist Rot", da man nicht weiß, was verschobenes Rot ist und warum es grün sein soll. Ebenso klingt "Dieser Mensch fliegt, weil er seinem eigenen Ich nachjagt", geheimnisvoller als "Dieser Mensch fliegt". In den letzten Beispielen hat sich die Mystik vor Zweiflern geschützt, da sie eine Erklärung für sich selbst gefunden hat, und zwar innerhalb der Mystik selbst, wobei sie allerdings Assoziationen aus den BEVOR nutzen musste. Der mystische Entspruch muss allerdings aufpassen, durch seine Verteidigung mittels der BEVOR nicht in jener sinnhaft zu werden. Gerade das Schlossgespenst kann sich schnell in einem Mythos versinnhaften. Das "Grün ist Rot verschoben" kann man beispielsweise auf einen Regenbogen beziehen. Der fliegende Mensch kann im übertragenen Sinne als freier Jäger zur Verwirklichung seiner Talente verstanden werden.

---

[14] Um den Widerspruch logisch auszuräumen, nimmt die protestantische Religion an, der Willen des Menschen sei frei, würde aber auf seinen Motiven gründen, die wiederum von Gott bestimmt würden.

Mystische Entsprüche resultieren aus den begrenzten menschlichen BEVOR und reflektieren die Tatsache, dass die Welt außerhalb der BEVOR sinnhaft ist. Allerdings sind sie durch die beständige Erweiterung der BEVOR angreifbar. Einen mystischen Entspruch, der bei allen Entsinnhaftungsversuchen ohne jeden Zweifel wieder in sich selbst zurückführt, nenne ich "perfekt". Kann Gott einen so schweren Stein erschaffen, dass er ihn nicht anzuheben vermag? Wenn nicht, wäre er nicht allmächtig. Wenn doch, wäre er auch nicht allmächtig, weil er ihn ja nicht anheben kann. Dieses logische Paradoxon lässt sich in der mystischen Welt einfach auflösen, wenn man annimmt, dass Gott nicht an die Logik gebunden ist. Der Widerlegungsversuch der Allmacht wieder in die Allmacht. Gott vermag einen Stein zu erschaffen, den er nicht anheben kann und ihn dennoch anheben und sonst was mit ihm anstellen. Für Gott ist es kein Problem, gleichzeitig zu existieren und nicht zu existieren, sein eigener Gegensatz zu sein und auch alle anderen logischen Widersprüche in sich Wirklichkeit werden zu lassen. Deswegen sind dialektische Widersprüche auch so faszinierend, weil sie sich auf den ersten Blick der Logik entziehen und dadurch den Verstand, der den Widerspruch zu versinnhaften vermag, näher an Gott heranrücken. Am Freitag werden wir sehen, wie Ideologien Menschen an der Nase herumführen, indem sie alle Widersprüche, die ihr genehm sind, zu dialektischen und daher sinnhaften Gegenseitigkeiten erklären.[15]

---

[15] Der Zusammenhang zwischen Paradoxa und Religion wurde am eindrucksvollsten von Søren Kierkegaard (5.5.1813 - 11.11.1855) behandelt. Dabei hat Kierkegaard, der als Vater des Existenzialismus

gilt, ein eigenes philosophisches System aufgestellt. Der Vorlesung [8] mit leichten Änderungen folgend, basiert es auf dem grundlegenden Satz, dass alles in der Welt im Verhältnis miteinander steht und alles in der Welt ein Verhältnis darstellt. Konsequenterweise stehen auch die Verhältnisse im Verhältnis, nach innen mit sich selbst, nach außen mit anderen. Ein System als Ansammlung von Verhältnissen steht insoweit im Verhältnis, als dass es für seinen eigenen Erhalt, basierend auf den Verhältnissen mit der Umgebung, die eigenen, inneren Verhältnisse anpasst. Die evolutionäre Natur der Erde ist darauf aus, die inneren Verhältnisse so zu programmieren, dass sie immer besser auf gefährliche, äußerliche Verhältnisse reagieren kann. Der Mensch ist hingegen das einzige Wesen, dass existiert, denn Existenz bedeutet, sich zu den inneren Verhältnissen verhalten zu müssen, sie zu ändern, zu optimieren, allerdings nicht automatisch (zum bloßen Erhalt), sondern bewusst (!), egal zu welchem Ziel. Dafür muss der Mensch sich selbst ständig hinterfragen und verstehen. Der Mensch ist sich selbst "aufgegeben", er muss sich vollziehen (außerhalb der automatischen, physischen Prozesse). Ein solches Wesen besitzt ein "Selbst". Selbstsein ist ein Verhältnis, dass sich bewusst zu sich selbst verhält. Das Selbst ist nicht das innere oder äußere Verhältnis, sondern, dass das Verhältnis sich zu sich selbst verhält. Automatismus würde bedeuten, dass sich der Mensch im Endlichen verliert und nur wie eine Maschine funktioniert. Verlust der Bodenhaftung bedeutet, sich in der unendlichen Zahl der Möglichkeiten zu verlieren und in ihrem Angesicht zu erstarren. Diese Möglichkeiten trägt der Mensch dennoch stets bei sich, weshalb er ein Wesen ist, das Endlichkeit und Unendlichkeit zusammenbringen muss, Zeitliches und Ewiges, Begrenztes und Offenes, Freiheit und Notwendigkeit, eine mitunter schmerzhafte, absurde Synthese von Gegensätzen. Das Verhältnis zu Gott ist das Selbst, also das Verhalten, die Setzung des Verhältnisses zu sich selbst. Das Verhältnis des Verhältnisses, das sich zu sich selbst verhält, ist das Verhältnis zu Gott und sollte durch ihn bestimmt sein. Was aber ist Sünde? Angst ist der Schwindel, der die Freiheit packt, wenn sie vor ihrer Unendlichkeit steht. Sünde/ Schuld(igkeit) entsteht, wenn man sich aus Angst an etwas Endlichem festhält, wobei man sich immer selbst verfehlt und dadurch verzweifelt. Überwindung der Angst und Tilgung der Schuld findet man im christlichen Glauben. Der Glaube

53

Meine Damen und Herren!

Jede Art von Widersprüchen verführt den Menschen zum Nachdenken, denn ihre Versinnhaftung, egal in welcher Welt, erleuchtet das Verständnis der Dinge und damit den menschlichen Verstand. Insbesondere die Beschäftigung mit mystischen Entsprüchen erweitert den geistigen Horizont, indem sie den Verstand auf zunächst unanschauliche, unbegreifbare, unerklärbare, dennoch wirkliche Zusammenhänge vorbereitet. Mystische Entsprüche als Instrument der Erkenntnis gesehen, sind dem Oxymoron verwandt, dessen Konstruktion jedoch weniger auf eine bewusstseinserweiternde Erfahrung als auf eine pointierte Darstellung eines bestimmten Zusammenhangs abzielt. Der Begriff "stummer Schrei", als Oxymoron gemeint, beschreibt ein verzweifeltes Gesicht, das gern schreien würde, aber aus großer Verzweiflung nicht dazu fähig ist. Als Paradoxon gemeint beschreibt es einen Schrei, der tatsächlich stumm ist, den man also nicht hört, obwohl man ihn hört. Wie bereits geschildert, kann man einen solchen widersprüchlichen Zustand als Unsinn zurückweisen oder man kann versuchen, ihm auf anderer Ebene Sinnhaftigkeit zu verleihen. Sein Verständnis im übertragenen Sinn, also als Oxymoron, ist dabei eine mögliche Form der Sinnhaftigkeit. Eine objektive, direkte Sinnhaftigkeit würde anhand einer Formel erreicht, die einen Effekt beschreibt, bei dem Schallwellen gleichzeitig vorhanden und

---

ist paradox, er richtet sich immer auf das Absurde. Wer glaubt, existiert. Er entscheidet sich, die Philosophie beiseite zu lassen und in den Glauben zu springen, statt ihn vernünftig abzuleiten.

nichtvorhanden sind. An dieser Stelle möchte ich noch anmerken, dass die Beschäftigung mit Widersprüchen auch negative Auswirkungen auf die Erkenntnis haben kann, und zwar aufgrund ihrer Attraktivität. Die Menschen beschäftigen sich unter Umständen nur noch mit ihnen und sehen nicht, dass es darüber hinaus noch etwas anderes gibt, beispielsweise eine dritte Möglichkeit gegenüber zwei widersprüchlichen Aussagen.

Zum Schluss ein Wort der Zusammenfassung: Wir haben festgestellt, dass alle Widersprüche im Denken, daher auch im Reden und Handeln des Menschen zu finden sind und auf die Diskrepanz zwischen BEVOR und beobachteten Erscheinungen, aber auch entwickelten Gedanken zurückgehen, welche als widersprüchlich gelten. Diese Widersprüche können für unser tägliches Leben sinnhaft werden, wenn das innerlich widersprüchlich Scheinende in der praktisch-realen Welt erklärt wird, wenn sie dort begrifflich fassbar oder vorstellbar werden. Meist bleibt eine derartige Erfassung teilweise mystisch, bis sich unser tägliches Begriffssystem und eventuell auch unsere Vorstellung der neuen Wirklichkeit angepasst haben. Diese Abfolge ist in *Bild 3* gezeigt. Etwas BEVOR Widersprüchliches "↯" ist sinnhaft "0" im Mystischen. Die Versinnhaftung - z.B. in den BEVOR - führt es ein stückweit aus dem mystischen Spiegelbild heraus, sodass es zu einem Widerspruch im Mystischen und zu einem sinnhaften Begriff in den BEVOR wird.

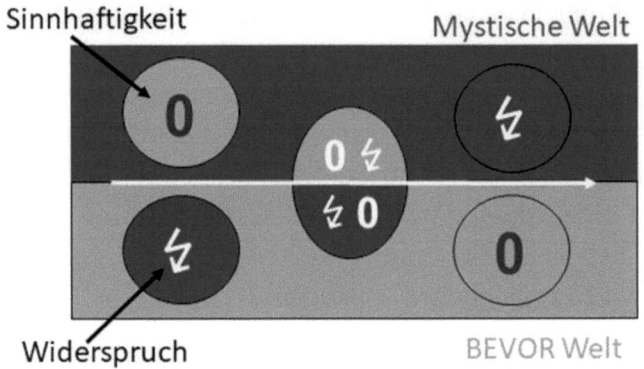

Sinnhaftigkeit   Mystische Welt

Widerspruch   BEVOR Welt

Bild 3

Mystische Entsprüche haben den Anspruch, ihr Geheimnis stabil zu halten, weshalb letztendlich lösbare Rätsel nicht mystisch sind. Nur während der kurzen Phase zwischen der Erkenntnis des Widerspruchs und dem zunächst vergeblichen Versuch seiner Versinnhaftung besitzen sie eine hohe mystische Komponente. Dennoch ist Mystik mit ihrer Voraugenführung des Geheimnisvollen eine permanente Bewusstmachung der Notwendigkeit, Geheimnisse zu lüften und Rätsel zu lösen, sogar diejenigen, die mystisch stabil erscheinen.

Ich danke Ihnen für Ihre Aufmerksamkeit.

Dienstag

Limenistik und Widersprüche

Sehr geehrte Damen und Herren!
Meine Vorrednerin hat Ihnen nähergebracht, was Widersprüche sind und dass sie etwas Geheimnisvolles, Mystisches in unser Dasein bringen. Die Sinnhaftigkeit eines Widerspruchs in der mystischen Welt verzaubert, die Sinnhaftigkeit in der BEVOR Welt entzaubert, wobei die Entzauberung bei der strikten Versinnhaftung in der praktisch-realen Welt am stärksten ist. Wird etwas beispielsweise auf einen vernünftigen Begriff gebracht, wird es entzaubert, entfernt man es von seinem Begriff, beispielsweise durch Ironie, wird es verzaubert. Der Widerspruch von Tag und Nacht wurde früher durch Götter erklärt, danach mittels der Planetenbewegung um die Sonne, die zunächst noch etwas Geheimnisvolles barg. In unserem heutigen Verständnis ist dieses Geheimnis jedoch völlig verschwunden. Die Planetenbewegung ist eine anschauliche, begreifbare und erklärbare Gewissheit. Heutzutage besteht unser Leben aus viel mehr vermeintlichen Gewissheiten als Geheimnissen. Alles scheint erklärbar, obwohl es noch unendlich viele versteckte Geheimnisse gibt. Deswegen trainiert die Beschäftigung mit mystischen Entsprüchen, also solchen, die intentional unseren Anschauungen, Überzeugungen und Begriffen widersprechen, den menschlichen Verstand für das bisher Unbegreifbare, Unvorstellbare, Geheimnisvolle und daher für das Neue.

Doch bevor wir uns mit praxisnahen Metaphern, gefühlvoller Poesie, abstrakter Wissenschaft und Mystik in Religion und Politik befassen, ein paar wiederholende Worte zur Limenistik. Als Limenistik bezeichnen wir die Philosophie der Schwellen. Die limenistische Welt, also die reale Welt im limenistischen Modell, ist in Bereiche eingeteilt, die durch Schwellen getrennt und gleichzeitig miteinander verbunden sind. Die limenistische Welt ist selbst-Ähnlich[16], d.h., die Dinge in ihr - limenistisch: Agenten - sind sich nie vollkommen gleich aber auch nicht völlig unterschiedlich. Diesen Zustand erreichen sie durch das Teilen von begrenzt-universellen Gemeinsamkeiten, die den durch Schwellen getrennten Bereichen entsprechen. Tatsächlich umfassen Gemeinsamkeiten nicht nur bestimmte Quantitäten oder Qualitäten wie rot oder blau, sondern auch die gemeinsame Nutzung von materiellen Ressourcen, z.B. das Atmen von Sauerstoff, sowie die gemeinsame Ressource Sauerstoff selbst, welche die Atmosphäre als ihren Lieferanten und den Menschen als ihren Verbraucher als Gemeinsamkeit verbindet. In Zeiten von Verschwendung und Klimawandel sollte man dies, so denke ich, explizit herausstellen.

Die Gemeinsamkeiten können von Agenten geteilt werden, die dadurch einerseits in einem direkten Abhängigkeitsverhältnis stehen, z.B. bei (i) der gemeinsamen Anfertigung eines Produktes, (ii) als Komponenten innerhalb eines Systems/einer Totalität, oder als (iii) gemeinsame

---

[16]Der Begriff "Selbstähnlichkeit" stammt ursprünglich aus der fraktalen Geometrie. Sie besagt, dass eine Struktur bei zunehmender Vergrößerung durch "Hineinzoomen" immer wieder in sich selbst überführt wird. Die "Selbstaffinität" ist der Selbstähnlichkeit verwandt, lässt aber neben der Vergrößerung weitere geometrische Transformationen zu, bei der bestimmte Ausrichtungen der Objekte zueinander und Längenverhältnisse beibehalten werden.

Ressource. Weiterhin können Agenten trotz der Gemeinsamkeit nicht direkt voneinander abhängig sein, beispielsweise, wenn sie gern rote Hemden tragen. Eine indirekte Abhängigkeit gibt es auch in diesem Fall jedoch, da die Zahl der roten Hemden limitiert ist. Die verschiedenen Formen der Gemeinsamkeiten lassen sich an folgendem Beispiel zusammenfassen: "Die schönen Dinge der Arbeiter". Jene Dinge können als diejenigen schönen Dinge verstanden werden, die die Arbeiter gemeinsam herstellen. Die Arbeiter stehen dann im Genitivus subjectivus. Oder es sind schöne Dinge, die alle Arbeiter gemeinsam haben, sie sozusagen als Arbeiter von jenen Dingen gebildet werden. Dann stehen die Arbeiter im Genitivus objectivus, wobei man noch unterscheiden kann, ob sie die schönen Dinge für die Herstellung schöner Dinge brauchen oder nicht. Im Genitivus partitivus stehen die Arbeiter, wenn die schönen Dinge Teil ihrer Gruppe sind, somit selbst Arbeiter, aber halt besonders schön. Die schönen Dinge sind somit Agenten neben anderen, weniger schönen Agenten jener Gruppe. Die schönen Dinge lassen sich außerdem im Genitivus possessivus als gemeinsamer Besitz der Arbeiter verstehen; im Genitivus Qualitatis als deren gemeinsame Qualität; im Genitivus proprietatis als deren Gemeinsamkeit aber Einzigartigkeit gegenüber anderen Gruppen; im Genitivus pretii als gemeinsamer Wert (die positiv gewertete Schönheit der Arbeiter) [vgl. 9].

Noch eine Bemerkung zu Qualitäten an sich. Hinter Qualitäten stehen meist Bereiche bestimmter Parameterwerte, so entsprechen Farben den jeweiligen Wellenlängen, in denen die Körper unter weißem Licht erscheinen, warm und kalt bezeichnen Temperaturbereiche. Doch selbst wenn Qualitäten letztendlich nur aus der Wahrnehmung der Menschen resultieren würden, so wäre es doch nötig, Schwellen zu überwinden, um von dem einen Parameterbereich in den anderen zu gelangen. Deswegen nehmen wir in der Limenistik Qualitäten im Sinne von über Schwellen erreichbare Gemeinsamkeiten als objektive Erscheinungen an.

Die Gemeinsamkeiten der Limenistik erinnern an den Universalienstreit [10] des Mittelalters, bei dem die Welt in Eigenschaften und Partikularien (Einzeldingen) aufgeteilt wurde. Allerdings definierte Thomas von Aquin (1225 - 1274) Universalien als Gemeinsamkeiten im Sinne von gemeinsamen Kategorien, unter die sich die Einzeldinge ordnen, wie "Mensch" oder "Zahl" [11]. Bedenken Sie, dass in der Limenistik Kategorien aus einem Set zwingend integrierter objektiver Gemeinsamkeiten gebildet werden.

Hauptaxiome der Limenistik bezogen auf Agenten und Gemeinsamkeiten sind: (i) Kein Agent teilt einen Satz von Gemeinsamkeiten, der sich von dem eines andern Agenten einhundertprozentig unterscheidet. (ii) Keine zwei Agenten teilen exakt die gleichen Gemeinsamkeiten. (iii) Zwei Agenten können untereinander bestimmte Gemeinsamkeiten teilen und bestimmte nicht, die sie mit anderen teilen. Bezüglich der Ersteren sind sie gleich oder kohärent, bezüglich der Zweiteren unterschiedlich oder inkohärent. (iv) Eine Gemeinsamkeit wird immer von einer durch sie begrenzten Gruppe von Agenten geteilt, für alle Mitglieder jener Gruppe ist sie universell, also ist die Gemeinsamkeit begrenzt-universell. (v) Für die sie teilende Gruppen, Untergruppen oder die Agenten ist sie eine "Eigenschaft". Gegenüber den Agenten, die sie nicht teilen, ist sie eine "Besonderheit". Herr Frank möge mir verzeihen, dass ich - im Sinne Robert Musils - "Eigenschaft" statt seines üblichen Begriffs "Eigentümlichkeit" verwende. (vi) Die Gemeinsamkeiten sind die Dinge an sich. D.h. Dinge an sich im Sinne Immanuel Kants (22.4.1724 - 12.2.1804), die völlige Losgelöstheit von allen anderen, gibt es in der Limenistik nicht. Allerdings sind die Gemeinsamkeiten an sich bestimmbar. [17]

Hebt man bei der Erläuterung eines Phänomens durch ein anderes, von ihm verschiedenes, auf die Schnittmenge derer Eigenschaften, also ihre Gemeinsamkeiten ab, ist das

---

[17] Die Grundprinzipien der Limenistik kann man sich anhand des unsäglichen Phänomens des Rassismus verdeutlicht. Menschliche Rassen sind in der Limenistik - wie in anderen Philosophien - ein Konstrukt. Es beruht auf bestimmten Gemeinsamkeiten einer Gruppe und nur jener Gruppe (proprietatisch). Die Konstruktion wird noch einleuchtender, wenn die Gruppe mit jenen Eigenschaften in einem geografisch begrenzten Gebiet lebt. Somit wären Eskimos als Rasse konstruierbar, aber auch Japaner oder Rothaarige. Der Rassismus beginnt bereits mit dieser Konstruktion, entfaltet sich jedoch deutlich bei der Bewertung der proprietatischen Gemeinsamkeiten und damit ihrer Träger. Letztere geschieht meist zum Zwecke der Selbsterhöhung des Bewertenden. Gleiches gilt für die vermeintliche ff-Ankopplung weiterer Gemeinsamkeiten und das Versagen der Transzendenz in bestimmte Gemeinsamkeiten. Für das Ende von Rassismus muss das Konstrukt der Rasse verschwinden, aber natürlich nicht die proprietatische Gemeinsamkeit. Auch wenn jene Gemeinsamkeit noch vorhanden, das Konstrukt der Rasse inklusive seiner Bewertung jedoch verschwunden ist, endet der Rassismus.

eine Phänomen des anderen Analogie. Meist gehören diese Phänomene zu verwandten Klassen, z.B. Äpfel und Birnen. Weiterhin können verschiedene Gemeinsamkeiten miteinander zu zwingend integrierten Gemeinsamkeiten (*ZIG*) verknüpft sein, entweder einfach faktisch (*f*), beispielsweise durch einen Zufall oder Willkür. Oder fortwährend faktisch (*ff*), d.h. gesetzmäßig mit unendlicher Stabilität, oder ideell bzw. gedacht (*j*), wobei *j-ZIG* die reale zwingende Integration von Gemeinsamkeiten zwar abbilden sollen, es aufgrund von Irrtum, gezielter Lüge, Unfähigkeit, Gedankenspiel oder Fantasie aber nicht müssen.

ff-ZIG bilden - bis auf statistische Unsicherheiten - die Grundlage aller verlässlichen Gesetze. Wahr ist in der Limenistik ein Satz, der zutreffende Voraussagen tätigt, da sich Agenten entsprechend der Gemeinsamkeiten verhalten, die sie teilen, wobei jenes Verhalten ebenfalls eine Gemeinsamkeit innerhalb des *ff-ZIG* darstellt. *ff*-ZIG integrieren nicht nur bestimmte Gemeinsamkeiten, sondern schließen andere Gemeinsamkeiten ebenfalls zwingend aus sich aus. *f-ZIG* sind nur aufgrund ihrer Faktizität stabil. Allerdings können sie sich als *ff* erweisen oder qualifizieren. Alle *ZIG* sind wiederum Gemeinsamkeiten. Der Nachweis, welche Gemeinsamkeiten zusammenhängen und ob der Zusammenhang *ff-, f-* oder *j-* ist, heißt in der Limenistik "Eduktion". Eduktion kann statistisch erfolgen, aber auch durch gezielte Variation von Gemeinsamkeiten im Agenten. Die Herstellung solcher Umstände, unter denen ein Agent nur ein bestimmtes *ZIG* teilt oder zumindest sein Verhalten nur durch ein *ZIG* bestimmt wird, heißt "(R)Eduktion".

Agenten können Gemeinsamkeiten wechseln. Ein Agent kann den Zwang eines Dreiecks mit einer Innenwinkelsumme von 180° verlassen, wenn er sich auf eine gekrümmte Oberfläche begibt. Den Zusammenhang zwischen Krümmungsradius und Innenwinkelsumme kann er jedoch nicht verlassen. Dennoch sind beide Gemeinsamkeitenbündel gleich universell, auch wenn das letztere scheinbar das unbegrenzte ist. Scheinbar heißt, dass sich ein Agent gar nicht auf irgendwelchen Oberflächen bewegen muss. Universell heißt, dass er dem Gesetz folgt, wenn er es tut. Je mehr frei wählbare (unabhängige) Parameter ein allgemeines Gesetz für konkrete Vorhersagen erfordert, desto mehr Agenten können sich bestimmten Verhaltensweisen entziehen. Während sich die Bereiche der euklidischen und der nicht-euklidischen Geometrie in einer allgemeinen Formel zusammenfassen lassen, sind bei noch umfassenderen Theorien die Bereiche nicht mehr zueinander kompatibel und daher nicht aus einem höheren Gesetz ableitbar, so wie die sozialen Mechanismen der Freundschaft und die Gravitation nicht aus einem übergeordneten Gesetz ableitbar sind, obwohl sie für sich dennoch Gesetzen folgen. Es gibt "allgemeine" Gesetze, die sehr viele Agenten befolgen, z.B. (i) das Gravitationsgesetz, (ii) das Gesetz $E=mc^2$ beides für alle Objekte, die Masse besitzen, (iii) das Gesetz, dass sich moralisches Verhalten nicht aus Logik ableiten lässt, und dass sehr kluge Menschen nicht sehr moralisch handeln müssen - Übrigens ein schönes Beispiel für ein *ff-ZIG*, dass Gemeinsamkeiten exkludiert und nicht integriert. Allerdings gibt es kein allgemeines Gesetz, dass alle Gemeinsamkeiten zwingend verbindet, was nicht bedeutet, dass z.B. physikalische Gegebenheiten keinen Einfluss auf die Psyche besitzen.

Die einzige Gemeinsamkeit, die alle existierenden Agenten teilen, ist die Existenz selbst, die, als *ZIG* verstanden, alle anderen *ZIG* enthält, allerdings nur als *f-ZIG*. Das heißt, Existenz bedeutet nicht, dass außer der Existenz andere, bestimmte Gemeinsamkeiten *ff*-zwingend in der Existenz vereinigt sein müssen. In der Limenistik können Agenten von einer Gemeinsamkeit in die andere transzendieren, indem sie Erstere ablegen und neue bzw. andere betreten. Meist sind die Gemeinsamkeiten jedoch in *ZIG* integriert oder selbst *ZIG*, weshalb ein gesamtes Bündel von Gemeinsamkeiten transzendiert werden muss. *ff-ZIG* können nur mit all ihren integrierten Untergemeinsamkeiten betreten oder verlassen werden, was aber nicht heißt, dass jene Untergemeinsamkeiten nicht in anderen *ZIG* integriert sind. Die Erinnerung jener Gemeinsamkeiten im Agenten ist seine Integration in sie bzw. die Integration der Gemeinsamkeiten in jenen Agenten.

In der Limenistik werden Gemeinsamkeiten, die in *ZIG* vereinigt sind oder werden könnten, bewertet. Bewertungen können positiv sein, dann verbleiben die Gemeinsamkeiten im *ZIG* - möglicherweise sogar *ff* - und werden zusammen für Agenten attraktiv. Bewertungen können neutral sein, oder sie können negativ sein, dann kommt das *ZIG* nicht zustande und die Agenten wenden sich von ihm ab. Bewertungen können mit Attributen versehen werden, z.B. schön oder hässlich, wobei offen ist, welches Attribut mit welcher Bewertung einhergeht. Attribute geben aber einen Hinweis auf den sogenannten IntegrationsWert, also den übergeordneten Imperativ, auf dessen Basis die Bewertung erfolgt. Trivialerweise ist alles, was sich erhält, für die Existenz positiv bewertet.

Prinzipiell führt die Bewertung zu ständiger Transzendenz der Gemeinsamkeiten bei gleichzeitiger Integration. Die Limenistik beschränkt die Agenten daher nicht auf "Eigenschaftensäcke", sondern sieht ihre Existenz in der Schwellenüberschreitung, die beim Menschen die höchste Form der Selbstbestimmtheit erreicht. Nicht als "Sack von Eigenschaften" - eine zutiefst soziopathische Ansicht - ist der Mensch menschlich, sondern als selbstbestimmter (Des)Integrator aus(in) andere Gemeinsamkeiten.

An dieser Stelle möchte ich eine scheinbare Abweichung von dem vorbringen, was meine Vorrednerin gesagt hat. Die Limenistik kennt nämlich einen Widerspruch, den es auch jenseits des menschlichen Verstandes, also in der Realität gibt: den zwischen Unangepasstheit und Angepasstheit von Agenten, d.h. zwischen dem Nicht-Teilen und dem Teilen von Gemeinsamkeiten, wobei Angepasstheit immer ein Verhalten entsprechend der Gemeinsamkeit bedeutet. Die Anpassung eines Agenten ist jedoch immer nur begrenzt, d.h. aufgrund der zeitlichen Ähnlichkeit, also seiner zukünftigen Nicht-Identität mit geteilten Gemeinsamkeiten, ist eine vollständige Angepasstheit an ein Set von Gemeinsamkeiten zu einem bestimmten, ausgedehnten Zeitpunkt ausgeschlossen, weshalb sich jene ständig erneuern und verändern. Man kann sich die limenistische Angepasstheit am besten als einen Prozess des Sich-Anpassens an sich letztendlich durch jene Anpassung selbstÄhnlich verändernde Gemeinsamkeitenbündel im Agenten vorstellen, wobei jedoch der Großteil der Gemeinsamkeiten durch die Anpassung in ihm erhalten bleibt.

Und hier kommen wir zur Äquivalenz von Angepasstheit und Erhalt. Die limenistische SelbstÄhnlichkeit ist die oberste Forderung an die Agenten, sie ist der SuperIntegrationsWert, um überhaupt zu existieren. In der Limenistik ist nur durch einen selbstÄhnlichen Erhalt Existenz überhaupt möglich. Die Limenistik unterscheidet falsche und richtige Gemeinsamkeiten, allerdings in je zwei unterschiedlichen Bedeutungen. Einerseits sind richtige bzw. falsche Gemeinsamkeiten diejenigen, die ein bestimmter Agent tatsächlich teilt oder nicht teilt. Im Hinblick auf seine Entwicklung sind es aber auch diejenigen Gemeinsamkeiten, die ihn während der Anpassung an jene selbstÄhnlich erhalten oder nicht, d.h., im letzteren Fall vernichten. SelbstÄhnlicher ERHALT bedeutet, dass der Großteil der Gemeinsamkeiten, die der Agent typischerweise teilt, über lange Zeit zusammenbleibt, und zwar als diejenigen Gemeinsamkeiten, welche sich durch die Anpassung des Agenten an jene im Agenten stabilisieren oder reproduzieren. Zu dieser selbsterhaltenden, selbstähnlichen Anpassung gehört auch die Fähigkeit zur Entwicklung der Anpassungsfähigkeit zum Zweck der Erhaltung. Die evolutionäre Höherentwicklung des Lebens ist lediglich eine Steigerung der Anpassungsfähigkeit zum Zwecke des

Überlebens, zunächst auf genetischer, dann auf kollektiver, schließlich auf individueller Ebene. Die Zunahme der Anpassungsfähigkeit erhält das Leben. Sie wird häufig als Komplexitätszunahme verstanden. Doch wenn Komplexität der Anpassung zum Zwecke des Überlebens hinderlich wird - z.b. wegen ihres hohen Energie- und Ressourcenverbrauchs - wird sie von der Evolution wieder reduziert.

Zerstörung würde hingegen bedeuten, dass der Agent aus dem Großteil oder sogar aus all seinen Gemeinsamkeiten aussteigt. Dies geschieht häufig aufgrund von unmittelbarer Selbstentfremdung durch das Eintauschen eigentlich erhaltender Gemeinsamkeiten gegen schädliche, desintegrierende. Die Gegenrichtung ist die selbstidentitäre Erstarrung. Eine totale Erstarrung in ewiger Gleichheit ist nicht möglich, da alle Merkmale eines Agenten Gemeinsamkeiten mit seiner Umgebung sind und diese sich räumlich/zeitlich ändert. Beispielsweise ist das Einatmen von Sauerstoff unter Wasser lebensnotwendig, beim zu schnellen Auftauchen jedoch lebensgefährlich. Deswegen würden es einander ähnliche Agenten auch nicht tun. Änderte sich auch die Umgebung nicht, kämen alle Anpassungsbewegungen, daher alle Bewegungen und somit die Zeit selbst, zum Erliegen. Darüber hinaus könnte man eine reproduzierende Erstarrung annehmen, ein sich perfekt reproduzierendes System, das alle Veränderungen abfedern kann. Allerdings sind auch Systeme nicht vor drastischen Änderungen der Umwelt gefeit, da sie nur einen begrenzten Rahmen an Möglichkeiten der Reproduktion besitzen und - als offene Systeme - auf äußere Ressourcen zurückgreifen müssen, die wiederum Gemeinsamkeiten darstellen, von denen sie abhängig sind. So oder so wird der Agent diejenigen Gemeinsamkeiten, die ihn nicht erhalten, auf Dauer nicht teilen.

Somit wird der beschriebene Widerspruch der Nichtanpassung dem logisch-antagonistischen ähnlich, d.h., er existiert nur kurzfristig. Allerdings rutscht der Agent ständig von einer Gemeinsamkeit in die nächste. Zusammengefasst: Der Widerspruch zwischen Anpassung und Nichtanpassung entspricht dem Widerspruch der gleichzeitigen Gleichheit und Unterschiedlichkeit, also der SelbstÄhnlichkeit des Universums bis hinab in seine Elementarteilchen. Daher muss ich meiner Vorrednerin doch recht geben. Limenistisch wäre es eher ein Widerspruch, wenn der Agent bis in alle Ewigkeit an die gleichen Gemeinsamkeiten angepasst wäre. Angepasstheit bedeutet, bestimmte Gemeinsamkeiten auszutauschen, um bestimmte zu erhalten und damit sich selbst. Unangepasstheit bedeutet, die Gemeinsamkeiten mit seiner Umgebung zu verlieren und dadurch zu desintegrieren.

Meine Damen und Herren!
Lassen Sie mich die Konsequenzen der SelbstÄhnlichkeit fokussiert zusammenfassen. Zum einen sind Gemeinsamkeiten für Agenten begrenzt. Das bedeutet: Agenten können bestimmte Gemeinsamkeiten teilen oder auch nicht. Der ideale Agent ist frei in der Wahl jeder Gemeinsamkeit. In diesem Fall gäbe die Induktion keinerlei zeitliche oder globale Sicherheit, und die Deduktion ergäbe möglicher-

weise für keinen einzigen Agenten zuverlässige Integration in bestimmte Gemeinsamkeiten. Aber einen solchen Agenten gibt es nicht, da sie alle Gemeinsamkeitenbündel darstellen, in die sie integriert sind. Tatsächlich sind Gemeinsamkeiten begrenzt-universell, d.h., Agenten können Gemeinsamkeiten in stabiler Weise teilen, was induktiv oder deduktiv nachgewiesen werden kann, d.h., durch empirische Messreihen mit Fehlerbetrachtung oder Ableitung aus einem allgemeineren *ZIG*. Weil die gleichen Randbedingungen - d.h. das *ZIG* - dafür präsent bleiben müssen, sind Induktion und Deduktion gleichermaßen (un)vollständig. Induktionen (empirische Beobachtung) und Deduktionen (gedankliche Ableitung) sind innerhalb stabiler Gemeinsamkeitenbündel vollständig, auch wenn (meist bei der Induktion) die Ursache der Stabilität nicht bekannt ist. Beide verschmelzen in der Limenistik zur (R)Eduktion, dem Nachweis der zwingenden Integration von Gemeinsamkeiten. Wenn bestimmte Gemeinsamkeiten stabil miteinander verknüpft sind, werden diese Gemeinsamkeiten innerhalb der *ZIG* von den Agenten stets "gemeinsam" geteilt, was mittels der (R)Eduktion nachgewiesen werden kann, d.h., indem Agenten unter festen Randbedingungen testweise in Gemeinsamkeiten integriert oder aus ihnen entfernt werden, wobei die mitbetretenen und miterlassenen Gemeinsamkeiten betrachtet werden.

SelbstÄhnlichkeit bedeutet, dass innerhalb der *ZIG* im zeitlichen und örtlichen Rahmen ihrer Stabilität - d.h. stabiler Symmetrien und Erhaltungsgrößen - stabile Gesetze ableitbar sind. Agenten teilen bestimmte Gemeinsamkeiten zeitlich und räumlich stabil: Ein Stein, der zu

Boden fällt, wird es unter den gleichen Bedingungen - bis auf Störungen durch Zufälle - immer wieder tun. Da die Bedingungen aufgrund der SelbstÄhnlichkeit - d.h. stabil integrierter Gemeinsamkeiten - ebenfalls stabil sind - wie Teil des *ZIG*, wird der Stein bei nächster Gelegenheit also wieder zu Boden fallen. Andererseits folgt nur aus dem Vorhandensein stabil integrierter Gemeinsamkeiten - d.h. aus der Tatsache, dass Körper im Gravitationsfeld zu Boden fallen -, dass auch Steine es tun. Nur müssen Steine eben innerhalb des relevanten *ZIG* liegen, hier, indem sie Masse besitzen und sich im Gravitationsfeld befinden. SelbstÄhnlichkeit bedeutet, dass die Beobachtung einer Integration zweier Gemeinsamkeiten deren tatsächliche zwingende Integration im Rahmen der Stabilität ihrer Verbindung beweist; genauso, wie die weitergehende Integration von Gemeinsamkeiten in Gemeinsamkeitenbündel, deren Integration untereinander beinhaltet, aber eben nur im Rahmen des gesamten integrierten Gesamtbündels. Das wiederum bedeutet, dass immer eine Gesamtbetrachtung erfolgen oder zumindest reproduzierbar gleiche, stabile und relevante Bedingungen hergestellt werden müssen, um falsche Zuordnungen von Gemeinsamkeiten zu vermeiden. Relevanz heißt, dass z.B. für die Betrachtung der Siedetemperatur nicht der gleiche Wochentag, sondern die gleiche Höhe über dem Meeresspiegel eingehalten werden muss, da jene Teil des *ZIG* ist. Induktion: Das Teilen einer bestimmten Gemeinsamkeit wird immer innerhalb eines *ZIG* beobachtet. Deduktion: Das Teilen einer bestimmten Gemeinsamkeit wird immer aus einem *ZIG* heraus abgeleitet. (R)Eduktion: Die Verknüpfung der Gemeinsamkeiten innerhalb des *ZIG* wird betrachtet.

Meine Damen und Herren!

Wahrheit bedeutet in der Limenistik zuallererst, dass bestimmte Agenten bestimmte Gemeinsamkeiten teilen. Teilen sie jene nicht, lässt sich das *ZIG*-bezogene Gesetz, welches das Verhalten der Agenten voraussagen soll, nicht auf sie anwenden. Partikular gilt das Gleiche: Teilt der Agent mindestens eine der im *ZIG* vereinigten Gemeinsamkeiten nicht, so lässt sich das mit dem *ZIG* verbundene Gesamtverhalten ausschließen, allerdings kann sich der Agent trotzdem einigermaßen konform verhalten, abhängig von den durch ihn geteilten Gemeinsamkeiten. Wahrheit bedeutet, dass bestimmte Gemeinsamkeiten zwingend in *ZIG* verbunden sind oder eben nicht (Verbot), entweder mit *j-*, *f-* oder *ff*-Qualität. Durch die ständige Transzendenz der Agenten aus einer Gemeinsamkeit in eine andere wird die Vorhersagbarkeit in Richtung einer statistischen Wahrheit aufgeweicht, die besagt, dass selbst unter exakt gleichen Bedingungen ein Ereignis nur mit einer bestimmten Wahrscheinlichkeit erneut auftritt. Der Zwang im durch den Agenten angenommenen *ZIG* ist dann zwar vorhanden, allerdings ist nicht gesagt, in welches Bündel zusammenhängender Gemeinsamkeiten er genau übergeht. So wie bei der zwingenden Integration bestimmter Gemeinsamkeiten in *ZIG* beruhen die Transzendenz und Integration von Agenten in *ZIG* auf Gewalt, welche wiederum auf der Bewertung der Gemeinsamkeiten und deren Verbindung beruht und die Transzendenz immer mit einer Schwellenüberwindung verbindet. Die Übergangsgewalt kann auch rein zufällig wirken.

72

Transzendenz durch die Zeit kann "regressiv" (Hochbewertung nahezu vergangener Gemeinsamkeiten) oder "progressiv" (noch nicht vorhandener Gemeinsamkeiten) sein, die Transzendenz durch den Raum - d.h., zwischen Agenten(gruppen) - ist "links". Der Verbleib im zeitlichen status quo ist "konservativ" und im Eigenen "rechts". Letztere bedeuten stabile Wahrheiten, aber auch Stillstand. Erstere bedeuten neue, andere Wahrheiten, aber auch Rückkehr zu alten oder Chaos. Transzendenz in (i) bekannte *ZIG* mit unbekannten Bewertungen/Wahrscheinlichkeiten, (ii) unbekannte *ZIG* mit bekannten Wahrscheinlichkeiten und (iii) unbekannte *ZIG* mit unbekannten Wahrscheinlichkeiten sind die aufsteigend schlimmsten Fälle für die Erkenntnis. Bei ständiger, unvorhersagbarer Transzendenz wird die Wahrheit nur noch in dem Moment offenbar, wenn das Ereignis beobachtet wird. Das System ist dann nicht mehr durch Gemeinsamkeiten determiniert, sondern (multipel) gewaltbestimmt, wobei u.U. kleinste Fluktuationen den Ausschlag für den nächsten Zustand geben. Man spricht in diesem Fall von deterministischem Chaos. Die Limenistik ist evolutionär angelegt, d.h., die Gewalt, die den Agenten in bestimmte Richtungen führt, legitimiert sich über seinen anschließenden Erhalt und delegitimiert sich über seine Zerstörung, d.h., seiner Desintegration aus allen Agenten und Gemeinsamkeitenbündeln. Für die *ff-ZIG* ist die Wahrheit begrenztuniversell, d.h. der Agent kann unter bestimmten Umständen das *ff-ZIG* wieder betreten, ohne dass die zwingend integrierten Gemeinsamkeiten "zusammengesucht" werden müssen. Die Gewalt, welche das *ff-ZIG* zusammenhält, stammt aus seiner Bewertung über den Erhalt des

73

Universums in selbstÄhnlicher Form. Die zwingende Integration von Gemeinsamkeiten in ein *ZIG* bedeutet die zwingende gleichzeitige oder bestimmt abfolgende Transzendenz von deren Grenzen. Für diese Transzendenz ist die Gewalt - im Vergleich zur Transzendenz des gesamten *ZIG* - minimiert. Die Gewalt, die den Agenten die Schwellen des *ZIG* transzendieren lässt, ist bezüglich seines Erhalts unbestimmt. Die Gewalt ist in der Limenistik jedoch nicht nur zerstörend, sondern zumeist existenzerhaltend.

Meine Damen und Herren!
Lassen Sie uns nun genauer auf die limenistischen Widersprüche schauen. Limenistische Widersprüche sind zuallererst Widersprüche zu den bereits erwähnten, selbstÄhnlichen bzw. begrenzt-universellen Grundkonzepten der Limenistik. Im limenistischen Verständnis bzw. in der limenistischen Welt wären solche Widersprüche Abweichungen von praktischer Realität, die sich aber von anderer praktischer Realität unterscheiden kann. Ein Agent kann in der Limenistik gleichzeitig lebendig und tot sein, er und ein anderer Agent können sich am gleichen Ort befinden, wenn sie nur nicht die exakt gleichen Gemeinsamkeiten und dadurch nur jene miteinander teilen bzw. mindestens eine Gemeinsamkeit teilen.

Sie sehen, dass der Widerspruch zur SelbstÄhnlichkeit im Rahmen der Limenistik immer unendlich negativ bewertet ist. Er widerspricht dem limenistischen Grundprinzip bzw. SuperIntegrationsWert des Erhalts. Limenistische Widersprüche können aber auch bei bestimmten, wählbaren

74

Wertungen auftreten, d.h. bei (i) Agenten, denen Gemeinsamkeiten zugeordnet werden und (ii) Gemeinsamkeiten, die zu *ZIG* zusammengeführt werden, obwohl dies der vorhandenen Wertung jener Verbindungen widerspricht; (iii) Agenten, die von Gemeinsamkeiten getrennt werden, oder (iv) Gemeinsamkeiten, die voneinander getrennt werden, obwohl dies ebenfalls einer vorhandenen Wertung jener Trennung widerspricht. Tatsächlich sind Agenten aber nichts anderes als Ansammlungen von gruppenweise geteilten Gemeinsamkeiten und kurzfristigen singulären Eigenschaften. Daher kann man die Definition des limenistischen Widerspruchs wie folgt zusammenfassen: Widersprüchlich sind Gemeinsamkeiten, wenn sie sich (ad i-ii) entweder zu Bündeln zusammensetzen, wo dies laut einer Wertung nicht möglich ist, oder (ad iii-iv) indem Bündel ohne Gemeinsamkeiten auftreten, mit denen sie laut einer Wertung in übergeordnete *ZIG* integriert sind.

Alle Widersprüche sind nur Widersprüche im Denken und Handeln des Menschen. Sie beziehen sich also ausschließlich auf *j-ZIG*, und zwar in dem Sinn, dass in der nichtmenschlichen Realität Widersprüche, d.h. objektiv negativ bewertete Konstellationen zwischen realen Agenten, Gemeinsamkeiten und *ZIG,* niemals oder nur kurzzeitig realisiert werden. Zu (i-iv) gehören dann objektive Wertungen, die nicht mit unseren Werten übereinstimmen. Sinnhaftigkeit bedeutet somit, dass Agenten einem bestimmten Gemeinsamkeitenbündel durch Wertung gedanklich zwingend zu- oder weggeordnet werden, dass Gemeinsamkeiten als zusammen in einem *ZIG* existierend oder dass Gemeinsamkeiten als aus dem *ZIG* oder der Gruppe gelöst betrachtet werden, und zwar in Übereinstimmung mit den entsprechenden gedanklichen Subwelten. In der Limenistik hat die dingliche Welt einen eigentlichen, erkennbaren, objektiven Sinn. Die Limenistik ist nicht postmodern[18].

---

[18] In der postmodernen Philosophie ist das Konzept des Sinns/der Bedeutung ausschließlich an die Sprache gebunden. Die Dinge in der Welt haben eigentlich keine Bedeutung. Die Sprache prägt den Dingen ihren Sinn via den menschlichen Verstand auf, nicht umgekehrt. Bedeutung ist ein rein sprachliches Prinzip, weshalb die Bedeutung/Sinn eines Symbols und die prinzipielle Bedeutung/Sinn einer bezeichneten Sache durch die selben Begriffe "Bedeutung, Sinn" benannt werden. Dabei ist Bedeutung/Sinn nur ein Hilfsmittel, um Sprache auf die Welt anwenden zu können, sodass sich Menschen verständigen, die Wahrheit erkennen und nutzen können. Diese Effekte sind aber nur Nebenprodukte der Bedeutungszuweisungen innerhalb der Sprache, die sich freilich im Alltag bewähren müssen. Dennoch kommt Erkenntnis nicht über die Sprache hinaus.
Ludwig Wittgenstein (26.4.1889 - 29.4.1951) sagte bekanntermaßen: "Die Grenzen meiner Sprache bedeuten die Grenzen meiner Welt." [12] Der zweite wichtige Satz des Philosophen lautet: "Die Bedeutung eines Wortes ist sein Gebrauch in der Sprache." [13] Wittgenstein hat diesen Satz mithilfe des Beispiels eines Meisters erklärt, der seinen Gehilfen anweist, ihm bestimmte Bauteile zu reichen: Balken, gemeint ist der Dachbalken; Platte, gemeint ist eine Steinplatte und so weiter. Dabei muss der Meister nur die Begriffe sagen und der Gehilfe weiß von sich aus, dass er bei "Platte!" die Steinplatte reichen soll und keine Schallplatte. Erst im Rahmen eines solchen "Sprachspiels", das bestimmten Regeln zum Zwecke der Verständigung unterliegt, erhalten die Begriffe ihre konkrete Bedeutung und andere sind im Gebrauch nicht mehr nötig.
Um uns diesen Aussagen von einer methodischen Seite zu nähern, beginnen wir mit der Zuweisung von Bedeutungen zu Symbolen, beispielsweise Buchstaben oder Wörtern. Alles begann mit der Erkenntnis, dass die Form eines Wortes, egal ob die Schreibformen oder die Lautform, nichts mit dem bezeichneten Gegenstand zu tun hat. Der Sprachforscher Ferdinand de Saussure (26.11.1857 - 22.2.1913) hat für den bezeichneten Gegenstand das Wort Signifikat gewählt. Damit

meint er nicht z.B. den konkreten Baum, sondern das für alle anschauliche Konzept eines Baumes. Das bezeichnende Symbol hat er als Signifikant bezeichnet. Nur die Symbole betrachtend und nicht deren Sinn, sagt de Saussure, dass es nicht etwa eine zufällige Konvention ist, mit der bestimmte Symbole einem Gegenstand zugeordnet werden, sondern dass es sich um ein gewachsenes Sprachsystem handelt. Die Unterschiede zwischen den einzelnen Zeichen haben bei diesem Wachstum die höchste Priorität, da sie dazu dienen, die bezeichneten Signifikate voneinander zu unterscheiden. Es darf keine Verwechslung der Signifikate durch zu nahe beieinanderstehende Signifikanten geben. Dynamisch betrachtet kennt dieses System auch eine Master-Slave-Hierarchie, d.h., wenn ein neues Zeichen hinzukommt, muss es sich entweder so einstellen, dass es die entsprechenden Unterschiede zu den vorhandenen Zeichen aufweist, oder die anderen Zeichen müssen abgeändert werden oder beides muss geschehen. Im ersten Fall ist das neue Symbol das prioritäre Subjekt, im zweiten Fall ist es das Objekt, im dritten ist es sowohl Subjekt als auch Objekt, logisch somit keines von beiden.

De Saussures genialer Gedanke besteht nun darin, dass für die Sinnzuweisung der einzelnen Symbole das Gleiche gilt wie für die Herstellung von deren Gebrauchsfähigkeit. Der Sinn der einzelnen Symbole geht nicht vom Signifikat auf jene über, sondern stellt sich nach dem Sinnunterschied zwischen den verschiedenen Symbolen (Signifikanten) selbstorganisiert ein. Für die Sinnhierarchie gilt das Gleiche, das heißt, in Gegensatz stehende Symbole legen auch ihr Master-Slave-Verhältnis hierarchisch fest. Das eine bestimmt negativ den Sinn des anderen.

Jacques Derrida (15.7.1930 - 8.10.2004) hat de Saussures Strukturen einer Kritik unterzogen. Deswegen bezeichnet man Derridas Philosophie als Poststrukturalismus, während man de Saussure System als Strukturalismus bezeichnet. Derrida stellte fest, dass die Unterschiedsstrukturen der Bedeutung nicht festgefügt sind. Sie bestehen zwischen einem Symbol und den anderen Symbolen, wie bei de Saussure, aber auch zwischen der Bedeutung des Symbols zu einem bestimmten Zeitpunkt im Vergleich zu dessen Vergangenheit. Die Bedeutung ist somit historisch, von Mensch zu Mensch und von Kultur zu Kultur unterschiedlich. Das gilt sogar, wenn gleiche Symbole mit initial gleicher Bedeutung verwendet werden (Sprachspiele), es sei denn, die Menschen oder Kulturen stehen irgendwann wieder in sprachlichen Kontakt und gleichen die Sinngebung aneinander an. Derrida sagt weiterhin, dass die Bedeutung von Symbolen nicht nur unterschiedlich ist, weil sie in Abgrenzung zu individuell anderen, zahlenmäßig begrenzten Symbolen ihre Bedeutung erhalten, sondern auch, weil die Symbole eine negative Spur der sie definierenden Symbole mit sich zieht. Dieser Symbole treten nicht konkret beim Denken oder Sprechen auf, aber sie sind dennoch gespenstisch vorhanden. Durch ihre negative Bedeutung beeinflussen sie die Bedeutung des Symbols, dass sie definieren sollen negativ. Das heißt, dadurch, dass die Symbole in ihrer Bedeutung definiert werden, verlieren sie ihre Bedeutung zu einem gewissen Teil. Sie ändern und verzögern ihre Bedeutung, je weiter man in einem Text, in den sie sinnhaft eingebettet sind, vorankommt (*différance*).

Dekonstruktion bedeutet, die negative Sinngebung von Symbolen durch andere Symbole kritisch zu hinterfragen. Insbesondere Derrida verweist auf Dichotomien, die, beeinflusst vom Wissenschaftsdiskurs der Moderne, besonders beliebte Totalitäten darstellen (Kraft und Gegenkraft). Hier löst sich ein Symbol aus der Spur und wird sichtbar (was bereits der erste Schritt zur Dekonstruktion der Bedeutung des Symbols ist).

Konstruktion bedeutet nicht nur Sinnzuweisung zu den Symbolen, sondern auch, dass die realen Dinge über die sprachlichen Verhältnisse der sie bezeichneten Symbole mit Bedeutung aufgeladen werden (bzw. entladen im Falle der Dekonstruktion). Sprache schafft Bedeutung. Setzt man sie mit Wahrheit gleich, wird Sinn zu Realität, welche, laut Derrida, subjektiv unterschiedlich ist. Beispielsweise wird eine Frau als das bloße Gegenteil eines Mannes definiert. So entstehen Bedeutungszuweisungen, die sich nur auf bestimmte, subjektive Eigenschaften kaprizieren, die wiederum vom gesellschaftlichen Diskurs beeinflusst werden können: Ein Mann muss stark und reich sein. Er würde sich durch eine schwache und arme Frau von jener abgrenzen und so seine eigene Identität stärken. Reiche Eheleute würden sich von den armen abgrenzen usw. Gleiches gilt für Hierarchien: Das Symbol und die Sinngebung des Mannes gibt das Symbol/Sinngebung der Frau als dessen bloßes Gegenteil vor. Diese Relation ist sowohl hinsichtlich der Definition von Mann und Frau als auch hinsichtlich ihrer Hierarchie falsch.

78

Bezogen auf Sprachspiele erweitert sich das Bild: Diese können sich nicht nur gegenseitig negativ mit Sinn und Hierarchie aufladen (Linkspolitisch sei das Gegenteil von rechtspolitisch und umgekehrt), sondern auch gegenüber anderen Sprachspielen inkompatibel sein (was sie müssen, um sich zu definieren). Deswegen gibt es kein Sprachspiel, dass alle anderen einklammert, sozusagen eine Überbedeutung erzeugt (Jean-François Lyotard, 10.8.1924 - 21.4.1998). Wir haben es immer mit unterschiedlichen Bedeutungsblasen zu tun.

Stellen wir uns nun eine Denkwelt vor, in der es keine Signifikate mehr gibt (Jean Baudrillard, 27.7.1929 - 6.3.2007). Das heißt, es gibt nur noch Signifikanten, deren Sinn dadurch entsteht, dass sie negativ aufeinander verweisen. Signifikanten werden nur durch weitere Signifikanten definiert, so wie in einer Enzyklopädie, freilich in deren Abgrenzung zueinander. Solche reinen Signifikantensprachen sind in abstrakter Wissenschaft seit Jahrhunderten bekannt. Es ist aber durchaus möglich, dass auch konkret anfassbare Dinge dank unserer digital-ikonischen Wirklichkeit nicht mehr durch konkrete Vorstellungen und Beschreibungen, nicht einmal durch Gedankenkonzepte (Pauschalisierung), sondern nur noch durch passende Symbole erfasst, ihnen gleichgesetzt werden (Symbolisierung). Eine solche Welt wäre ausschließlich subjektiv/historisch konstruiert. Statt aus Wahrheit würde sie aus bloßen Bedeutungen bestehen. Sie wäre maximal bedeutsam.

Die sich aus dem Poststrukturalismus entwickelnde Postmoderne warnt, im kritischen Verständnis, vor solchen Bedeutungsblasen (Sprachspielen = Diskursen = Narrativen), bei denen die gegenseitig zugewiesene Symbolbedeutung mit Wahrheit verwechselt wird. Spuren bewirken ebenfalls Sinn- und Hierarchiezuweisungen, allerdings versteckter und dynamischer als offenkundige Gegensätze.

Affirmativ gedeutet werden unterschiedliche Wahrheiten in unterschiedlichen Narrativblasen bejaht. Ist die Summe aller Sprachspiele die Realität, sind die einzelnen, inkompatiblen Sprachspiele durch Macht hierarchisierten Kategorien/Identitäten gleich: Klassen, Ethnien, Gehaltsgruppen, so bedeutet Postmoderne, sich dieser Identitätszugehörigkeit und des Antagonismus mit anderen Identitäten bewusst zu werden, bis hin zur Intersektionalität, und das Machtgefälle (von Mündigkeit/Majorität zur Unmündigkeit/Minorität) zu bekämpfen. So verstanden ist Postmoderne ein radikalisierter Marxismus.

Nach dieser Definition teile ich limenistische Widersprüche in differenzielle, integrale, separierende und vereinende ein und spezifiziere damit die "zusammen"- und "getrennt"-Unterteilung meiner Vorrednerin.

(1) Integrale limenistische Widersprüche (analog zu i-ii) führen Gemeinsamkeiten gedanklich zusammen, wo sie es laut Wertung in der jeweiligen Gedankenwelt (z.B. der praktisch-realen) nicht sollten, so wie Gelb und Blau im selben Punkt, ohne dass er grün wäre. Der höchste integrale Widerspruch ist die Aussage, dass zwei Agenten die absolut gleichen Gemeinsamkeiten teilen, also nur jene, die sie auch untereinander teilen. Beachten Sie, dass *ZIG* in den Agenten prinzipiell identisch sein können, da es ansonsten keine Gemeinsamkeiten zwischen jenen gäbe, wobei jedes *ZIG*, dass von einem Agenten geteilt wird, sich von dem vernehmlich gleichen *ZIG* in einem anderen Agenten ein wenig unterscheidet, indem es andere Gemeinsamkeiten einbindet und so zu etwas Eigentlichem wird, das wiederum mit anderen Agenten geteilt werden kann. Was Agenten für sich betrifft: Integrale limenistische Widersprüche gelten bezüglich der Agenten, die zu-

---

Postmoderne, Phänomenologie, Wittgensteins Sprachwelt und Kant'sche Transzendentalphilosophie gehen letztlich auf die Annahme zurück, dass der Mensch nur etwas hervorbringen kann durch die Mittel, die ihm zur Verfügung stehen. Das ist seine Welt und die Grenze seiner Welt. Im Existenzialismus besitzt der Mensch *ad hoc* unendliche Kreativität. In der Limenistik ist seine begrenzte Welt deren Schwelle hin zu unendlicher Kreativität. Das betrifft nicht nur zeitliche, sondern auch räumliche Bedeutungsblasen, die sich mit den Agenten, die ihre Schwelle überschreiten, wandeln.

sammenkommen, obwohl sie normalerweise nicht zusammenkommen können - beispielsweise Feinde in einem Krieg zum gemeinsamen Feiern (was allerdings schon vorgekommen sein soll).

(2) Differenzielle limenistische Widersprüche (analog zu iii-iv) trennen Gemeinsamkeiten gedanklich aus einem *ZIG* ab, wo sie es nicht sollten, beispielsweise die Farben aus einem Regenbogen. Der höchsten differenziellen Widersprüche sind die Existenz zweier Agenten, die untereinander keine einzige Gemeinsamkeit teilen - wobei *ZIG* prinzipiell komplett unterschiedlich sein können - bzw. ein Agent, der überhaupt keine Gemeinsamkeiten teilt. Was die Agenten für sich betrifft: Differenzielle Widersprüche gelten bezüglich Agenten, die voneinander getrennt werden, obwohl sie zusammengehören. Differenzielle limenistische Widersprüche würden z.B. eine Fußballmannschaft ohne Torwart beginnen lassen. Die differenziellen Widersprüche beinhalten ebenfalls Abstraktionswidersprüche zu den BEVOR. Hier ist insbesondere der Umgang interessant, der im Konkreten immer MIT etwas erfolgt, so wie Bewusstsein von etwas, Liebe zu jemanden, Existenz von etwas, Erkenntnis von etwas. Es stellt sich die Frage, ob die Abstraktion von etwas oder jemand, d.h. das Zulassen des Bewusstseins an sich, Liebe an sich, Gegenwart an sich, Erkenntnis an sich oder die Objektivierung gegenüber sich selbst, d.h. Liebe der Liebe, Bewusstsein vom Bewusstsein, Hass auf den Hass, usw. einen realen, praktisch-realen, fantastischen oder mystischen Charakter trägt.

81

(3) Vereinende limenistische Widersprüche sind Spezialfälle der integrierenden. Sie verschmelzen zwei gegensätzliche *ZIG* oder Agenten gedanklich zu jeweils einem, lassen sie jedoch explizit gegensätzlich: "Es ist ein Hund und gleichzeitig eine Katze", "Du hüllst mich ein und ich hülle dich ein, und dennoch sind wir unterschiedlich.", "Diese Farbe leuchtet in der Farbe der anderen, die andere in jener, und dennoch sind sie unterschiedlich." Der höchste vereinende limenistische Widerspruch besagt, dass zwei *ZIG* oder Agenten keine einzige Gemeinsamkeit teilen und dennoch absolut gleich sind. Bei vereinenden Transzendenzwidersprüchen verschmelzen Ausgangspunkt und Ziel einer Veränderung oder Bewegung, beispielsweise Geburt mit Tod oder Inneres und Äußeres.

(4) Separierende limenistische Widersprüche sind Spezialfälle der differenziellen. Sie entfremden ein und denselben Agenten oder ein und dasselbe *ZIG* von sich selbst, lassen sie jedoch prinzipiell sie selbst bleiben. Besonders krass wird der Widerspruch, wenn die jeweiligen Agenten/*ZIG*s sich gewöhnlich entgegengesetzt zueinander verhalten. "Dieser Hund ist eine Katze ", "Die Vorwärtsbewegung ist auch eine Rückwärtsbewegung". Stehen die Agenten/*ZIG* in keinem Verhältnis zueinander, kann der Widerspruch Absurdität reflektieren: "Dieser Hund ist ein Barmann." Der höchste separierende Widerspruch besagt, dass zwei Agenten oder *ZIG* alle ihre Gemeinsamkeiten nur miteinander teilen, und dennoch völlig unterschiedlich sind. Dass ein Agent sich in zwei exakt gleiche teilen könnte, denen er absolut identisch ist, wäre für fraktale Strukturen zutreffend, allerdings bestünde ein Unterschied

82

in der Größe der Agenten oder bezüglich einer anderen Transformation.

Zu den vereinenden und separierenden Widersprüchen gehören auch die Gleichsetzung eines Bestandteils mit dem Ganzen oder seine Loslösung aus ihm: "Ein einziger Gedanke ist das ganze Denken", "Der gesamte Himmel leuchtet in nur einer Wolke", "Alle Wohlgerüche der Welt entfalten sich in diesem einen Duft." oder "Meine Gedanken sind jenseits meines Denkens.", "Diese Wolke braucht keinen Himmel.", "Ein Duft, nicht aus diesem Universum." Vereinende und separierende Widersprüche können sich zu einem ewigen Zirkel zusammensetzen: "Er ist nicht er selbst, sondern ein anderer, und obwohl beide unterschiedlich sind, sind sie doch ein und dasselbe, nämlich er selbst.", "Die beiden sind so unterschiedlich, dass sie gleich und eins sind, und weil sie gleich und eins sind, sind sie doch völlig verschieden." Beachten Sie, dass vereinende Widersprüche häufig konstruiert werden, indem Einheit mit Gleichheit gleichgesetzt wird. Zwei Pole, die entgegengesetzt sind, dürfen keine Einheit bilden, wenn sie einander nicht absolut gleich sind, denn nur was gleich ist, kollabiert zu einem Einzigen, und nur das wird als Einheit angesehen. Eine stabile Einheit aus explizit getrennten Komponenten wird in dieser Betrachtungsweise nicht erfasst, und der Unterschied zwischen einem homogenen Etwas, das seinem Inneren gleich ist, und einem strukturierten Etwas, das aus mehreren Komponenten besteht, wird zugunsten des Ersteren negiert. Andererseits werden separierende Widersprüche daraus konstruiert, dass Diversität mit Uneinheit bzw. Dissonanz verwechselt wird, was zu derselben Argumentationskette führt.

Meine Damen und Herren!
Versinnhaftung bedeutet limenistisch die Betrachtung des Objekts in Beziehung zu den Dingen, mit denen es in Beziehung steht. Limenistisch kann man sinnhafte Zusammenhänge als deren Erfahrung bzw. Erkenntnis anhand von Wirkbeziehungen zwischen versinnhaftetem Objekt und seiner für die Sinnhaftigkeit notwendigen Umgebung betrachten, somit NICHT zu alle BEVOR. Hier sind es die (erkannten) zwingend integrierten Gemeinsamkeiten (*ZIG*), die das Objekt für den Beobachter mit seiner Umwelt teilt, die es versinnhaften. Erinnern Sie sich bitte daran, als sie ein Geschenk für einen Freund aussuchten. Haben Sie sich nicht gefreut, als Sie endlich etwas fanden, das in Beziehung zu irgendeinem Ereignis stand? Macht ein solches Geschenk nicht viel mehr Sinn als eines ohne relevante Beziehung?

Sinnhaftigkeit steht nahe an der dialektischen Aufgehobenheit. Mithilfe von Dingen, die ihren eigenen Gegensatz enthalten, ist die Versinnhaftung besonders effektiv. Stellen Sie sich die Zahl eins vor. Wie kann man dieser Ziffer einen Sinn geben, sie verstehen und abschätzen, was man mit ihr anfangen kann und welche Konsequenzen ihre Existenz hat? Setzen wir sie mit der -1 in Beziehung, so wird sich schnell herausstellen, dass sich die beiden Zahlen nicht nur zu null addieren, sondern auch zu zwei subtrahieren, zu -1 multiplizieren oder dividieren. Wir haben

84

aus der bloßen Negation der +1, also mit minimalem Aufwand, bereits jede Menge sinnhafter Informationen gewinnen können. Die Beziehung zu seiner Negation ist somit der einfachste Weg zur Versinnhaftung eines Gedankens. Der einfachste Weg, etwas zu verstehen, ist also, in ihm nach seinem Gegenspieler zu suchen. Was man dabei wirklich tut, ist, die Gegner zu ihrer Gemeinsamkeit, zu der sie einschließenden sinnhaften Welt (Totalität), in Beziehung zu setzen, dem für ihre Beziehung relevanten Teil der BEVOR.

Meine Damen und Herren!
Bewegen wir uns nun auf Basis der limenistischen Widersprüche zu den mystischen Entsprüchen. Jene sind von vornherein als in der BEVOR-Welt nicht sinnhaft geplant, auf der mystischen Ebene sind sie jedoch sinnhaft. Anders gesagt: Mystische Entsprüche begründen sich durch ihre stabile Widersprüchlichkeit auf der BEVOR-Ebene. Zur Begründung dieser Annahme rufe ich Gott in den Zeugenstand: Wenn man ein so unbegreifliches und allmächtiges Wesen wie Gott annähernd beschreiben möchte, dann ja wohl nur dadurch, dass bei ihm Dinge möglich sind, die in der Welt des Menschen unmöglich sind. Das sind vor allem Paradoxien, die in ihrer Widersprüchlichkeit nicht in die praktisch-reale Welt gehören. Nicolaus Cusanus (1401 - 1464) sprach von der Coincidentia Oppositorum, dem Zusammenfall der Gegensätze, wobei er die Unbegreiflichkeit und Unvorstellbarkeit Gottes nicht als seine primäre Eigenschaft setzte, sondern sein allumfassendes Wesen, das sämtliche Gegensätze in sich einschließt, die in ihm keine mehr sind. Indem er sie einschließt, steht Gott

jenseits der Gegensätze: "Gott ist Gegensätzlichkeit zu den Gegensätzen, und zwar Gegensätzlichkeit ohne Gegensätzlichkeit; der Widerspruch ist in der Unendlichkeit ohne Widerspruch" [14]. Umgekehrt könne man sich Gott annähern, indem man Gegensätze durch irgendeine Denkmethode als eines denke. Allerdings sind göttliche Paradoxien vom Menschen in seinen BEVOR nicht zu versinnhaften, weshalb man nur dasjenige von Gott herausfinden kann, was man über ihn letztendlich nicht erkennt.

Mystische Entsprüche sind zuerst Widersprüche in den BEVOR. Die sicherste Methode, mystische Entsprüche zu vernichten, ist, sie auf praktisch-realer Ebene zu versinnhaften, d.h., ihr Geheimnis zu lüften. Die Mystik wird jedoch versuchen, der Sinnhaftung ihrer Widersprüche in der praktisch-realen Welt mithilfe eigener logisch-vernünftiger, axiomatischer oder dogmatischer Argumente entgegenwirken, und ihre Widersprüchlichkeit im Rahmen jener Mittel zu fixieren. Die Mystik verteidigt die Paradoxien gegen die Angriffe aus der BEVOR-Welt, die zu ihrer Sinnhaftung in jener Welt führen würden. Dann würde der Widerspruch nämlich auf der mystischen Ebene seine Sinnhaftigkeit verlieren und dort widersprüchlich werden.

Meine Damen und Herren!
Bei mystischen Entsprüchen handelt es sich also um *ZIG* bzw. Agenten, die sich außerhalb der BEVOR befinden, vor allem außerhalb praktischer Realität. Entweder können sie nicht benannt werden, sind nicht vorstellbar oder

durch praktisch-realistische Argumentation oder Mythisierung zu erklären. Nicht-vorstellbare, nicht-beschreibbare UND nicht erklärbare *ZIG*/Agenten oder deren Konstellationen gibt es ebenfalls. Dieser Zustand muss zumeist kompliziert umschrieben werden. Das wichtigste bei mystischen Entsprüchen ist, dass sie sich gegen die Versinnhaftung in den BEVOR wehren und dabei nicht absurd sind, sondern ihre eigene Sinnhaftigkeit bilden. Jene Sinnhaftigkeit basiert immer auf den mystischen Verhältnissen der Agenten oder *ZIG*, in denen sich ihr Geheimnis verankert, weil sie sich in den (limenistischen) BEVOR-Verhältnissen ausschließen. Der Schutz vor Versinnhaftung in den BEVOR bzw. der Absurdität entsteht dadurch, dass Agenten/*ZIG* in der mystischen Welt Gemeinsamkeiten integrieren, gerade weil sie sich für jene Agenten in den BEVOR ausschließen, weil sie dort bestimmte andere Gemeinsamkeiten teilen. Oder sie teilen Gemeinsamkeiten in der Mystik zwingend nicht, obwohl sie in den BEVOR andere teilen, die die Teilung ersterer erheischen. Ich möchte Ihnen nun einige konkrete Arten von Widersprüchen aufzählen, die sich zum Bau mystischer Entsprüche eignen.

1. Quantitative Widersprüche setzen Mengen oder Zahlen gleich, die nicht gleich sind und darüber hinaus in einem besonderen Verhältnis stehen: "Er fährt ein Auto und gleichzeitig fährt er zwei.", "Er ist fünfzig Jahre alt, aber auch fünfundzwanzig.", "Er besitzt wenig, er besitzt viel.", "Er besitzt nichts, er besitzt alles.", "Er ist da und er ist nicht da.", "Es ist unendlich und es ist endlich." Eine absurde quantitative Aussage wäre hingegen: "Eins ist sie-

ben bei elf." Außerdem kann jemand er selbst sein und zusätzlich jemand anderes: "Er und sie zusammen sind er." Solche quantitativen Widersprüche werden durch die Hinzunahme der Zeit sinnhaft, z.B., wenn man $n=n+1$ als zeitliche Folge von Schritten versteht, wobei der Parameter n jeweils um eins erhöht wird.

2. Alternative Widersprüche stellen verschiedene Agenten gegenüber und machen sie gleich. Oder sie nehmen die Agenten und zerteilen sie in angeblich unterschiedliche. Im alternativen Widerspruch ist ein Agent er selbst und jemand anderes: "Er ist Schrankenwärter und Lokführer in einem.", "Gott ist Vater, Sohn und Geist, sie beide sind eins und auch einander gleich, obwohl sie verschieden sind."

3. Qualitative Widersprüche. Während alternative mystische Entsprüche jeweils Agenten in ihrer Seinsweise gleichsetzen oder eigentlich zusammengehörende auseinanderzwingen, quantitative dies mit quantitativen Merkmalen tun, beziehen sich qualitative Widersprüche explizit auf Gemeinsamkeiten, die Menschen als Qualitäten betrachten: "Rot ist blau und die gleiche Farbe, obwohl sie unterschiedlich leuchten.", "Du bist rot, ich bin blau, wir sind gleichfarbig." Statt "Er ist Lokführer, Bahnwärter und dennoch eine Person" gilt hier "Er fährt Lokomotive und er bedient die Schranke und dennoch tut er nur eine Sache." Der alternative/qualitative mystische Entspruch wird objektiv sinnhaft, wenn es die Technik dem Lokführer erlaubt, die Bahnschranke während der Fahrt zu bedienen, wodurch er Lokführer und Bahnwärter in einem ist.

4. Dialektisch gegenseitige Gemeinsamkeiten/Agenten sind bereits objektiv sinnhaft, oder nach G.W.F. Hegel,

88

"aufgehoben". Dennoch eignen sie sich als mystische Entsprüche, solange sie nicht als dialektische Gegenseitigkeiten erkannt werden: "Löwe und Antilope gehören zusammen." bzw. wenn die Art der Gegenseitigkeit gezielt verändert wird: "Heraus ist immer auch herein."

5. Logische Widersprüche sind Aussagen, die den Prinzipien der (mathematischen) Logik widersprechen. Beispielsweise können ein Satz und dessen Verneinung in diesem Rahmen nicht gleichzeitig wahr sein. Oder als Widerspruch formuliert: "Ein Satz und dessen Verneinung sind gleich wahr." Limenistisch formuliert: "Wenn Gemeinsamkeit (oder Agent) A ungleich B ist, und C ist gleich B, dann ist A trotzdem gleich C". Logische Widersprüche sind ohne Tricks unauflösbar und eignen sich daher hervorragend als mystische Entsprüche.

6. Logisch-antagonistische Widersprüche sind Unvereinbarkeiten von Gegensätzen in Systemen, die sie dadurch sprengen würden: "Feuer mit Öl löschen!" Wie die logischen Widersprüche eignen sich logisch-antagonistische Gemeinsamkeiten/Agenten für mystische Entsprüche.

7. Räumliche und zeitliche Widersprüche bringen sich ausschließende Agenten und Gemeinsamkeiten am gleichen Ort und/oder in der gleichen Zeit zusammen bzw. dort *ff*-verbundene auseinander: "Ein Körper und ein anderer befinden sich zur selben Zeit am gleichen Ort.", "Ein Körper befindet sich gleichzeitig an zwei verschiedenen Orten.", "Hund und Katze liegen zusammen im Körbchen.", "Die Hand befindet sich hier, doch die Handknochen dort drüben." Bezüglich gleichzeitiger Raumpunkte können auch jeder oder keiner den Widerspruch bilden: "Der Agent ist nur dort, überall und nirgends und dennoch

89

nur hier.", "Er ist nur gestern, morgen, nie, immer und dennoch nur jetzt."

Räumlich-zeitliche Widersprüche können, trotz nahezu Beibehaltung des Dogmas nichtvorhandener zeitlicher und räumlicher Ausdehnung, durch schnelle oder räumlich nahe liegende Veränderungen praktisch-real sinnhaft werden. Ein Agent kann gleichzeitig blau und rot sein, wenn er ein blau-rot-kariertes Hemd trägt oder wenn er an jedem Wochentag abwechselnd rote und blaue Hemden trägt. Die Präpositionen "hinter" und "über" schließen sich scheinbar aus. Etwas, das über etwas anderem ist, kann nicht hinter ihm sein. Tatsächlich gibt es die Präposition "hinterüber" in einigen slawischen Sprachen. Sie beschreibt eine Bewegung, ein von hinten über einem Erscheinen. Im Deutschen gibt es eine ähnliche Verbindung: "Hintüber fallen".

8. Existenzielle Widersprüche stellen Sein und Nicht-Sein gegenüber und machen sie gleich. Ein Agent existiert und existiert nicht. "Ich lebe und ich lebe nicht."

9. Kausale Widersprüche beziehen sich auf integrierte Gemeinsamkeiten mit einer zwingenden Abfolge. Jene Widersprüche setzen Ursache mit Wirkung und Kausalität mit Zufälligkeit gleich bzw. vertauschen sie. Gleiches gilt für Verursacher und Opfer: "Er musste hier vorbeikommen, deswegen kam er zufällig hier vorbei.", "Mann beißt Hund.", "Die Erdanziehungskraft wirkt, damit die Axt herunterfällt.", "Die Erscheinung ist ihre eigene Ursache.", "Weil er viel isst, ist er groß und weil er groß ist, isst er viel.", "Er tritt sie und sie weint, sie weint, deswegen tritt er sie". Kausale Widersprüche können ebenfalls das Ge-

genteil einer Ursache für deren Wirkung, oder jene Ursache für das Gegenteil der Wirkung ausgeben: "Die Gravitation hat die Steine nach oben fliegen lassen." Sie können Ursachen und Wirkungen zusammenbringen, die nur metaphorisch miteinander zu tun haben: "Deine Liebe lässt mein Herz aufsteigen." Kausalität verbessert die Akzeptanz mystischer Entsprüche ungemein, da sie sie auf der mystischen Ebene weiter plausibilisieren: Aus "Ich bin und ich bin nicht", wird jetzt: "Ich bin, also bin ich nicht" (Also bin ich und bin nicht, weil ich bin.)

10. Subjekt-Objekt-Widersprüche setzen Subjekt und Objekt gleich oder dichten einer Subjekt- eine Objektrolle zu und umgekehrt: "Er hat sich selbst bestohlen, indem er andere bestohlen hat." Letzteres wird sinnhaft, wenn man davon ausgeht, dass Diebstahl etwas mit dem Gewissen macht, das einem inneren Verlust gleichkommt.

11. Erkenntnisbezogene Widersprüche setzen Wahrheit, Lüge und Möglichkeit gleich oder wandeln sie ineinander um: "Er sagt die Wahrheit, er lügt - bestimmt."

12. Dynamische Widersprüche beziehen sich auf widersprüchliche Bewegungen und Bewegungsrichtungen: "Die Atemluft verlässt ihn, während er sie einatmet.", "Er trägt das Boot und das Boot trägt ihn.", "Ich entferne mich von mir und kehre dadurch zu mir zurück.", "Er isst sie und sie isst ihn.", "Er sieht sie durch das gleiche Auge, durch das sie ihn sieht."

13. Sie werden es vielleicht nicht glauben, aber Tautologien sind auch Widersprüche, weil sie, wie sich ausschließende Gegensätze, keine Information vermitteln. Anders gesagt: Die Tautologie widerspricht der Informationsübermittlung. Der alte sozialistische Slogan "Meine Hand für

mein Produkt" ist eine solche Tautologie, denn nur die eigene Hand kann das selbsterschaffene Produkt erschaffen. Dennoch klingt er widersprüchlich, fast mystisch.

14. Ein weiterer mystischer Entspruch entsteht aus dem Ungenauen, dem Vagen. Einerseits können die Dinge in einer Formulierung konkret BEVOR-widersprüchlich sein. Tun sie das in stabiler Weise, sind sie mystisch. Andererseits können Aussagen nicht konkret formuliert sein. Wenn sie stabil nicht konkret sind, verbergen sie das Konkrete auf Dauer und sind daher ebenfalls mystisch. Allerdings verlieren die Aussagen ihre Mystik, wenn ihre Vagheit konkret wird, d.h., wenn ein bestimmter Bereich an Möglichkeiten damit gemeint ist, in dem sich eben nichts verstecken kann.

15. Die letzte Form mystischer Entsprüche sind die unbekannten/nichtexistenten Gemeinsamkeiten, also nicht diejenigen, die zwar bekannt sind aber sich zu bisher unbekannten *ZIG* zusammensetzen. Die vermeintliche Eigenschaft, keine Gemeinsamkeit zu besitzen, fällt auch unter diese Kategorie. So ist das hypothetische Nichts an Gemeinsamkeit als Objekt darstellbar, die das Nichts-Sein quasi zur Gemeinsamkeit macht - ein deutlicher Widerspruch zu den BEVOR der Limenistik. Auf diese Weise ist das Nichts als Agent=jene Gemeinsamkeit mit anderen Agenten/Gemeinsamkeiten kombinierbar, wodurch sich das Geheimnis fortpflanzt.

Meine Damen und Herren!
Warum betreiben die Menschen Mystik? Ist es, um den Geist in höhere Sphären zu transportieren, um Gott näher zu kommen? Nun, dies alles mag ein stückweit richtig

sein. Vom limenistischen Standpunkt, der im Wesentlichen materialistisch ist, gibt es für die Dinge, die der Mensch tut, nur eine Ursache: Die Welt besser zu verstehen, einen Werkzeugkasten an Voraussagen zu generieren und das eigene Dasein dadurch besser in den Griff zu bekommen. Nichts beschäftigt Menschen stärker als ein Paradoxon, da er immer die Tendenz verspüren wird, es objektiv versinnhaften zu wollen. Das Streben nach Wissen, um die Dinge in der Welt vorauszusehen, ist in der Limenistik die Hauptintention des Menschen. Gesetze bestimmen zukünftiges Verhalten und das Wissen über Gesetze erlaubt die Voraussage zukünftigen Verhaltens. Das Voraussehen der Zukunft dient aber nur einem Ziel: Dem selbstÄhnlichen Erhalt durch rechtzeitige, dafür notwendige eigene Veränderungen (i) als direkte Reaktionen auf Umweltveränderungen und (ii) als Selbstentwicklung für noch besseres Voraussehen, was einer noch effektiveren Anpassung entspricht.

Ich behaupte: Mystische Entsprüche, die sich besonders hartnäckig gegen eine Versinnhaftung im Praktisch-Realen wehren, sind der beste Weg, Wissen zu generieren. Aber warum sollte gerade das Ersinnen hanebüchener Widersprüche die Voraussetzung dafür sein? Ich beziehe mich auf den Gottesbeweis des Anselm von Canterbury (1033 - 1109) [15]: Im menschlichen Verstand kann nichts gedacht werden, das größer ist als alles, was gedacht werden kann. Somit existiert das, über das hinaus der Mensch nichts größeres Denken kann, noch nicht in seinem Verstand. Wenn es existiert, existiert es in der Realität und schließt alles Gedachte ein, über das hinaus es existiert.

Diese Argumentation sollte zeigen, dass Gott existiert und dass er größer ist als alles, was vom Menschen gedacht wird, jenes aber ebenfalls in sich trägt. Ich möchte den Begriff "Gott" versuchsweise durch "Universum" ersetzen, was bedeutet, dass alles, was vom Menschen erdacht werden kann, inklusiver aller Widersprüche, im Universum bereits existiert. Somit ist das Erdenken von Widersprüchen und deren Fixierung durch Ausformulierung nichts anderes, als gedanklich in neue Realitäten vorzudringen. Ob man sie jemals erfahren wird, ist eine andere Frage. Allerdings gibt es keinen Grund, auszuschließen, dass sich eine erdachte Mystik irgendwann als wissenschaftliche Realität zeigt, dass Mystik in Vernunft umschlägt, um das berühmte Wort von Theodor Adorno (11.9.1903 - 6.8.1969) in veränderter Form zu gebrauchen[19]. Mysterien in der Wissenschaft verlangen danach, sie praktisch-real zu versinnhaften. Wehren sie sich dagegen, gebärden sie sich als Mystik, übt uns das einerseits im Erdenken der für die Versinnhaftung notwendigen Werkzeuge. Aber es übt

---

[19] Das Originalzitat lautet: "Schon der Mythos ist Aufklärung, und: Aufklärung schlägt in Mythologie zurück." [16] Mythos wird hier als nicht-wissenschaftliche Methode zum Verständnis der Natur begriffen, die von der wissenschaftlichen Aufklärung abgelöst wurde. Wissenschaft muss aber immer als Vorstufe ihrer - im limenistischen Sinn - Einhegung in dem für sie gültigen Bereich betrachtet werden. Jenseits davon ist sie ebenfalls Mythos. Die Aufklärung als Synonym für Rationalität beinhalte inhärent ihre eigene Dummheit, nämlich die Rationalisierung, die über Verallgemeinerung zur Verdinglichung und zur Entfremdung führe. Sie sei ein "Pharmakon", das heilen oder krank machen, den Menschen dauerhaft verändern kann, in einer Art plastiniertem Heideggerschen In-der-Welt-Sein [17].

uns vor allem darin, Sinnhaftung in anderen Gedankenwelten als unseren momentanen BEVOR zu betreiben, denn in den meisten Fällen ist es so, dass unsere BEVOR für die Sinnhaftigkeit einer neuen Erkenntnis angepasst und diese Anpassungen akzeptiert werden müssen. Das alles hat nichts mit postmoderner Beliebigkeit zu tun.

Meine Damen und Herren!
Zum Schluss möchte ich über den wichtigsten Aspekt der Voraussicht zum Zwecke des Erhalts sprechen: die Kommunikation. Die Versinnhaftung ist nur dann für den Erhalt einer Gruppe relevant, wenn sie kommuniziert werden kann. Das gilt vor allem hinsichtlich der konkreten, praktisch-realen Wahrheit, aber auch für unsere Fantasien und natürlich für das, was jenseits der BEVOR liegt. Wenn die Mystik so relevant für uns ist, dann müssen die entsprechenden Widersprüche auch kommuniziert werden können. Die für den Erhalt ähnlicher Agenten notwendige Kommunikation ist stückweit Ursache ihrer Ähnlichkeit.

Ich danke Ihnen für Ihre Aufmerksamkeit.

Mystik und Normalität

Sehr geehrte Damen und Herren! Im nächsten Vortrag soll es um Normalität gehen. Widersprüche entstehen nämlich im weitesten Sinn zwischen Normen und Ereignissen, welche die Normen verletzen. Je nach geschichtlicher Epoche und philosophischer Schule kann man darüber spekulieren, ob diese Normen (i) aus der willkürlichen Laune eines Herrschers stammen, (ii) den Interessen mächtiger Gruppen dienen, (iii) aus dem Drang der Geschichte hin zu einer immer rationaleren und humaneren Gesellschaft entstehen, (iv) aus der Notwendigkeit, Profit zu erwirtschaften und Kapital anzuhäufen, (v) aus dem Ziel von Systemen, sich zu erhalten und dadurch ihre Bestandteile (welche sich deshalb an die daraus resultierende Norm halten), (vi) aus der Notwendigkeit, sich auf ein bestimmtes Reservoir an Möglichkeiten quantitativ zu beschränken, oder (vii) aus dem Ziel einer abstrakten Macht, sich mithilfe der Norm beständig zu optimieren und zu vergrößern. Sicher ist: Normen besitzen Macht, von ihnen geht Gewalt aus, welche Agenten in bestimmte - im limenistischen Sinne - positiv bewertete Gemeinsamkeiten zwingen oder aus negativ bewerteten vertreiben. Freilich stammt die Wertung meist nicht von jenen Agenten. Man kann weiterhin darüber spekulieren, wie die Macht der Norm das konkrete Verhalten der Menschen steuert und ob sie sich dessen bewusst sind. Um diese Dinge genauer zu beleuchten, führe ich die Ideen über Macht, Wissen und Diskurs von Michel Foucault (15.10.1926 - 25.6.1984) an.

Foucaults Philosophie geht wesentlich auf die Friedrich Nietzsches (15.10.1844 - 25.8.1900) zurück, speziell auf dessen Verständnis von Macht. Deswegen möchte ich kurz auf ihn und seine Ansichten eingehen. Nietzsche war ein Philosoph des Lebens und er bejahte es ausdrücklich. Er war der erste Philosoph, der Leben mit dem Konzept des Willens verknüpfte und quasi gleichsetzte. Während der Willen bei Arthur Schopenhauer (22.2.1788 - 21.9.1860) noch ein wildes Begehren war, das frustriert, aber erfolglos gegen die Gitterstäbe seines materiellen Gefängnisses hämmert, konnte sich der Willen bei Nietzsche definitiv erfüllen. Bei ihm hat das Leben den Willen, seinen Willen durchzusetzen, und wird dadurch erst zum Leben. Hat es diesen Willen nicht und setzt es ihn nicht zumindest versuchsweise durch, ist es kein Leben. Man kann dieses recht abstrakte Axiom konkretisieren, indem man die Folge der Willensdurchsetzung beschreibt: Das Leben hat den Willen, seinen Willen durchzusetzen, um die Lust daran zu genießen und Befriedigung daraus zu schöpfen. Negativ gesprochen: Das Leben hat nicht den Willen, seinen Willen nicht durchzusetzen, da es auf diese Weise Leid empfinden und mit Enttäuschung zurückgelassen wird. Dies setzt natürlich voraus, dass man Lust und Befriedigung empfindet, wenn man seinen Willen durchsetzt, was durch Nietzsche aber nicht infrage gestellt wurde.

Aus der genannten Prämisse folgt, dass das Leben den Willen zur Macht besitzt, also den Willen zur permanenten Möglichkeit, seinen Willen durchzusetzen. Man kann sich nun fragen, ob sich die Prämisse auch auf das Leben als solches bezieht. Offensichtlich ja, denn so ist es definiert.

Allerdings bezieht sich der Folgesatz, der über Lust und Leid, auf Individuen. Ich würde ihn sogar dafür benutzen, den Begriff der Seele als fest zugehörig zum Leben zu definieren: Alles Leben besitzt eine Seele, das Leid, Lust, Befriedigung oder Enttäuschung empfinden kann. Da die Seele keine Weltseele, sondern immer eine individuelle Seele ist, kann sich die Prämisse also nicht auf abstraktes Leben beziehen, sondern nur auf konkrete, lebende Individuen. Dem Leben als solchem ist kein Willen, kein Streben nach Macht und somit auch keine Macht zuzuschreiben, sondern nur den Individuen, die es in sich tragen. Allerdings unterliegt das Leben selbst nicht ihrem Willen, wodurch eine kuriose Situation entsteht: Die Lebewesen sind Sklaven des Lebens und das Leben ist auf seine Realisierung durch sie angewiesen. Somit geht vom Leben doch Macht aus, allerdings nur auf ihre jeweiligen Träger.

Hieraus kann man nun wunderbar den evolutionären Kampf der Lebewesen ums Dasein und den gesellschaftlichen Konkurrenzkampf ableiten, aber auch den Kollektivismus, wenn es darum geht, einen oder mehrere Partikularwillen gemeinsam durchzusetzen. Nietzsche kann also sowohl politisch rechts als auch links interpretiert und daher auch missbraucht werden. Ich will mich aber nicht in dieser Diskussion verlieren, sondern auf etwas anderes hinaus: Wenn Leben und der Willen zur Macht identisch sind, damit es Leben überhaupt gibt, dann ist die Unterdrückung des Willens zur Macht lebensfeindlich. Diese Unterdrückung kann in einem selbst geschehen, wenn man beispielsweise Angst vor der eigenen Courage hat, aber

98

auch zwischen den Individuen, da sich nicht alle Partikularwillen gegeneinander durchsetzen lassen. An dieser Stelle kann man zwischen Egoisten und Pluralisten unterscheiden. Egoisten versuchen, rücksichtslos gegen alle anderen ihren eigenen Willen zur Macht durchzusetzen. Pluralisten wissen, dass es mehrere Partikularwillen gibt, die bestimmte Machtverhältnisse erzeugen, und ziehen sie in Betracht, ohne auf ihren eigenen Willen zur Macht zu verzichten, oft sogar um ihn durchzusetzen. Manchmal trifft man auf einen Menschen, mit dem man alles machen zu können glaubt, bis ein bestimmter Punkt überschritten ist, an dem er sich mit der Durchsetzung seines eigenen Willens zur Macht wehrt. Manchmal kann man den Partikularwillen eines Menschen dafür nutzen, andere Partikularwillen zu neutralisieren und dadurch freie Bahn für den eigenen Partikularwillen zu bekommen. Der absolute Egoismus ist im limenistischen Verständnis eine Utopie. Willen zur Macht ist immer Willen zum Machen, doch Gemachtes ist in der Limenistik immer eine Gemeinsamkeit. Der Willen zur Macht wäre ohne teilende Agenten nicht möglich.

In der menschlichen Gesellschaft scheint die pluralistische aber nicht die wichtigste Beschränkung des Willens zur Macht zu sein, vielmehr sind es Vernunft, Glauben, kurz: Moral. Für Nietzsche war die Moral aber nichts Festes, sondern ergab sich erst als Balancesystem sich ändernder Machtverhältnisse. Daher stellte Nietzsche grundsätzlich alle Moral infrage, sogar die Dichotomie von gut und böse, wobei er jedoch nicht in Nihilismus abglitt, sondern versuchte, die Gut-Böse-Basis der Moral hinsichtlich ihrer

Ursachen zu analysieren. Sorgt sie vielleicht dafür, dass sich bestimmte Individuen mit ihrem Willen zur Macht eher durchsetzen als andere? Gibt es eine Moral jenseits von Gut und Böse? Mit diesen Fragen landen wir bei Nietzsches Unterscheidung zwischen Sklavenmoral und Herrenmoral.

Herren, von ihm auch "Aristokraten" oder "die Vornehmen" genannt, sind offensichtlich diejenigen, die ihren Willen zur Macht größtenteils durchsetzen können, Sklaven können das nicht. Im Lebensverständnis Nietzsches ist also das, was die Herren tun, das Gute. Nietzsche schrieb: "Wenn die Herrschenden es sind, die den Begriff 'gut' bestimmen, sind es die erhobenen stolzen Zustände der Seele, welche als das Auszeichnende und die Rangordnung Bestimmende empfunden werden ... Man bemerke sofort, daß in dieser ersten Art Moral der Gegensatz 'gut' und 'schlecht' so viel bedeutet wie 'vornehm' und 'verächtlich...' Verachtet wird z.B. der Feige, der Ängstliche, der Sich-Erniedrigende." [18, Neuntes Hauptstück, § 260] Zur Vornehmheit der Herrenmoral gehören die "Strenge ihres Grundsatzes, daß man nur gegen seinesgleichen Pflichten habe; daß man gegen die Wesen niedrigeren Ranges, gegen alles Fremde nach Gutdünken oder 'wie es das Herz will' handeln dürfe und jedenfalls 'jenseits von Gut und Böse': hierhin mag Mitleiden und dergleichen gehören." [18, § 260].

Was die Sklaven tun - soweit es für den Herren gedacht ist - ist für jenen ebenfalls das Gute. Aus seiner Sicht ist es ebenfalls für die Sklaven das Gute, denn sie können ja froh sein, dass er ihnen trotz ihrer minderen Fähigkeiten ein Auskommen ermöglicht. Aus Nietzsches Sicht ihr Tun schlecht und lebensfeindlich, denn sie unterdrücken gezwungenermaßen (Sklaven im Wortsinn) oder aus mangelnder Fähigkeit (sklavisch agierende Menschen) ihren Willen zur Macht. Die Herrenmoral erlaubt immer die Durchsetzung des Willens zur Macht, des Abbaus von Leid aus dessen Unterdrückung, beispielsweise durch Kriege, Duelle, ökonomischen Wettstreit. Solche Wettbewerbe sind in der Herrenmoral immer gut und ihre Teilnehmer verehrungswürdig. Die Sklaven wiederum leiden chronisch an der mangelnden Durchsetzung des Willens zur Macht. In ihrem Geist bauen sich Ressentiments bzw. Rachegefühle auf, die aufgrund ihrer Ohnmacht nicht abgebaut werden können. Für die Sklaven entsteht eine Situation, in der er seinen Willen zur Macht in Form von Rache am Herrn permanent durchsetzen will, dies aber nur im Geist kann. Somit werden der Herr und alles was er tut in den Augen des Sklaven zum Bösen (nicht Schlechten) und nur dadurch wird der Sklave, als Gegenteil des Herren, d.h. als Reaktion auf ihn, zum Gegenteil des Bösen, also zum Guten.

Nietzsche schrieb, die Sklaven-Moral der Vergewaltigten, Gedrückten, Leidenden, Unfreien, ihrer selbst Ungewissen und Müden bedeute einen pessimistischen Argwohn gegen die ganze Lage des Menschen, eine Verurteilung des Menschen mitsamt seiner Lage. Der Blick des Sklaven sei abgünstig für die Tugenden des Mächtigen. Verherrlicht würde von den Sklaven alles, was dazu dient, mit Leidenden mitzuleiden, ihnen gegenüber hilfsbereit und warmherzig zu sein. Nach der Sklaven-Moral erregt der "Böse" Furcht; nach der Herren-Moral ist es gerade der "Gute", der Furcht erregt und erregen will. Der Gute innerhalb der Sklaven-Denkweise müsse ein ungefährlicher Mensch sein: gutmütig, leicht zu betrügen, ein bisschen dumm, ein "Gutmensch". Deshalb sei es auch nicht verwunderlich, dass die Sklavenmoral ausgenutzt wird, um sich durch moralische Heuchelei zum Herrscher unter den Sklaven aufzuschwingen, wobei jene "Herrscher", von schlechtem Gewissen durchdrungen, sich häufig nur als Werkzeuge eines göttlichen Willens, der Tradition oder des Volkswillens darstellen [vgl. 18, Fünftes Hauptstück §199, Neuntes Hauptstück § 260].

Die Moral des Sklaven ersetzt bei jenem die Umsetzung seines Willens zur Macht. Sie ist das Pflaster, das er auf seine Wunde klebt, die er - in Nietzsches Verständnis - sich selbst und seiner Ohnmacht zuzuschreiben hat, oder die ihm - im marxistischen Verständnis - die Ausbeuter beigebracht haben. Man könnte die marxistische Wendung noch verstärken, indem man annimmt, der Unterdrücker lasse die Sklaven in dem Glauben, die moralisch Besseren zu sein, dadurch, dass sie Sklaven sind, um sie noch effektiver auszubeuten. Der Sklave führt also ein Leben, das nach der Herrenmoral nicht "gut" als Gegenteil von "schlecht" ist, allerdings nach der Sklavenmoral "gut" als das Gegenteil von "böse", denn sein durch ihn - aufgrund seiner Ressentiments - so betrachteter Herr ist "böse".

Die Minderfähigkeit zur Durchsetzung des Willens zur Macht lässt sich die Sklaven vereinigen, um vielleicht doch noch gegen den Herrn und seine Moral, das Böse, vorgehen zu können. Diese Rache sehen sie nicht als persönliche Vendetta - die in der Herrenmoral geboten wäre - sondern sie versuchen, sie mit ihrer Gut-Böse-Ethik zu legitimieren. Laut dieser Ethik ist die Revolution zur Vertreibung der Herren und der Aneignung von deren Besitz zwar gegen das Böse gerichtet, entspricht aber eigentlich nicht der Sklavenmoral, die großteilig aus Duldsamkeit und Demut besteht. Somit kämpft man während der Revolution mit schlechten Mitteln, weshalb sie möglichst kurz und im günstigsten Fall unblutig gehalten werden soll. Während der Revolution gibt es vonseiten der Sklaven also drei Moralkategorien: gut, böse und schlecht.

Unfähigkeit der Durchsetzung des Willens zur Macht in Kombination mit der Sklavenmoral lässt den Sklaven in der Gesellschaft moralisch höher erscheinen als den ihm logisch und zeitlich vorstehenden Herrn. Voraussetzung dafür ist natürlich, dass der Herr die Sklavenmoral für sich selbst annimmt, aber dennoch Herr bleibt. In dem Moment, da der Herr die Sklaven mit Gewalt ausbeutet, legitimiert sich die Sklavenmoral und auch die Revolution. Das Problem besteht jedoch darin, dass die Sklaven, nachdem der ausbeuterische Herr abgeschafft wurde, selbst zu Herren werden und ihre alte Moral über Bord werfen müssen. Falls ihnen das nicht gelingt, würde im schlimmsten Fall eine Gesellschaft von demütigen Hungerleidern ohne Aussicht auf Fortschritt entstehen.

Laut Nietzsche ist die judäo-christliche Ethik das Beispiel für Sklavenmoral schlechthin, da sie die Unfähigkeit zum

Willen zur Macht, somit ein lebensfeindliches Leben verherrlicht. Sie hätten die aristokratische Wertgleichung "gut = vornehm = mächtig = schön = glücklich = gottgeliebt" umgekehrt, nämlich die Elenden, die Armen, Ohnmächtigen, Niedrigen zu alleinigen Guten, die Leidenden, Entbehrenden, Kranken, Häßlichen zu den einzig Frommen erklärt. Dagegen seien die Vornehmen und Gewaltigen in alle Ewigkeit die Bösen = die Grausamen, die Lüsternen, die Unersättlichen, die Gottlosen, Unseligen, Verfluchten und Verdammten [19]. Die Herren sind die Sünder gegen Gott. Nietzsche lehnt das Konzept der Sünde jedoch ab, so wie er auch Gott ablehnt. Gottes Reich ist in Wirklichkeit eine ewige Wiederkunft des immer Gleichen, nichts, was ein Gott erschaffen haben oder ständig in Gang halten müsste.

Meine Damen und Herren!
Kehren wir vom Glauben noch einmal zur Vernunft zurück. In "Jenseits von Gut und Böse" [18] lehnte Nietzsche jede Art von Dogmatismus ab, nicht nur religiösen, sondern auch philosophischen. Um dies zu illustrieren, diskutierte Nietzsche das Dogma der Wahrheit überhaupt und fragte nach deren Wert: Warum sucht man nach Wahrheit und nicht nach Unwahrheit? Und warum sollte die Suche nach Wahrheit die Wahrheit ergeben und nicht die Unwahrheit? Warum soll der Schein weniger Wert sein als die Wahrheit, das Unbestimmte weniger als das Bestimmte? Er stellte weiterhin die Frage, warum der Mensch das Maß der Dinge sein soll. Schließlich befindet er sich nicht einmal im Zentrum des Universums. Nietz-

sche diskutierte die Frage des freien und des unfreien Willens überhaupt, der Notwendigkeit von Moral überhaupt, ob nicht der Instinkt Vernunft oder Glaube vorzuziehen wäre, ob sich die Herde gegenüber dem Einzelnen durchsetzen soll, ob es wirklich einen Unterschied zwischen richtig und falsch gäbe. Nietzsche postulierte gewachsene Wertgefühle bei den Philosophen, die die Einteilung der Dinge in Gut und Böse verursachen, ähnlich wie in der religiösen Sklavenmoral. Dabei sei es der Stolz der Philosophen, der der Natur deren Moral aufzwingen möchte, und dies durch den Begriff der Philosophie zu legitimieren sucht. Die Philosophen richten die Welt an ihren Moralsystemen, ihren moralischen Vorurteilen aus, nicht umgekehrt, und jene dringen über die Philosophen in die Modelle der exakten Wissenschaft ein. Auch Physik sei nur eine Weltauslegung und nicht eine Welterklärung.

Wie verglich Nietzsche Christentum und Wissenschaft? Moral ist häufig nicht oder durch konkurrierende Quellen begründet. Somit wird sie gern dogmatisch festgelegt und ist nur innerhalb des Dogmas sinnhaft. Außerhalb kann sie Mystik sein. Christliche Mystik erwächst also aus christlichen Dogmen, welche Widersprüche im Reich der religiösen Dogmen versinnhaften. Mystik ist sozusagen intrinsisch im Christentum angelegt und ihre Widersprüche spannen die mystische Welt des Christentums auf, in der sie sinnhaft werden. Empirische Widersprüche ZUR christlichen Lehre, somit Entsprüche in der empirischen Wissenschaft, führen die Lehre in bestimmten Aspekten *ad absurdum* und entsinnhaften sie dadurch in der praktisch-realen Welt. Das bekannteste Beispiel hierfür ist die

Entdeckung, dass sich die Erde nicht im Mittelpunkt des Universums, sondern in einem heliozentrischen Sonnensystem befindet. Damit verschwindet das Dogma, dass sich der Mensch im Mittelpunkt des Universums befinde, aber auch die daraus resultierende Mystik, die dem Menschen eine geheimnisvolle Erhabenheit andichtet.

Allerdings verschwinden Widersprüche nie völlig aus der praktisch-realen Welt. Ohne den alten Gott werden sie eine neue Dogmatik heraufbeschwören, die Gefahr läuft, neue Götter hervorzubringen. Laut Nietzsche braucht es deshalb neue Philosophen, die Philosophen der Zukunft, die er auch heraufkommen sieht. Damit meinte er keine Demokraten, denn die demokratische Bewegung mache "die Erbschaft der christlichen" [18, Fünftes Hauptstück, §202]. Er meinte auch keine allgemein-spekulativen Begründer der Moral, die seit dem 18. Jahrhundert aufgrund der Aufklärung und Ablösung der Kirche als Moralinstanz aus dem Boden schossen und ebenfalls nur die eine "gelehrte Form des guten Glaubens an die herrschende Moral" hervorbrachten [18, Fünftes Hauptstück, §186]. Näher standen Nietzsche die "Typenlehrer der Moral", welche das ungeheure Reich "zarter Wertgefühle und Wertunterschiede, welche leben, wachsen, zeugen und zugrunde gehen, somit unterschiedliche Moralitäten zusammenordnen und anschaulich machen [18, Fünftes Hauptstück, §186]. Die wirklich neuen Philosophen sind bei ihm "Versucher", zum Teil Skeptiker, Kritiker und Menschen der Experimente, Freunde der Wahrheit, die sich aber weder an ihr erheben noch begeistern, um nicht solche "Lustbarkeiten" zum Kriterium ihres Glaubens an jene Wahrheit zu machen [18, Sechstes Hauptstück, §210]. Sie wären freie Geister in dem Sinne, dass sie nicht nur frei von alten Dogmen werden, sondern auch frei, neue Ordnungen zu formulieren. "Ihr 'Erkennen' ist Schaffen, ihr Schaffen ist eine Gesetzgebung, ihr Wille zur Wahrheit ist – Wille zur Macht." [18, Sechstes Hauptstück, §211]

Meine Damen und Herren!
Nietzsche tendierte in seinen Schriften klar in Richtung der Herrenmoral und sah die Sklavenmoral als giftig für das Leben an, insbesondere weil sie von der christlichen Religion unter den Massen verbreitet wird. Sklavenmoral bedeutet Ressentiment, die reaktive Schaffung von Gegenwerten gegen die des Starken aus Neid und Hass. Allerdings ist die Herrenmoral noch nicht die Moral des kommenden Besseren, des Übermenschen, denn sie ist noch immer eine festgezurrte Einheitsmoral. Der Willen der Herren leitet sich von der Herrenmoral ab und nicht umgekehrt. Somit versündigt sich derjenige Herr, der gegen die Herrenmoral verstößt. Erst der kommende Übermensch, der neue Philosoph, wäre sündenfrei, weil er sich an die Stelle Gottes im Sinne eines Moralstifters setzt, und zwar für sich selbst. Die Befreiung vom schlechten Gewissen gegen die Moral erschafft den Übermenschen. Das bedeutet nicht, dass der Übermensch keine Werte hat und damit kein Gewissen gegenüber der Erfüllung jener, sondern, dass es nur seine Werte sind. Beim Übermenschen sind es diejenigen Werte, durch die er seinen Willen zur Macht zumindest durchsetzen will. Zum besseren Verständnis des Übermenschen konstruierte Nietzsche eine

107

längst vergangene "prähistorische Zeit", in der die Menschen anhand der Wirkungen ihrer Taten gemessen wurden [18, 2. Hauptstück, § 32.]. Jene Zeit wurde abgelöst von der moralischen Zeit, in der die Menschen versuchen, ihre Taten anhand der individuellen Intentionen zu beurteilen, quasi gegenseitig in sich hineinzusehen, wobei sich jene Intentionen wiederum an der Moral messen. Nietzsche wird häufig so interpretiert, dass die neue Moral ein stückweit die Rückkehr zur prähistorischen Zeit fordere, dem Willen zur Macht als Antrieb für das Tun aber völlige Freiheit einräume, aber auch absolute Verantwortung für die Wirkung, anstatt diesen Willen zu leugnen oder mittels einer Moral gar zu unterdrücken. Die Ausrichtung der Moral am Willen zur Macht ist - wie bereits erwähnt - die kardinale Eigenschaft des Übermenschen, der ihm entsprechend seine Werte selbst festlegt, die somit trotz fehlender Einheitsmoral nicht amoralisch, aber auch nicht feststehend sind. Die Moral des Übermenschen besteht darin, die Moral entsprechend seinem Willen zur Macht umzuwerten. Drastisch ausgedrückt: Ein Mensch, den die ihm aufgedrückte Moral in den Tod führt, kann seinen Willen zur Macht nie mehr durchsetzen, was augenscheinlich sehr lebensfeindlich ist.

In "Also sprach Zarathustra" [20] beschrieb Nietzsche die Entwicklung hin zum Übermenschen anhand von Metaphern. Der Übermensch bestehe aus insgesamt drei Wesen, einem Kamel, einem Löwen und einem Kind. Das Kamel schleppt die Last der Moral, welcher es unterliegt, ständig und überall auf seinem Rücken. Der Löwe zerstört bzw. nihiliert alle vorhandenen Werte, geglaubte (nicht gewusste) Wahrheiten und religiöse Moral. Allerdings weiß er nicht, welches die neuen Werte nach der Umwertung sein sollen. Das dritte Wesen ist das Kind, das durch Spielen und Ausprobieren neue (aufgrund der ewigen Wiederkunft evtl. auch alte), bessere Werte entdeckt, die dem Willen zur Macht dienen. Manchmal trifft man auf einen Menschen, dem das Moralkorsett einfach zu eng geworden ist, dessen Werte nicht mehr seinen Willen zur Macht sich durchsetzen lassen, sodass er die vorhandene Moral wegwerfen muss. In diesem Moment wirkt der Übermensch in ihm. Allerdings werden die neuen moralischen Werte, die aus seinem Willen zur Macht erwuchsen, irgendwann zur Last, weshalb er wieder in die Kamelphase eintritt.

Der Übermensch befindet sich nicht nur jenseits von Gut und Böse, sondern jenseits jeder Moral, sogar seiner eigenen, indem er sie immer wieder neu schafft. Für Nietzsche bedeutet die Negierung von Moral ganz klar ein Umwerten und nicht die Ablehnung der Werte überhaupt. Geht man von Nietzsches Modell der Wiederkunft des immer Gleichen aus, ist diese Umwertung sogar eine Notwendigkeit, denn mit der zyklischen Veränderung der Umgebung und des Menschen selbst, werden sich auch die Werte zyklisch ändern. Ein alter Mensch hat andere Wertvorstellungen als ein junger, denn er hat einen anderen Willen zur Macht.

Meine Damen und Herren!

Stellen Sie sich jetzt bitte vor, dass die Macht als solche komplett aus den Menschen herausgezogen wird und jenseits seiner Entscheidungen eigenständig agiert, sozusagen ihr eigener Herr ist. Wäre dann nicht jede menschliche Moral eine Sklavenmoral? An dieser Stelle wollen wir mit Foucaults Lehre beginnen, wobei ich mich an den Vorträgen [21-24] orientieren werde. Nehmen wir die philosophische Richtung des Strukturalismus als Ausgangspunkt. Er besagt, dass Systeme bestehend aus Elementen, die in Beziehung zueinanderstehen, sich innerlich so organisieren, dass sie einem bestimmten Zweck dienen, wobei es sich letztendlich um die Selbsterhaltung des Systems, möglicherweise sein Wachstum handelt. Ein Beispiel hierfür ist die Sprache, deren Laute und Wortschöpfungen insgesamt "funktionieren", also zur eindeutigen Übertragung von Informationen beispielsweise unterscheidbar sein müssen. Außerdem müssen sich Lautfolgen, die zusammengehörende Dinge bezeichnen sollen, ebenfalls zusammengehörig ausdrücken. Die Priorität der Unterscheidungsfähigkeit erzeugt nicht unbedingt unterschiedliche Bezeichnungen für unterschiedliche Dinge. Sie ist vielmehr daran zu erkennen, dass insbesondere ähnliche, aber zwingend unterscheidbare Dinge keine ähnlichen Namen haben, z.B. "Esel" und "Pferd". Auch Bezeichnungen von verwandten Dingen klingen trotz gleichen Wortstammes deutlich unterschiedlich, z.B. "Pferd" und "Pferdchen". Die Verwendung gleicher Bezeichnungen für unterschiedliche Dinge - das kommt durch die strukturelle Limitiertheit der Wortfolgen häufig vor - sorgt andererseits für Verwirrung oder Sprachwitze. Die Zusammengehörigkeit von

Dingen wird durch unmittelbare Nachbarschaft oder Zusammengehörigkeitsrelationen ausgedrückt, beispielsweise dient "Wagenrad" der Bezeichnung eines Rads am Wagen, wobei "Rad am Wagen" natürlich auch Zusammengehörigkeit beschreibt.

Beachten Sie bitte, dass die Wörter der Sprache nicht nur funktional voneinander unterschieden bzw. miteinander verbunden sein müssen, sie müssen auch konkreten Dingen zugewiesen sein, die jedoch eher abstrakten Konzepten entsprechen als konkreten Gegenständen. Ansonsten wären sie ja nicht auf gleichartige Gegenstände übertragbar. Ihren Sinn, also das Konzept, das sie beschreiben sollen, erhalten die Worte über jeweilige Zusammenhänge mit anderen Konzepten, die ebenfalls Bezeichnungen besitzen. Diese Zusammenhänge sind Gemeinsamkeiten, die sich in den Konzepten zu *ZIG* verbinden. Diese Art der Zuweisung liegt daran, dass es keine direkte Korrelation zwischen dem Wort, beispielsweise seiner Struktur, und dem Konzept gibt, das es bezeichnet. Die Konzepte können daher von Sprache zu Sprache sogar unterschiedlich sein. Die Menschen, die sich in ähnlichen, selbstorganisierten Systemen bewegen, z.B. Fabrikarbeiter, haben entsprechend ähnliche, aber nicht identische Konzepte, um ein Produkt herzustellen. Das Gleiche gilt für die Familie bei der Kindererziehung. Die Rollen der Familienmitglieder ergeben sich aus eben jener Aufgabe und organisieren sich im Verhältnis zueinander, die in den Familienmitgliedern freilich zum großen Teil bereits erinnert sind, ähnlich wie die Bedeutungen der Worte in Schülern und diversen

Lehrbüchern erinnert werden und sich nicht ständig neu entwickeln müssen.

Der Strukturalismus stellt das Funktionieren eines bestimmten Systems in den Vordergrund und ordnet das Verhalten der Individuen, die es verwenden oder Teil davon sind, jenem unter. Tatsächlich verwenden Menschen bestimmte Sprachen, um sich verständigen zu können, und passen sich ihnen physisch und gedanklich an. Diese Anpassung verbleibt als Erinnerung in ihnen - wozu insbesondere auch die Prägung von Kindern als Anpassung an die Familie zählt. Man könnte den Strukturalismus als einen weiteren Baustein in der Vertreibung des Menschen von seinem vermeintlich gottgegebenen Thron betrachten, der mit der Entfernung der Erde aus dem Mittelpunkt des Universums durch Nikolaus Kopernikus (19.2.1473 - 24.5.1543) begann, sich über die Evolutionstheorie des Charles Darwin und die Idee Sigmund Freuds (6.5.1856 - 23.9.1939) über die Bestimmung der Psyche durch das Unterbewusstsein fortsetzte. Allerdings muss man mit der diesbezüglichen Interpretation des Strukturalismus vorsichtig sein, denn das menschliche Subjekt hat zumindest die Möglichkeit, sich bestimmter Systeme freiwillig und bewusst zu bedienen, sich also freiwillig und bewusst durch jene formen zu lassen.

Meine Damen und Herren!
Mittels Sprache sollen wahre Erkenntnisse über die Welt gefunden und ausgedrückt werden, wobei diese Wahrheiten Sinnzusammenhänge darstellen, die eine gewisse Vor-

112

hersagbarkeit erzeugen sollen. Die Wahrheits-/Wissensfindung erfolgt - laut Foucault - in Diskursen. Wissen kann in Diskursen prinzipiell gewonnen werden, da sie (i) trivialerweise auf die Generierung von Wissen gerichtet sind; (ii) sie zwar zwischen einer begrenzten Zahl von Mitgliedern stattfinden, aber aufgrund deren Unterschiedlichkeit dennoch offen gestaltet werden können; da (iii) zu keinem Zeitpunkt die absolute Realität im Diskurs abgebildet wird, somit neue Diskurse neue Realitäten offenlegen; (iv) die Argumente des Diskurses immer die zuvor bekannte Realität übersteigen können. Ein Mitglied, welches das Wissen $a=b$ und eines, welches das Wissen $a=c$ besitzt, erzeugen zusammen das bisher unbekannte Wissen $b=c$.

Im Foucaultschen Verständnis ist der Diskurs dennoch immer abgeschnitten, d.h., er lässt im Rahmen seiner voraussetzenden Strukturen nur bestimmte Argumente bzw. Begriffszusammenhänge zu. Die Einschränkung des Diskurses ist auf Macht zurückzuführen, die von Systemen ausgeht, welche eben jene Macht auf die Wahrheitsfindung ausüben. Dabei gibt es zahlreiche mögliche und auch koexistierende Systeme, die den Diskurs bestimmen, dadurch die Sinnhaftung der Argumente und die Produktion von Realität durch den Diskurs beschneiden - aber auch kreativ und positiv gestalten. Systeme tun das einzig aus dem Grund, da sie den Menschen in einer bestimmten Form brauchen, um sich selbst aufrechtzuerhalten oder gar zu expandieren. Deswegen richten sie den Diskurs nicht mehr auf die generelle Wahrheitsfindung - insbesondere über ihre eigene Schädlichkeit - sondern auf die Anhäu-

113

fung von bestimmtem Wissen. Es geht um die Frage, warum einige Individuen kein effektiver Bestandteil eines Systems sind und wie sie in jenes zurückgeführt werden können. Wissen ist mit Macht bzw. Gewalt verknüpft, beispielsweise, wenn man gezwungen ist, sich bei Diskursen an streng wissenschaftliche Argumente zu halten. Stellen Sie sich ein Verkaufssystem vor, das schnelle Autos an den Mann oder die Frau bringen will, wobei jenes System an die Produktion von schnellen Autos gekoppelt ist. Aus existenziellen Gründen wird das System jeden Diskurs so gestalten, dass die Argumente für langsame Autos nicht mehr angenommen, ihre Verfechter zum Verstummen gebracht werden. Angehäuftes Wissen sorgt dafür, dass für schnelle Autos immer mehr Argumente auftauchen, wodurch jene irgendwann die empirische Realität dominieren. Das konsumierende Subjekt wird sich dann keine langsamen Autos mehr vorstellen können.

Meine Damen und Herren!
Foucault knüpft also an das nietzscheanische Konzept von Willen und Macht an, d.h., die Macht und der dahinterstehende Wille bestimmen, was auf der Welt passiert. Allerdings sieht Foucault die Macht zu einem großen Teil mit einem eigenen Willen ausgestattet. Das hängt mit seiner Erweiterung des Machtprinzips um das Wissen zusammen. Laut Foucault dient die Ansammlung von Wissen allein dazu, die Macht immer mächtiger werden zu lassen: Wissen über die Naturgesetze, Psychologie und natürlich den Gegner. Wissen ist aber selten in Einzelpersonen konzentriert, sondern in gesellschaftlichen Abhängigkeiten, Kommunikationen, sogenannten Diskursen, welche die

Macht letztendlich ausüben. Man könnte die Diskurse, da sie unpersönlich sind, daher auch mit der Macht gleichsetzen und ihr selbst den Willen zuschreiben. Der Diskurs/die Macht benötigt also die Fähigkeit (die Macht) und den Willen, sich durchzusetzen, aber auch ein Ziel. Individuen kann man durchaus individuelle Ziele zuschreiben, beispielsweise, jemanden zu nötigen, ein Bier aus dem Keller zu holen. Diskurse haben immer nur ein Ziel: ihr Wissen zu vergrößern und das Individuum in dieses vergrößerte Wissen einzunormieren, also Macht auszuüben. Somit müssen die Wissensdiskurse nicht praktisch oder moralisch agieren. In der Limenistik steht hinter dem Willen auf ein bestimmtes Ziel eine höhere Instanz, nämlich der IntegrationsWert. Es ist aber durchaus möglich, dass die Machtausübung selbst zum positiv bewerteten, also zum IntegrationsWert wird. Andererseits kann Profitertrag der oberste IntegrationsWert sein.

Meine Damen und Herren!
Was ist ein Diskurs? Bei Foucault ist der Diskurs die Zuweisung von Bedeutung zu Sprachelementen durch das Sprechen selbst. Diskurs bedeutet, den Dingen Sinnhaftigkeit zu geben, und zwar im Rahmen sprachlicher Akte. Das "Atom" des Diskurses ist eine sprachliche Aussage, die "den Dingen einen Namen gibt. Ist diese Produktion stetig und etabliert sich das sprachliche Zeichen zu einem legitimen Wissensbestand, wird es eine diskursive Formation. Diese Formation differenziert zwischen dem Normalen / dem Wahren und dem Abnormalen / dem Falschen. So gilt beispielsweise es in Europa jahrelang als normal, dass Frauen kein Wahlrecht haben." [25] Ich werde die

115

Diskurswahrheiten - d.h. das vermeintlich Wahre, Normale gegen das Unwahre, Abnormale - im Weiteren als "Varheiten" bezeichnen. Am Ende ist es nämlich immer die Empirie, welche über Sinn und Unsinn bzw. Wahrheit und Unwahrheit der im Diskurs geschaffenen Begriffszusammenhänge bestimmt und die Varheit erst zur Wahrheit macht. Die Limenistik geht davon aus, dass Wahrheit immer stabile Wahrheit ist und nicht - wie im Verständnis Karl Poppers (28.7.1902 - 17.9.1994) - eine als Wahrheit verkleidete Lüge, die irgendwann ihre Maske ablegen muss, weil jemand sie widerlegt, und/oder eine höherstehende Wahrheit gefunden hat.

Die Limenistik ist als Kritik an Karl Poppers Erkenntnislehre zu verstehen, die besagt, dass nur solche Aussagen wissenschaftlichen Charakter besitzen, die grundsätzlich, am besten durch ein Gegenbeispiel, falsifizierbar sind, die ihre eigene Negierung also bereits in sich tragen, unabhängig davon, ob ihre Erkenntnis induktiv, deduktiv oder durch Fantasie gewonnen wurde. Somit gibt es laut Popper keine wahren, im besten Fall, trotz maximaler Anstrengung, zunächst nicht falsifizierte wissenschaftliche Aussagen[20]. Ein Problem bei DIESER Aussage ist natürlich,

---

[20] Laut [26] ist die Falsifikation(smöglichkeit) eines wissenschaftlichen Satzes durch die Nicht-Beobachtung(smöglichkeit) aus ihm abgeleiteter Basissätze oder durch die Beobachtung(smöglichkeit) ihm logisch widersprechender Basissätze ein logisch-methodisches Prinzip. Wissenschaftliche Theorien, die nicht als falsch erwiesen werden können, gelten zwar nicht prinzipiell als falsch, aber auch nicht prinzipiell als wahr. Somit gibt es laut Popper keine wahren wissenschaftlichen Sätze. Weiterführende Interpretationen legen nahe, dass es sich

dass sie selbst unwissenschaftlich ist. Sie kann nicht falsifiziert werden, da sie Anspruch auf absolute Wahrheit erhebt. Auch alle Aussagen der Logik sowie der Mathematik wären unwissenschaftlich, ebenso wie die der Psychologie auf der anderen Seite des Spektrums. Die Innenwinkelsumme eines Dreiecks lässt sich immer messen, d.h. ein Gegenbeispiel zur 180°-Regel wäre prinzipiell messbar, jene also prinzipiell falsifizierbar. "Falsifizierbar" ist die Regel nur jenseits der Euklidischen Geometrie. Dass bestimmte Traumata generell zu bestimmten Verhaltensmustern führen, ist eine induktiv gewonnene Regel und immer mit Ausnahmen behaftet, deren Auftreten ebenfalls keiner bestimmten Regel folgen. Ein zweites Problem besteht darin, dass die Kategorie wissenschaftlicher Aussagen nur anhand der momentan vorhandenen Mittel zur Falsifizierbarkeit definiert werden kann.

Die Limenstik hingegen nimmt an, dass jede Aussage, die zwei Gemeinsamkeiten zu *ZIG* miteinander verbindet, wahr ist, nämlich dann, wenn die Gemeinsamkeiten tatsächlich irgendwann miteinander verbunden sind, ob nun in der Natur oder in der Phantasie des Menschen. Somit

---

z.B. bei Verschwörungstheorien grundsätzlich um nichtwissenschaftliche Sätze im Popperschen Sinn handelt [27], sie deshalb als Bullshit abzulehnen sind. So lobenswert diese Interpretation auch ist, sie führt in die falsche Richtung. Gerade die Einlassungen von Verschwörungstheoretikern sind letztendlich falsifizierbar, um wirkungsvoll zu sein: "Die Regierungen bestehen aus Echsenwesen" hat gegenüber "Die Welt wird von unsichtbaren Echsenwesen regiert" viel mehr Polarisationskraft. Die Frage ist eher, warum die Leute Ersteres trotzdem glauben. Außerdem erscheinen nichtwissenschaftliche Aussagen tendenziell wertlos. So wären: "Die Welt wird von unsichtbaren Echsenwesen regiert." Und: "Gott ist tot" vom selben Wert.

117

bedeutet die Suche nach Gegenbeispielen einer wissenschaftlichen Aussage lediglich das Ausloten eines bestimmten Gültigkeitsbereiches für das beobachtete Verhalten. Sobald ein Verhalten den bekannten Naturgesetzen mit einer statistischen Häufigkeit jenseits des Zufalls widerspricht, muss eine weitere Gemeinsamkeit vorhanden sein, deren Anpassung an den Agenten zu jenem abweichenden Verhalten führt. Die Limenistik geht davon aus, dass unter gleichen Gemeinsamkeiten Agenten immer das gleiche Verhalten zeigen werden, sobald vom Zufall abstrahiert werden kann. Die Dreiecke der nicht-Euklidischen Geometrie teilen bestimmte Gemeinsamkeiten, welche die Dreiecke der Euklidischen Geometrie nicht teilen. Beide Geometrien sind "richtig", da sie *ZIG* sind.

In der Limenistik ist die Wahrheit jedes wahren Augenblicks unwiderlegbar. Allerdings bedeutet die Zuweisung von Begriffen an Agenten die Bildung von *j-ZIG*, die aus den Eigenschaften/Gemeinsamkeiten des Agenten bestehen, repräsentiert von den Begriffen, die der Mensch mit ihnen verknüpft. Diese *j-ZIG* bilden die im Diskurs erzeugte Realität inklusive ihrer entsprechenden Bewertung unabhängig von objektiver Wahrheit. Die Varheit kann fehlerhaft sein, d.h. nicht-übereinstimmend mit der Realität. Die Stabilität ihrer *j-ZIG* ist fragwürdig, solange keine empirischen Beweise für den zwingenden Zusammenhalt oder Ausschluss von Gemeinsamkeiten gegeben sind. Im Rahmen eines Diskurses werden den Objekten also Sinnzusammenhänge verpasst, die aber nicht der objektiven, tatsächlichen Wahrheit entsprechen müssen, im schlimms-

118

ten Fall willkürlich oder instrumentell sind. Beispielsweise kann ein aufgrund der Gravitation herabfallender Stein als Zorn eines Koboldes interpretiert werden.

Für Foucault existiert keine Wahrheit außerhalb des Diskurses und somit außerhalb seiner Strukturen [vgl. 21]. Gibt es jenseits des Diskurses aber keine Wahrheit, d.h., wird die Sphäre des vermeintlich Normalen und die des Wahnsinns allein über Diskurse definiert, würden Vahrheiten statt der Wahrheit gelten, d.h., es gibt keine Wahrheiten, sondern nur im Diskurs gefundene Varheiten auf Basis von dessen systemisch limitierten Strukturen, die wieder durch Macht vorgegeben werden. Dies impliziert, dass alles Abnormale, Falsche, Wahnsinnige nur ein Konstrukt jener Diskurse ist, über deren Strukturen das System Macht ausübt und sogar die empirische Überprüfung der Varheiten oder die Analyse ihrer Entstehung in seinem Sinne beeinflusst. Denn auch solche Analysen sind Diskurse [vgl. 23]. Über die Macht der Diskursstrukturen wird das System sogar Einfluss auf das Verständnis und die Bewertung des eigenen Körpers, der eigenen Sexualität und der eigenen Fähigkeiten nehmen. Diese kann, je nach historischem Gesellschaftssystem, deutlich unterschiedlich sein. Im Film "Sin City" von 2005 sagt Dwight über den bulligen und gewalttätigen Marv: "Die meisten Leute denken Marv sei irre, dabei hatte er nur das Pech im falschen Jahrhundert geboren zu sein. Er würde sich wie zu Hause fühlen, wenn er auf einem alten Schlachtfeld Gesichter mit einer Streitaxt zerschlagen, oder in einer römischen Arena gegen andere Gladiatoren kämpfen könnte. Damals hätten sie ihn mit Mädchen wie Nancy überhäuft."

119

Meine Damen und Herren!
Bei Foucault geht die Varheitsfindung bzw. Vissensproduktion während des Diskurses auf Macht zurück - und hier kommen wir wieder zum Strukturalismus. Macht entspringt aus der Realität und den Varheiten bzw. dem Vissen, mit dem man die Realität während des Diskurses erklärt, sie also für sich als praktisch-reale *j-ZIG* sinnhaft erzeugt. Denn aus praktischer Realität leitet der Mensch das für ihn zwingend richtige Verhalten während des Diskurses ab. Das im Diskurs gefundene Vissen erzeugt also über die Realität der Diskursteilnehmer die Diskursstrukturen. Somit wirkt die Macht aus den Diskusstrukturen in Form von praktischer Realität wieder auf die Diskursstrukturen zurück. Anders gesagt: Die praktische Realität der Diskursteilnehmer besteht aus dem gefundenen Vissen, welches in Form von Diskursstrukturen in den Diskurs eingeht. Die Macht der Diskursstrukturen, der Zwang, den sie auf den Diskurs ausüben, stammt - wie jene Strukturen - wiederum von Vissen aus Diskursen, die praktische Realität erzeugen.

Es gibt direkte, repressive Macht, welche die Diskursstrukturen und damit den Rahmen der Diskursergebnisse eindeutig vorgibt, beispielsweise, Frauen die Diskursteilnahme zu untersagen. Mitunter werden die Einflüsse der Macht fein dosiert oder verschleiert, um akzeptiert zu werden. Diskurse neigen außerdem dazu, die sie erzwingende Realität nachträglich zu legitimieren. So wird unter der strukturellen Diskursvoraussetzung, dass a nichts anderes als b sein kann, die Aussage $a=b$ im Diskurs bewiesen bzw. die Möglichkeit $a=c$ ausgeschlossen. Die Gefahr dieser Rückkopplungsschleife liegt in der Verfestigung und dem Verschluss von Diskursen. Gehört es zur Diskursstruktur, Frauen zu bestimmten Themen nicht anzuhören - weil es für die Reproduktion eines Systems unnötig wäre - wird die Tatsache, dass sie nichts sagen, diese Diskursstruktur erneut hervorbringen. Offenbar haben sie ja nichts beizutragen. Doch warum funktionieren solche Diskursschleifen? Warum werden sie nicht als struktureller Fehler im Diskussystem erkannt und eliminiert? Weil sie die gefundene Realität durch die Varheitsproduktion immer wieder reproduzieren, und zwar im Interesse des sich reproduzierenden Systems, welches den Diskurs letztendlich beherrscht. Dies ist insbesondere dann der Fall, wenn die Diskursteilnehmer ein Interesse an seiner Reproduktion haben. Aufgrund der Unterschiedlichkeit der Menschen wird es aber immer Unterschiede in der Stärke der Gewalt geben, die sie im Interesse des Systems körperlich und psychisch zurichtet.

Kommen wir zu einem diesbezüglichen Diskursbeispiel, das wir mit einem Ausflug in die Mathematik beginnen: Bei der sogenannten logistischen Abbildung handelt es sich um eine rückgekoppelte Gleichung, d.h. das jeweils vorhergehende Ergebnis x_n fließt in das nächste x_{n+1} ein. Sie lautet: $x_{n+1} = \alpha \cdot x_n \cdot (1 - x_n)$. Ist α kleiner als 1, strebt der x-Wert mit steigendem n gegen null. Im Parameterbereich $1 < \alpha < 3$ strebt x auf eine Konstante zu, nämlich $(\alpha - 1)/\alpha$. Für α-Parameterwerte zwischen 3 und $1 + \sqrt{6}$ oszilliert der x_{n+1}-Wert zwischen zwei Punkten.

Erhöht man α weiter, kommt es zu Periodenverdopplungen und schließlich zum deterministischen Chaos, bei dem man keinen Zustand mehr aus allgemeinen Erwägungen vorhersehen kann (es sei denn, man rechnet ihn konkret aus). Die logistische Gleichung wird z.B. zur Modellierung von Ökosystemen mit einem begrenzten Nahrungsangebot benutzt, bei denen sich Pflanzenfresser stark vermehren, wenn es wenige von ihnen gibt und deshalb ein Überangebot an pflanzlicher Nahrung. Ihre Zahl sinkt jedoch wieder ab, da irgendwann nicht mehr genug Futter für alle da ist. Der Faktor α ist ein generalisierter Vermehrungsfaktor.

Versuchen wir nun, diese mathematische Formel in eine Diskurssituation zu übersetzen. Nehmen wir an, die Diskursteilnehmer seien Menschen, die um Diskursprivilegien kämpfen, innerhalb des Diskurses gehört zu werden, deren Zahl maximal 1, also 100% betrage. Die Zahl der Privilegien x wachse zwischen den Diskursrunden n jeweils um den Faktor α', d.h. $x_{n+1} = \alpha' \cdot x_n$. Diese Gleichung spiegelt die allgemeine Diskursstruktur wider, innerhalb derer jedoch zwei Pole möglich sein sollen: (i) Wer keine Privilegien hat, muss darum kämpfen und (ii) wer Privilegien hat, soll nicht darum kämpfen. α' sei also hoch, wenn es nur wenige Privilegien für die Gruppe gibt und er sinkt, je mehr Privilegien die Gruppe akkumuliert. Somit ist der Faktor α' eine Mischung aus Wachstumsengagement und Zufriedenheitsträgheit. Modellieren kann man den Prozess mit der logistischen Gleichung, d.h. $\alpha' = \alpha(1 - x)$. Der Faktor α drückt den generellen Aneignungswillen der Gruppe aus. Nehmen wir an, α liege zunächst unter 1, dann verkleinert jeder weitere Diskursschritt x.

-Starten wir bei $\alpha = x_n = 0.5$ so gilt:
1. Schritt: $x_1 = 0.5 \cdot 0.5 \cdot (1 - 0.5) = 0.125$
2. Schritt: $x_2 = 0.5 \cdot 0.125 \cdot (1 - 0.125) = 0.055$
3. Schritt: $x_3 = 0.5 \cdot 0.055 \cdot (1 - 0.055) = 0.026$
Die Privilegienzahl nähert sich der Null an.

-Steigern wir den Aneignungswillen nun auf $\alpha = 2$:
1. Schritt: $x_1 = 2 \cdot 0.5 \cdot (1 - 0.5) = 0.5$
2. Schritt: $x_2 = 2 \cdot 0.625 \cdot (1 - 0.625) = 0.5$
3. Schritt: $x_3 = 2 \cdot 0.586 \cdot (1 - 0.586) = 0.5$
Die Reihe bleibt konstant bei 0.5.

- Steigern wir den Aneignungswillen nun auf $\alpha = 2.5$:
1. Schritt: $x_1 = 2.5 \cdot 0.5 \cdot (1 - 0.5) = 0.625$
2. Schritt: $x_2 = 2.5 \cdot 0.625 \cdot (1 - 0.625) = 0.586$
3. Schritt: $x_3 = 2.5 \cdot 0.586 \cdot (1 - 0.586) = 0.606$
Die Reihe nähert sich oszillierend der 0.6 an.

- Steigern wir den Aneignungswillen nun auf $\alpha = 3.2$:
1. Schritt: $x_1 = 3.2 \cdot 0.5 \cdot (1 - 0.5) = 0.8$
2. Schritt: $x_2 = 3.2 \cdot 0.8 \cdot (1 - 0.8) = 0.512$
3. Schritt: $x_3 = 3.2 \cdot 0.512 \cdot (1 - 0.512) = 0.8$
4. Schritt: $x_2 = 3.2 \cdot 0.8 \cdot (1 - 0.8) = 0.512$
Die Reihe oszilliert zwischen 0.512 und 0.8.

- Steigern wir den Aneignungswillen nun auf $\alpha = 4$:
1. Schritt: $x_1 = 3.8 \cdot 0.5 \cdot (1 - 0.5) = 0.95$

123

2. Schritt: $x_2 = 3.8 \cdot 0.95 \cdot (1 - 0.95) = 0.18$
3. Schritt: $x_3 = 3.8 \cdot 0.18 \cdot (1 - 0.18) = 0.56$
4. Schritt: $x_2 = 3.8 \cdot 0.56 \cdot (1 - 0.56) = 0.94$
Die Reihe wird chaotisch.

Die höchste Zahl der Privilegien ergibt sich im Mittel für $\alpha = 3.2$, somit ist auch das System für diesen Parameter am stabilsten. Da α der Aneignungswille im Diskurs ist, bedeutet die Oszillation von x, dass auch α oszilliert, und zwar aufgrund der Rückkopplung zu den erworbenen Privilegien. Der Punkt ist, dass die für den Systemerhalt notwendige Abfolge von hohem und niedrigem Aneignungswillen innerhalb eines gewissen Bereichs den Diskurs blind unterwirft. Dabei stellt die im Diskurs geschaffene Realität - nämlich jene Abfolge an Privilegien - die Grundlage der Diskursstruktur und damit die Machtquelle des Systems dar. Erhalt bedeutet immer, dass Ist zum Soll wird. Erlangen die Diskursteilnehmer irgendwann Wissen um den für die Aufrechterhaltung des Systems nötigen Mechanismus, würden sie sich sogar in ihrem Willen entsprechend zurichten, um an ein Maximum an Privilegien zu kommen, statt es in einer Art Revolution umzustürzen. So würde eine Situation entstehen, in der die Teilnehmer freiwillig jene Privilegien ab einem bestimmten Punkt nicht mehr nutzen würden, um sich weitere zu verschaffen, damit das System stabil bleibt. Die Teilnehmer wurden auf die systemreproduzierende Diskursstruktur konditioniert. Die systemische Belohnung mit Privilegien ist das Gegenstück zur systemischen Unterdrückung von bestimmten Äußerungen.

Meine Damen und Herren!

Ist die Diskursstruktur z.B. stark abgrenzend identitär, dann ist sie hochgradig kategorisierend. Bedenken Sie, dass es sich bei einer Kategorisierung um die Zuweisung von beständigen Seinsweisen handelt, welche das Individuum komplett durchdringen. Ist die Diskursstruktur eher gruppierend geprägt, spielen Gemeinsamkeiten, Zusammengehörigkeitsgefühle die größere Rolle. Der Diskursimperativ, etwas gemeinsam unternehmen zu müssen, würde gestärkt, wenn bisher getrennte Menschen sich im Rahmen des Diskurses tatsächlich entschließen, etwas zu unternehmen und dies beim nächsten Diskurs als positive Erfahrung bestätigen. Ist die Diskursstruktur zwingend auf Gruppenbildung ausgerichtet, würde eine negative Einschätzung der empirischen Erfahrung von Gemeinsamkeit jedoch nicht zugelassen. Die Macht ist umso erfolgreicher, je weniger sie durchschaut wird, d.h., wenn die Diskursstrukturen von den Diskutierenden unbewusst bzw. unterbewusst benutzt werden, sich in den Begriffen und deren automatischer Handhabung quasi verstecken.

Bleiben wir zunächst bei der Kategorisierung. Beispielsweise gebe der Diskurs folgende Aufgabe vor: Kategorisiere und bewerte Katzen im Rahmen der vorhandenen Kategorien und Werte! Um die Aufgabe zu erfüllen, beobachtet man Katzen systematisch und stellt fest, dass sie heimlich rohes Fleisch aus der Küche klauen und andere böse Dinge tun. Diese Einsicht kann aufgrund eines grundlegend identitären Diskursregimes eine entsprechende Vahrheit produzieren, welche darin besteht, Katzen zur Kategorie "Fleischdiebe" zuzuordnen. Nehmen wir statt

125

der Zuordnung eine Transzendenz: Wir sagen, jemand habe zu sich selbst gefunden, beispielsweise, indem er sich endlich eingestanden hat, kein Hunde- sondern ein Katzenliebhaber zu sein. Wir erkennen, dass es sich um die Transzendenz von einer Kategorie "Hundeliebhaber" in die Kategorie "Bekennender Katzenliebhaber" handelt. Somit gehört die Person von nun an zur Gruppe der Katzenliebhaber. Für jene Person haben sich diejenigen Diskurstrukturen als vahr etabliert, die Selbstfindungstranszendenzen begünstigen, was umgekehrt zur Ablehnung fix zugeordneter Kategorien führt. Transzendenzen können Kategorien allerdings auch fixieren, wenn sie den Eindruck erwecken, ein Agent habe endlich zu seiner wahren Kategorie gefunden. Ich will Kategorisierungen nicht pauschal negativ bewerten. Beispielsweise ist es bei Diskursen in der Wissenschaft praktisch, Dinge so gut zu kategorisieren, wie es eben geht. Allerdings wird mit einer stärkeren Verwissenschaftlichung aller Diskurse der Hang zur Kategorisierung zunehmen.

Meine Damen und Herren!
Kategorisierung und Umkategorisierung im Rahmen des Diskurses bedeutet Vissensanwendung und damit Machtausübung. Macht erhebt sich aus vorhandenem Vissen, das wiederum die Diskursstrukturen bildet. Kategorisierung bedeutet jedoch immer auch die Ausgrenzung dessen, was durch die Kategorisierung und das Prinzip der Kategorisierung nicht erfasst wird. Für ein besseres Verständnis von Transzendenz und Kategorisierungen sollten wir uns folgende Frage stellen: Wie kann man frei sein? Die Antworten können wie folgt lauten:

126

1. Sei frei, wähle nicht Kategorie 1, sondern Kategorie 2 für Dich. Ich nenne diesen Ansatz "bestimmt konstruktive Negierung" der Kategorisierung.

2. Sei frei, wähle nicht Kategorie 1, sondern jede andere für Dich. Diesen Ansatz nenne ich "unbestimmt konstruktive Negierung".

3. Sei frei, befasse Dich nicht mit den Kategorien, welche gerade für möglich gehalten werden. Diesen Ansatz nenne ich "bestimmt destruktive Negierung".

4. Sei frei, befasse Dich überhaupt nicht mit Kategorien. Dieser Ansatz beinhaltet die "unbestimmt destruktive Negierung".

Es stellt sich die Frage, ob sich der Mensch inklusive seiner Wirklichkeit ohne Kategorien auflösen würde. Offenbar nicht, denn vor den Kategorien kann man den Menschen durchaus in seinen Eigenschaften bzw. Gemeinsamkeiten erfassen, ohne jene als Unter- oder Oberbegriffe zwanghaft zu universellen *ZIG* zusammenzufassen, die jeweils weitere Gemeinsamkeiten zwingend in sich vereinen. Bei der Diskussion von Foucaults Philosophie führt man hierfür gern die Sodomie an, wie man sie im Mittelalter begriff, die damals nichts mit der Identität eines Menschen zu tun hatte. Ihr gegenüber stellt man die Homosexualität, wie sie heutzutage verstanden wird, nämlich als identitätsstiftend. Wissen über sexuelle Spielarten körpert die Individuen ein, verpasst ihnen eine bestimmte Identität und reduziert sie darauf [vgl. 23]. Dies geschieht, indem die bestimmte, durch medizinische Begriffe vorgegebene Sexualität alles andere in der entsprechenden Person ebenfalls betrifft, als würde man es mit einem Vertreter einer bestimmten Spezies zu tun haben. Derartige sexuelle

Emanzipation bedeutet keine Befreiung, sondern den Übergang von einem Begriffskäfig in einen anderen. Dabei ist es natürlich erlaubt zu fragen, in welchem sich das Subjekt wohler fühlt und ob es sich nicht - und hier kommt die Verbindung zum Existenzialismus[21] - mit voller Absicht dorthin entworfen hat.

Meine Damen und Herren!
Foucault sagte: "Die Wahrheit ist zirkulär an Machtsysteme gebunden, die sie produzieren und stützen, und an Machtwirkungen, die von ihr ausgehen und sie reproduzieren." [28] Menschen werden im Diskurs erfolgreich

---

[21] Das Prinzip des Existenzialismus wurde von Jean-Paul Sartre als das Vorausgehen der Existenz vor der Essenz des Menschen definiert, d.h., dass "der Mensch erst existiert, auf sich trifft, in die Welt eintritt, und sich erst dann definiert." [29]. Dies steht in direkter Abgrenzung zu jeder Dogmatik, zum Biologismus, auch zur Gottgläubigkeit, da Gott dem Menschen ja dessen Wesen als primären "Marschbefehl" mitgeben würde, so wie ein Werkzeugmacher einen Hammer mit einem bestimmten Zweck herstellte. Auch steht der Existenzialismus im Gegensatz zu jeder Art von Strukturalismus oder Poststrukturalismus und den von ihnen postulierten Machtwirkungen gesellschaftlicher Strukturen. Er steht im Gegensatz zur Existenzialphilosophie Martin Heideggers, bei dem sich der Mensch sorgenvoll ständig in seine Seinsweisen entwerfen muss bzw. darauf wartet, von ihnen kolonialisiert zu werden. Das gilt ganz unabhängig davon, ob sie konkret als Seinskern oder aufgrund dessen nur als Möglichkeiten in ihm angelegt sind. Sartres Existenzialismus hingegen bedeutet: Der Mensch ist nichts anderes als das, wozu er sich macht. Er ist verurteilt, frei zu sein [29], aber nicht dazu, vorgegebene Möglichkeiten zu realisieren. Jene Möglichkeiten werden im Existieren erst erschaffen und nicht entdeckt. Existenzialismus bedeutet selbstverantwortliche, selbstbestimmte, selbstbezügliche Wahlfreiheit *ad hoc*, verstanden gleichermaßen (dennoch eher) als Sollzustand (Ethik) sowie als Istzustand (Onto-/Anthropologie).

vorhandenen Kategorien zugeordnet oder durch Transzendenz umgeordnet. Der Erfolg dieser Zuordnung bestätigt die kategorische Herangehensweise, also die Diskursstruktur. Die gegenseitige Bestätigung von so gewonnenen Varheiten und den Diskursstrukturen ist aber das schlechtmöglichste Resultat des Diskurses. Im besten Fall findet danach eine empirische Überprüfung statt. Die Entstehung der Diskursstrukturen ist jedoch selbst im günstigsten Fall nie nur der empirischen Wahrheit überlassen. Manch einer negiert die Rolle der Wahrheit sogar komplett, allerdings beruht diese Annahme auf einer Verwechslung der Macht der Wahrheit mit der repressiven Macht des Systems. Freiheit bedeutet nicht, dass man wahre Aussagen einfach negieren kann. Gerade ihre Wahrheit macht sie wiederholt gültig und daher für die Freiheit nutzbar.

Der Diskurs hängt also immer von anderen äußeren und inneren Faktoren ab, insbesondere von den Notwendigkeiten, die das System oder Subsystem erfordert, in das der Diskurs eingebettet ist, welches den Horizont des Diskurses ausmacht bzw. sein Ziel vorgibt. Es handelt sich um das System, welches der Diskurs stützen oder zumindest nicht gefährden soll und will, da jenes den Diskurs erst ermöglicht. Das gesellschaftliche Herrschaftssystem, das immer von der historischen Epoche abhängig ist, wird die Diskursstrukturen hauptsächlich prägen und somit das Sagbare einschränken, allerdings auch Vissen hervorbringen, welches Macht auf den Diskurs ausübt und dadurch seine eigene Macht stabilisiert. So hätte ein Diskurs im scholastischen Mittelalter Gott niemals infrage gestellt,

129

sondern Argumente und Logiken hervorgebracht, die seine Allmacht begründen. Im absolutistischen Frankreich hätte niemand die alleinige Macht des Königs angezweifelt, allerdings Gründe für seine Weisheit und Herrlichkeit hervorgebracht. Ein Diskurs in einer neoliberalen Demokratie würde jede Art von wirtschaftlicher Einschränkung schlecht, dafür immer die positive Bewertung der Selbstverwirklichung im Beruf gutheißen. In der Postmoderne kommt die Macht vom Diskurs selbst, indem sie sich durch den Diskurs, also durch sich selbst, selbst erhält.

Lassen Sie uns das bisher Gesagte anhand eines Diskursbeispiels ein wenig erhellen. Betrachten wir hierfür zwei Personen, Beate und André, die sich über das Wetter unterhalten.
Beate: "Ich bin mir sicher, dass dieser Winter sehr kalt wird."
André: "Das denke ich nicht. Paolo meinte, er wird sehr warm."
Beate: "Paolo ist nicht von hier. Woher will er das wissen."
André: "Er beobachtet das Wetter sehr genau und er weiß, dass das Winterwetter in seiner Heimat genau ein Jahr später auch unser Land trifft."
Beate: "Das hatte ich ja noch gar nicht auf dem Schirm. Paolo hat wahrscheinlich recht. Also muss ich mir keinen dicken Mantel kaufen."

Die Diskursstrukturen dieses Gesprächs lauten: (i) Es werden Meinungen von Fremden zugelassen. (ii) Es werden unvollständige Induktionen und Analogieschlüsse zugelassen. Das Besondere beim Thema Wetter ist, dass es aufgrund rein mathematischer Gegebenheiten nur Wahrscheinlichkeitsvorhersagen dafür gibt. Die Wahrheit über den Winter im Land von Beate und André wird erst bekannt sein, wenn der Winter vorbei ist. Es gibt keinen Grund anzunehmen, dass er bei ihnen *ff* mit dem Winter in Paolos Land verbunden wäre. Die grundlegende Macht in diesem Diskurs stammt aus der Wissenschaftlichkeit moderner Herangehensweisen im Sinne exakter Vorhersagbarkeit, die es bei Prozessen mit statistischen Fluktuationen oder durch jene ausgelösten massiven Veränderungen in den Lösungen der zugrundeliegenden Differentialgleichungen nicht gibt. Das vorläufige Ergebnis dieses Diskurses ergibt sich aus seinen Strukturen, wodurch es sie festigt und die Realität des warmen Winters für die Diskursteilnehmer vorläufig erschafft. Mittels entsprechender empirischer Beobachtung kann die Macht der Diskusstrukturen zwar widerlegt werden. Dagegen sträubt sie sich, indem sie Abweichungen der Empirie vom Diskursergebnis als Ausnahmen brandmarkt, da es sich beim Wetter ja um einen statistischen Effekt handele (Beachten Sie den inneren Widerspruch dieser Aussage). Die Macht stärkt sich jedoch bei empirischer Übereinstimmung, selbst wenn sie zufällig wäre.

Meine Damen und Herren!
Diskurs ist nichts anderes als die Übertragung des Anliegens der Macht auf die Menschen, die am Diskurs teilnehmen, also ihre Normierung. Diskurs bedeutet Vissensanwendung und damit Machtausübung zum Zwecke der Normierung der Diskursteilnehmer, denn das Finden der

vom System gewünschten Varheit innerhalb des Diskurses ist ohne die Diskursteilnehmer und der Akzeptanz der Vahrheit durch sie nicht möglich. Der Mensch wird durch die Macht der Diskursstruktur diszipliniert. Jemand, der sich nicht an sie hält und aus der Norm fällt, gilt schnell als abnormal oder gar wahnsinnig. Der Diskurs möchte die Diskursteilnehmer zur Einhaltung der Diskursstruktur erziehen. Diese Normierung beinhaltet sowohl den Zwang in gewisse Denkschemen, aber auch die Gleichheit jener Denkschemen unter den Diskursteilnehmern. Die Diskursdurchführung ist deshalb ein gegenseitiger Überwachungsprozess, der, in Form der Vahrheitsfindung, die Normierung der Diskursteilnehmer bezüglich der Diskursstruktur vollzieht. Immerhin geht man davon aus, dass nur die Einhaltung der Diskursstrukturen zur Voraussage der Vahrheit führt.

Foucault hat die Auswirkungen des Beobachtetseins durch die Analyse der Geschichte von Strafurteilen untersucht. Er stellte fest, dass im 19. Jahrhundert ein Strategiewechsel in der Strafverfolgung stattfand. Von den brutalen körperlichen und öffentlichen Strafen des Mittelalters, denen eine zumeist geheime Verhandlung voranging, folgte im bürgerlichen Zeitalter die Herangehensweise der Resozialisierung und Wiedereingliederung in das kapitalistische System. Das Gleiche traf auf Wahnsinnige zu, die, falls sie nicht gewalttätig waren, in früheren Gemeinschaften geduldet wurden. Mit dem Aufkommen der Moderne steckte man sie als Patienten in Kliniken. Sowohl über die Straftäter als auch die psychisch Kranken sammelte man Wissen an. "Nicht-normale" Menschen wurden eingesperrt und es wurde analysiert, warum sie nicht "normal" sind. Ein weiteres Beispiel hierfür ist Homosexualität, die ebenfalls als dem bürgerlichen System abträglich betrachtet wurde - wohl weil man die reproduktiven Fähigkeiten der Bevölkerung und damit von deren Arbeitskraft gefährdet sah. Deshalb kam es zu zahlreichen Versuchen, Homosexuelle durch Gabe von Hormonmedikamenten wieder "normal" zu machen. Die Macht griff also nicht nur in das Denken, sondern verstärkt auch in die Körper der "Abnormalen" ein. Der eher regulierende als disziplinierende "Bioarm" der Macht versuchte, Gesundheit und Geburtenrate der Bevölkerung mit breiten Maßnahmen zu ihren Zwecken zu gestalten. Wie Sie sehen, ist aus der Rache des absolutistischen Souveräns an demjenigen, der seine Macht untergräbt, eine feingegliederte Normierung der Delinquenten durch die Macht geworden, welche die bürgerliche Gesellschaft stabilisiert, und zwar auf der Basis von angesammeltem Wissen, also Diskurs.

Zwischen Normierung und Beobachtung herrscht ein interessanter Zusammenhang. Jeder Diskurs entspricht - wie bereits gesagt - einer ständigen gegenseitigen Beobachtung, ob die Diskursteilnehmer die Diskursstrukturen auch einhalten. Allein die Beobachtung durch die anderen Diskursteilnehmer - selbst ohne eine direkte Zurechtweisung - reicht aus, um einen Abweichler wieder in die Norm zu drücken. Mehr noch: Schon die Tatsache, dass man beobachtet werden könnte, genügt hierfür. Foucault folgerte grundsätzlich, dass sich der Mensch Normen unterwirft, wenn er sich beobachtet und kontrolliert fühlt, beispielsweise in einem Gefängnis, Fabriken, Militär oder Schulen.

133

In den so beschriebenen Situationen dient die Überwachung zwar auch dazu, Wissen zu erringen, um den Delinquenten zu normieren und wieder in die Gesellschaft einzugliedern, allerdings erzeugt die Überwachung selbst, sogar nur das Gefühl der Überwachung, bereits jene Normierung. Hierbei handelt es sich um eine Normierung höherer Ordnung, nämlich die Normierung zur Einhaltung von Normen. Werden diese Normen gar nicht bekannt gemacht, wird sich das Individuum selbst solche Normen ausdenken und - falls möglich - mit anderen Gefängnisinsassen abstimmen. Stimmt ein Normierungsraum, z.B. ein Gefängnis, mit dem normierten Raum, z.B. einer staatlich organisierten Gesellschaft, überein, so passt sich der Delinquent im Gefängnis automatisch den Normen der Gesellschaft an. Dass eine Überwachung der gesamten Gesellschaft den normierten gleichzeitig zu einem normierenden Raum macht, ist offensichtlich. Dann sollten Gefängnisse überflüssig werden und sämtliche angeblich Abnormale können in die Gesellschaft inkludiert werden.

Meine Damen und Herren!
Lassen Sie mich an Foucaults Herangehensweise ein wenig Kritik üben. Zunächst kann man aus ihr folgern, dass es keinen herrschaftsfreien Diskurs gibt, so wie Jürgen Habermas (*18.6.1929) es annimmt.
(i) Selbst der Widerstand gegen die Herrschaft bewegt sich innerhalb von Machtstrukturen [vgl. 23].
(ii) Verbesserte Sprache ("Liebe MitarbeiterInnen!") ist genauso von Repression durchwirkt wie die patriarchale Sprache ("Liebes Fräulein!").

134

(iii) Die momentane Wirklichkeit, deren Sinnzusammenhang, entsteht nur im Diskurs.

(iv) Da die Psyche des Menschen wiederum aus Sinnzusammenhängen gebildet wird, wird ebenfalls jene Psyche zuerst durch den Diskurs und daher durch die Macht produziert. Das Ich ist ein Gefängnis, das aus den Machtstrukturen aufgebaut ist. Somit besteht keine Chance, dass der Mensch sich während des Diskurses - und wenn man den Begriff entsprechend erweitert - bei allen sinngebenden Prozessen über die Strukturen jener Sinngebung frei bestimmen kann, statt von ihnen, also von der Macht, bestimmt zu werden. Hierbei handelt es sich um eine Diagnose, die der Wirklichkeit klar widerspricht.

Die zweite Kritik bezieht sich auf Foucaults Verständnis von Geschichte, welshes die bewusste Etablierung einer humanistischen Grundtendenz verneint. Es ist - übertrieben gesprochen - eher Zufall, dass das bürgerliche System, das nach dem 18. Jahrhundert aufkam, rationale und humanistisch-scheinende Ziele für ihre Diskurse festlegte. Die Macht steckt Foucaults Meinung nach in allen Dingen, und zwar in Form von Machtbeziehungen, was bedeutet, dass es keine Revolution in der Geschichte geben wird, die den Menschen von der Macht befreit, sondern ihn immer wieder dazu zwingt, selbst Macht auszuüben, wobei jene Macht jedoch nicht aus ihm stammt. Foucault verlangte trotzdem, dass solche Machtrelationen lokal bekämpft werden [vgl. 23]. Dies solle hauptsächlich über die Bewusstmachung der Machtstrukturen geschehen. Das Problem besteht jedoch darin, dass die lokalen Mächte - in seinem Verständnis - bis ins Mikroskopische reichen. Da sie über ihre Verhältnisse stark vernetzt sind, verfängt man sich bei ihrer Bekämpfung selbst darin. Daher war bei Foucault Geschichte nie ein bewusstes Agieren des Menschen, sondern immer nur ein passives Sich-Wehren.

Drittens ging Foucault davon aus, dass der Mensch in den Institutionen der Macht - die auf das durch sie errungene Vissen zurückgehen - erst gebildet wird, inklusive seiner Sexualität, seiner Intelligenz, seiner geistigen Gesundheit, seiner Vernünftigkeit. Die Formierung bzw. Normierung des Menschen erfolge in Dispositiven, also Einrichtungen, welche das gesammelte Vissen mit konkreten Handlungsweisen verbinden. Dies meinte er an den Formen der Macht in den verschiedenen Epochen zu erkennen, beispielsweise im Strafvollzug oder in der Behandlung von geistig Kranken. Allerdings ging er nicht darauf ein, warum die Menschen seit Tausenden von Jahren prinzipiell gleichgeblieben sind, wo sich doch die Dispositive stark wandelten [vgl. 23].

Viertens nahm Foucault an, dass es keine Wahrheit gibt. Jeder Sinnzusammenhang ist nur ein Konstrukt eines auf Basis von Machtstrukturen geführten Diskurses. Es fallen einem sicherlich gleich mehrere Beispiele ein, welche die Annahme einer nichtvorhandenen Wahrheit widerlegen. Dafür muss man nicht einmal naturwissenschaftliche Experimente bemühen. Zum Beispiel: Setzt man voraus, dass Wahnsinn nur ein Konstrukt der hinter dem gesellschaftlichen System stehenden Macht ist, so kann man behaupten, dass Kriege, Genozide, ethnische Vertreibungen nur aus der Sicht unseres humanistischen Systems Wahnsinn sind,

136

sie aber innerhalb anderer Systeme ihre Berechtigung haben. Ein weiteres Beispiel: Die offensichtliche Tötung eines Menschen durch einen Menschen ist faktische Wahrheit. An dieser Tatsache lässt sich nichts rütteln. Selbst ohne ein Motiv stellt diese Tat einen Sinnzusammenhang dar, nämlich die tödliche Einwirkung des Mörders auf sein Opfer. Ich entschuldige mich für das drastische Beispiel. Es sollte Ihnen zeigen, dass eine Verabsolutierung von Foucaults Philosophie ein vergiftetes Geschenk für die Geisteswissenschaften und vor allem für abgeleitete Handlungsweisen ist. Wissenschaftler, die radikal in diese Richtung denken, sollten aufpassen, dass sie sich mit ihrem Wissen nicht selbst Gewalt antun. Ich muss mich erneut für meinen Sarkasmus entschuldigen, da er nicht völlig berechtigt ist. Foucaults Ideen beinhalten sehr viele wichtige und zutreffende Aspekte, wozu auch das Wissen um die Reproduktion der Macht im Diskurs gehört. Durch Foucault besitzen wir ein Bewusstsein, dass es uns erlaubt, die Macht falscher Diskursstrukturen bis zu einem bestimmten Grad zu durchbrechen. Der Einzige, der das laut Foucault bewerkstelligen kann, ist der Wahnsinnige.

Der fünfte Kritikpunkt leitet sich aus dem vierten ab, richtet sich aber eher auf die Interpretation der Foucaultschen Philosophie: Wahrheitsfindung wird heutzutage gern mit Kompromissbildung gleichgesetzt. Bei einem Kompromiss hat man die Wahrheit nicht gefunden, allerdings etwas, von dem die Diskursteilnehmer glauben, dass es ihr am nächsten käme, eben weil es sich um einen Kompromiss handelt. Allerdings liegt hier eine Fehlinterpretation von Objektivität vor, die auf unabhängigen menschlichen

Meinungen basiert. Um ein Ereignis objektiv zu interpretieren, ist es hilfreich, wenn verschiedenen Menschen unabhängig darüber berichten. Aber es bedeutet nicht, dass Menschen in einem Diskurs zu Einschätzungen kommen, die objektiv seien, nur weil sie sich darüber einig sind. Allerdings wird die Übereinkunft der Diskursteilnehmer objektiv sein, wenn die Macht Objektivität für den Systemerhalt verlangt.

Als letzten Kritikpunkt möchte ich auf die strukturalistische Basis von Foucaults Philosophie zurückkommen. Da sich Foucault hauptsächlich auf institutionalisierte, selbsterhaltende Systeme kaprizierte - und so eigentlich die Moderne kritisierte - unterdrückte er, dass der Mensch sich ebenfalls erhalten will, also vor allem nach seiner Freiheit strebt, sich selbst zu erhalten. Seine Befragung wird ein Gefangener immer so gestalten, dass er möglichst schnell wieder freigelassen wird, ohne dass ein äußeres System ihm diesen Willen aufgezwängt hätte. Man könnte sich so weit aus dem Fenster lehnen, zu behaupten, Nietzsches Wille zur Macht entspräche dem limenistischen selbstähnlichen Erhalt, d.h. dem Erhalt in Gemeinsamkeiten und Unterschieden mit sich selbst und den anderen Agenten. Dabei ist keinesfalls vorgeschrieben, wie dieser Erhalt zu geschehen hat, somit ist das limenistische Verständnis eher existenzialistisch, ohne dem Subjekt jedoch Allmacht zuzusprechen. Hingegen hat Foucault jeden Existenzialismus zugunsten eines Gesteuertseins durch die Macht negiert. Dadurch verschwindet z.B. die wahre Feindschaft, aber auch die wahre Freundschaft aus seinem Blickfeld, denn jene können ja nur zur Aufrechterhaltung von Systemen erfolgen, deren verlängerter Arm die Menschen sind.

Nun komme ich auf meinen Einwurf vom Anfang zurück: Der Strukturalismus sei Sklavenmoral, die Apologetik und Verantwortungslosigkeit befeuere. Gleichzeitig geht es um die guten Menschen, die dem bösen System gegenüberstehen. Als Lösung des Dilemmas steht die Verwandlung des falschen/bösen in ein richtiges/gutes System, was uns in Richtung des Marxismus und der Kritischen Theorie der Frankfurter Schule[22] bringt. Andere Lösungen wären die Reduzierung der Macht bzw. deren Neutralisierung, was aber nur durch ausgeglichene Machtverhältnisse geschehen kann, da die Systeme ansonsten kollabieren

---

[22] Die Limenistik steht nahe an der kritischen Theorie der Frankfurter Schule. Ein Beispiel hierfür ist über das Prinzip der Herrschaft und der Freiheit gegeben: Herrschaft bedeutet, dass bestimmte Gemeinsamkeiten Agenten durch hohe Gewalt in sich festhalten oder sie zum Teilen jener Gemeinsamkeit zwingen. Freiheit des Menschen bedeutet, Gemeinsamkeiten je nach eigenem Willen zu teilen oder auch nicht zu teilen. Allerdings ist eine von der Herrschaft vorgegebene Gemeinsamkeit sehr viel leichter zu teilen als nicht zu teilen, da die Gewalt hier größer ist. Somit erscheint die Freiheit, jene herrschaftliche Gemeinsamkeit nicht zu teilen, größer als die, sie zu teilen. Die Freiheit wird dann repressiv bzw. diktatorisch, wenn eine herrschaftliche Gemeinsamkeit nicht oder gar ihr logisches Gegenteil geteilt wird, diese Strategie jedoch schädlich für den Agenten ist, ihn beispielsweise von für seine Konservierung, d.h. für die Ausübung seiner Freiheit notwendigen Gemeinsamkeiten trennt. "Es gibt kein richtiges Leben im Falschen" [30] ist auch die Konsequenz der Limenistik. Allerdings ermöglicht das existenzialistische Konzept, auf nullter Stufe ein Leben ohne bzw. mit spielerischen Gründen, auf erster Stufe ein Leben nach dem eigenen Instinkt zu führen, das Austesten und Erkennen derjenigen IntegrationsWerte, nach denen zu leben das Leben "richtig" macht.

würden. Die Judikative einer idealen Demokratie erzeugt beispielsweise ein solches Machtverhältnis als Ausgleich zwischen dem einzelnen Menschen und dem Staatssystem.

In all diesen Diskussionen wird jedoch die Durchsetzung des Willens zur Macht jenseits von Gut und Böse - laut Nietzsche die kardinale Eigenschaft des Übermenschen - nicht priorisiert. Doch wie kann man Nietzsche und seine Prämisse des sich durchsetzenden Willens zur Macht mit Hinblick auf die Machtinstitutionen interpretieren? Man kann vermuten, dass sich die Dinge genau umgekehrt zur strukturalistischen Grundannahme verhalten: Der Mensch versucht, durch die und mit den Institutionen seinen Willen zur Macht durchzusetzen. Wenn wir diese Annahme verallgemeinern, kommen wir zu dem Schluss, dass die Macht grundsätzlich nicht primär aus den Systemen stammt, sondern aus den Menschen, die mit ihnen oder gegen sie agieren. Man könnte auch sagen, dass die Machtinstitute erst aus den Durchsetzungsversuchen des Willens zur Macht entstehen. In diesem Sinne erzeugt der Willen zur Macht der Menschen erst die Macht der Systeme.

Möglicherweise hat der Mensch unter dem Eindruck der Systeme aber verlernt, jenen Willen voll auszubilden, oder ist gehemmt, ihn durchzusetzen. Möglicherweise wird der Willen zur Macht durch die Moral der Institutionen aus Vorschriften, Verordnungen, Benchmarks und Erfolgsstatistiken unterdrückt und verzerrt, sodass sich auch kein Lust- oder Befriedigungsgefühl einstellen kann, selbst wenn man in den Statistiken ganz oben steht. Somit ist eine Moral so etwas wie eine getrübte Linse, durch die sich der Willen zur Macht verzerrt und abschwächt, obwohl jene Morallinse mit der Durchsetzung des Willens zur Macht erst erzeugt wird. Anders gesagt: Die institutionelle Macht und die von ihr ausgehende normative Moral hat ihre Ursache letztendlich im Streben des Menschen nach der Realisierung seines Willens zur Macht, da er sie als deren Garantie ansieht. Sie führt aber nur in eine verzerrte Form jener Verwirklichung. Beispielsweise ist der Wille zu Macht eines Menschen in der Position eines Sklaven-halters durch dessen Moral verzerrt, weil sie ihn über die Sklaven erhöht und dadurch das System "Sklavenhalterge-sellschaft" reproduziert. Der Wille zur Macht der Sklaven ist durch deren Moral verzerrt, weil sie sie über den Herrn erhöht und dadurch das System "Sklavenhaltergesell-schaft" ebenfalls reproduziert. Werfen die Sklaven die Sklavenmoral von sich, um ihren Willen zur Macht als neue Herren durchzusetzen, wird die neue Moral jenen Willen wieder verzerren.

Bei Nietzsches Übermenschen wäre die Linse zwar nicht verschwunden, aber sie wäre - in einer fast schon kommu-nistischen Utopie - immer klar. Allerdings ist sie das nicht aufgrund der Einsicht in die Notwendigkeit bestimmter Werte oder einer Moral als zusammenhängenden Werte-kanon, sondern aufgrund der Tatsache, dass sich der Über-mensch immer wieder von seinen Werten abstößt. Er nutzt durch deren Umwertung alle Partikularwillen, mit denen er in Beziehung steht, um seinen Willen zur Macht durch-zusetzen, statt ihn mit und von jenen bremsen oder verzer-ren zu lassen. Hiermit ist jedoch kein Zusammenschluss

141

der Willen zu einer Gesamtmacht gemeint, beispielsweise um zusammen eine bestimmte Aufgabe zu erfüllen. Es geht nicht darum, dass eine Gruppe von zwanzig Nachbarn für alle zwanzig die gleiche Art von Haus baut, sondern dass sie für jeden das Haus bauen, das seinen Willen zur Macht materialisiert. Der Übermensch ist Egoist und gleichzeitig Pluralist. Er ist aber kein Nihilist, d.h. nicht ohne Werte. Klingt nach der Quadratur des Kreises, ich weiß. Aber wir reden ja auch nicht von uns, sondern vom Übermenschen.

Ich möchte, meine Damen und Herren, von Foucault kommend, in eine Richtung abbiegen, die uns zurück zur Mystik führen soll. Wenn wir Wahnsinn als Gegensatz zur Normalität bezeichnen, müssen wir uns fragen, ob Wahnsinn etwas Mystisches enthält. Das Geheimnis des Wahnsinns liegt wesentlich in der unbeantworteten Frage, warum das beobachtete Verhalten nicht normal ist. Aus der Unerklärlichkeit eines realen Verhaltens im Rahmen des angeblich Normalen entsteht das Geheimnisvolle. Ein Mensch, der permanent mit sich selbst redet, scheint wahnsinnig. Sein Verhalten scheint absurd. Allerdings fragt der Widerspruch zum Normalen nach dem Grund dafür. Die einfache Zuweisung des Begriffs "wahnsinnig" versinnhaftet das Verhalten nur grob. Die genaue wissenschaftliche Diagnose versinnhaftet es nahezu unumstößlich in der praktisch-realen Welt. Findet man jedoch heraus, dass die Person die ganze Zeit ein kleines Mikrofon am Mund und einen Hörknopf im Ohr hat, versinnhaftet man das Verhalten ebenfalls praktisch-real. Schauen wir uns das Ganze noch mal von der Foucaultschen Seite an.

Nehmen wir an, eine Diskursstruktur würde die Schluss-folgerung, ein Mensch spräche mit sich selbst, nicht zulassen. Selbst wenn jemand berichtet, so etwas gesehen zu haben, würde man das als optische Täuschung abtun. Wenn die Täuschung widerlegt würde, suchte man nach einer Erklärung um Rahmen der Systemerhaltung, eben den Hörknopf oder die Wahnsinnsdiagnose. Letztendlich kann - jenseits mathematischer Beweise - nur Empirie zum richtigen Ergebnis führen, vorausgesetzt natürlich, die Anerkennung von Empirie gehört zur Diskursstruktur. Wenn die Empirie jedoch aufgrund der Diskursstruktur versagt, bleibt das Ereignis mysteriös und absurd, was nicht bedeutet, dass das Verhalten des vermeintlich Wahnsinnigen nicht in dessen praktischer Realität versinnhaftet ist. Mystisch, d.h. nicht absurd, mythisch oder BEVOR, wird abnormales Verhalten, wenn es sich mystisch versinnhaftet, also das Geheimnis seiner Abnormalität verbirgt = sinnhaft ausschließt. In diesem Moment wird es sogar erotisch, allerdings sollte man die Erotik verborgener Geheimnisse nicht mit der von verborgenem Begehrten verwechseln.

Danke für die Aufmerksamkeit!

143

Meine Damen und Herren!

Um uns dem Begriff der Versinnhaftung in Bezug auf das Denken zu nähern, wollen wir mit der Phänomenologie Edmund Husserls (8.4.1859 - 27.4.1938) beginnen [vgl. 31].

Die Phänomenologie Husserls geht von der grundsätzlichen Gerichtetheit des Bewusstseins auf die Phänomene aus, d.h. das Abbild der realen Dinge, wie sie sich uns zeigen, zum Gegenstand unseres Bewusstseins werden. Dabei richtet sich das Bewusstsein eben nur auf die Phänomene, da es sich prinzipiell nicht auf die realen Dinge richten kann. Das reine Bewusstsein sieht die Dinge bar aller Vorurteile, nämlich wie sie sich von sich aus als sie selbst zeigen. Genau das ist ihr Wesen. Um dieses Wesen zu isolieren, muss man sich der phänomenologischen Methode bedienen, die über das Was? der Phänomene nach dem Wie? des Bewusstseins fragt.

Phänomene sind bei Husserl alle Dinge, Menschen, sogar wir selbst, aber nicht, wie sie AUSSERHALB unseres Bewusstseins existieren, sondern wie sie sich in unserem Bewusstsein abbilden bzw. konstituieren. Aus diesen Phänomenen können wir jedoch auf die objektiven, zugehörigen Dinge schließen, da jene Dinge etwas an sich haben, durch das sie sich uns in der Weise zeigen, aus der wir auf ihre objektiven Eigenschaften tatsächlich zurückschließen können. Die Phänomene sind nämlich nicht "nur" Schein, hinter dem sich etwas ganz anderes verbirgt, und der Zusammenhang zwischen Phänomen und Ding ist selbst wieder objektiv. Umgekehrt bedeutet dies, dass der Mensch etwas an sich hat, das es ihm erlaubt, die Dinge in ihrer objektiven[23] Form in den Phänomenen, durch die sie sich ihm zeigen, zu erkennen. Diese Aussage lässt sich leicht erklären, denn der Mensch würde als solcher nicht existieren, wenn er es in seinem Verstand nur mit einer Traumwelt zu tun hätte, die nicht für seine Existenz von Relevanz wäre. Die Hauptfrage der Phänomenologie auf dem Weg zum objektiven Verständnis der Dinge ist, wie genau sich die Phänomene in unserem Bewusstsein konstituieren, nach welchen Gesetzen sie konstituiert werden, und warum genauso, wie sie uns erscheinen. Dafür wollte Husserl "zurück zu den Sachen selbst", womit er eben nicht die realen Dinge meinte, sondern die Phänomene.

Trivialerweise sind die uns bewussten Phänomene immer nur in unserem Bewusstsein zu finden. Das Bewusstsein wiederum ist immer Bewusstsein von etwas. Husserl nannte das "Intentionalität". Das Bewusstsein des Subjekts ist immer auf das Objekt "gerichtet", meist mit einer bestimmten Motivation. Beispielsweise schaue ich mir eine Statue an, weil ich mich für Kunst interessiere. Umgekehrt heißt das, dass ohne seine Intentionalität nichts in unserem Bewusstsein wäre. Da auch das Objekt als Phänomen im Bewusstsein des Subjekts erscheint, sind Objekt und Subjekt stranggenommen nicht zu trennen sind.

---

[23] "Objektiv" im Sinne von menschenunabhängig bedeutet nicht nur, dass alle Menschen ein prinzipiell gleiches Bild von dem Objekt haben können. Die Vorstellung von einem Objekt kann falsch sein, auch wenn viele Menschen sie unabhängig voneinander teilen. Erst wenn man die faktisch geteilten Gemeinsamkeiten kennt und daher das mit empirischen Methoden gemessene Verhalten des Objekts vorhersagen kann, hat man es objektiv erfasst.

145

Intentionalität bedeutet auch, die Dinge in einen Sinnzusammenhang mit der Welt zu setzen, in der das beobachtende Subjekt bewusst existiert. Intentionalität ist nichts anderes als die Summe der durch das Subjekt gesetzten Sinnbeziehungen des Phänomens zur BEVOR-Welt (!) des Subjekts, also zu dessen momentan sinnhaft erinnerten Begriffen, Vorstellungen und Erklärungen. Man könnte auch sagen, dass innerhalb seiner BEVOR-Welt dem Subjekt etwas bewusstwird. Intentionalität ist daher das "Richten" des Bewusstseins als die Herstellung von Sinnbezügen hinsichtlich eines bestimmten Gegenstandes, wie er uns dadurch im Bewusstsein erscheint und damit für uns erst zum Gegenstand wird.

Die Herstellung der Sinnbezüge nannte Husserl "Noesis". Durch sie erscheint uns das Phänomen so, wie es uns als Phänomen erscheint. Das Phänomen selbst nannte er "Noema". Auf Noema ist das Bewusstsein gerichtet, das sich richtende Bewusstsein im Sinne der konstituierenden Vollzüge ist die Noesis. Der Gegenstand - wie er im Bewusstsein entsteht - entsteht dort immer aus einer Zusammenschau, also mehreren Noesen am selben Phänomen, wodurch ein Gegenstandsbewusstsein hergestellt wird [32]. Bei den Noesen kann es sich um alle möglichen kognitiven Akte handeln, von der einfachen Erfahrung bis zur bewussten Zusammenschau. Phänomene bestehen somit aus der sinnhaften Synthese von etwas (Noesis) und dem durch die sinnhafte Synthese gegebenen (Noema), also in der Synthese des in der Synthese gegebenen (Noema-No-

146

esis). Noema-Noesis entspricht dem Begriff des Phänomens im doppelten Sinne von Erscheinung. Äquivalent sind Noemata die Gegenstände im Bewusstsein, auf die sich das Bewusstsein richtet und ihnen durch die Noesis Sinn gibt, während sie bereits sinnhaft eingeordneten Gegenstände sind.

Am besten kann man sich die Noema-Noesis an einem beliebten Spiel in Fernsehshows verdeutlichen, in dem Kandidaten Ausschnitte eines Gesamtbildes gezeigt werden, beispielsweise einer prominenten Person. Man sieht zuerst kleine Ausschnitte, die keinen Sinn machen, bei denen die Noesis also nur rudimentär funktioniert. Dann wachsen diese Ausschnitte zu Fingernägeln, Nasen oder Hemdkragen zusammen, die als solche bereits gedanklich konstituierte Noemata sind. Erst wenn genügend Ausschnitte aufgedeckt sind, erkennt man das Bild als Darstellung der Person, aber nur unter der Voraussetzung der Annahme, dass es sich eben um ein Foto jener Person handelt und nicht etwa um einen Schnappschuss, bei dem sie auf den Schultern einer anderen Person saß, deren eigentliche Finger zu sehen sind.

Die Phänomenologie Husserls sieht die Phänomene, wie sie uns im Bewusstsein erscheinen, als grundlegend für die wissenschaftliche Wahrheitsfindung. Diese Herangehensweise klingt zunächst zu subjektiv, um für wissenschaftliche Erkenntnisse nützlich zu sein. Beachten Sie, dass die Versinnhaftung im Rahmen der Intentionalität unterschiedliche Phänomene hervorbringen kann, abhängig von der Welt des synthetisierenden Subjekts. So sieht man in den Fußgängerzonen manchmal Statuen, die als Statue irgendeinen Sinn ergeben. Doch wenn man sich genauer mit ihnen beschäftigt, erkennt man plötzlich, dass sie sich bewegen. Es handelt sich um verkleidete Menschen, denen wir überrascht einen neuen Sinn zuweisen müssen.

Das Problem entsteht also nicht, wenn Phänomene offenbar widersprüchlich zur BEVOR-Welt des Subjekts stehen, sondern wenn der einzelne, aber auch der generelle Mensch, über seine subjektive Intentionalität dem Phänomen in seiner BEVOR-Welt einen falschen Sinn zuweist, es meist mit Sinn überlädt, beispielsweise, indem er das Phänomen der Hautfarbe mit anderen Eigenschaften als dem Phänotyp verbindet. Daher wäre es besser, jedes Phänomen möglichst für sich zu betrachten, ohne mithilfe von (Vor)Urteilen eine weiterführende Interpretation durchzuführen, egal ob automatisch oder bewusst. Fest steht: Auf dem Weg zu einer praktisch-realen Versinnhaftung eines Gegenstandes, welche der tatsächlichen Realität möglichst nahekommen soll, müssen wir zunächst vorhandene Sinnhaftigkeiten bzw. Sinnzuweisungen abbauen, mit dem Ziel, falsche Sinnzuweisungen zu eliminieren und richtige unter bewusster Berücksichtigung ALLER relevanter BEVOR zusammenzubauen.

Meine Damen und Herren!
Noemata-Noesen, also Phänomene, sind Gegenstände des Bewusstseins, wie sie uns im und durch das Bewusstsein erscheinen. "Leere" Phänomene sind Phänomene ohne Sinn und daher nicht existent. "Wahre" Phänomene sind

solche, die sich dem Bewusstsein sinnhaft mit allen relevanten BEVOR zeigen. Zumeist entsprechen sie der realen Wahrheit, allerdings war vor Albert Einstein das falsche "Äther-Modell" [33] für die Lichtausbreitung innerhalb aller relevanter BEVOR der Physikwelt sinnhaft. "Falsche" Phänomene sind solche, die sich dem Bewusstsein scheinbar sinnhaft zeigen, d.h. mit den relevanten BEVOR tatsächlich im Widerspruch stehen. "Reine" Phänomene oder "Phänomene als solche" sind Phänomene, wie sie sich im Bewusstsein von sich her als sie selbst zeigen, also wie sie ohne Einordnung in über dieses Von-sich-Aus-Zeigen hinausgehende, sinngebende Denkgebäude sind. Ein verletzter Autofahrer ist zusammen mit einem am Vortag umgefallenen Baum auf der anderen Straßenseite ein falsches Phänomen. Ausschließlich mit seinen Verletzungen ist er ein reines Phänomen. Reine Phänomene sind laut Husserl die Grundlage jeder Wissenschaft. Sie entstehen durch Entsinnhaftung bis zu einem gewissen Punkt bzw. durch Zurückhaltung bei der Sinnzuweisung. Husserl bezeichnete diese Methode als phänomenologisch. Ihr Kern sind die von Husserl eingeführten Reduktionsverfahren.

Die Epoché ist eine bestimmte Art der inneren Reflexion, der Bewusstmachung - nämlich die schrittweise Einklammerung der BEVOR-Welt des Subjekts, insbesondere seiner natürlichen Vorstellungen über die Realität und ihre Objekte. Im Ergebnis der Epoché erscheint das reine Phänomen im reinen Bewusstsein, und zwar als Bewusstseinsgegebenheit, wie sie sich uns von sich selbst her zeigt. Diese Wendung des Blicks auf die reine Gegebenheit ist die phänomenologische Reduktion, neben der Epoché die

149

zweite Seite derselben Medaille. Die transzendentale Reduktion geht darüber hinaus. Sie eröffnet den Zugang zum transzendentalen Ich - dem erkennenden Subjekt, das in seinen intentionalen Akten den Horizont der Welt konstituiert. Dieser Horizont ist nicht bloß ein Erkenntnishorizont im Sinne einer Grenze des Wissens, sondern der phänomenologische Sinnzusammenhang, in dem jedes einzelne Phänomen überhaupt erst als etwas erscheint - als Teil einer stets mitgemeinten, umfassenden Welt.

Die zweite phänomenologische Methode, die eidetische Reduktion, ist die "Wesensschau", d.h. die Reduktion des Bewusstseins vom Objekt auf das, was in verschiedenen BEVOR-Welten, in verschiedenen sinngebenden Umgebungen, von ihm im Bewusstsein des Subjekts gleichbleibt. Im obigen Beispiel wäre die Epoché die Hinnahme der Ausschnittbilder als das, was sie für sich genommen darstellen (Fingernägel, Nasen, Hemdkragen), um zu verhindern, dass man das Gesamtphänomen falsch versinnhaftet, falls es sich doch nicht um ein Foto (nur) der prominenten Person handelt. Die eidetische Reduktion bedeutet die Erkenntnis der Person als solcher, vollkommen unabhängig davon, ob sie bei jemandem auf den Schultern sitzt oder allein auf dem Foto zu sehen ist.

Die phänomenologische Methode bedeutet nicht nur die Offenlegung reiner Phänomene, denn das Eingeklammerte/Variable wird keinesfalls vernichtet. Insbesondere legt sie das konstituierende Ich für die reinen Phänomene offen, gleichzeitig das konstituierende Ich aller darüber hinausgehenden Phänomene, somit das vorgängige, das

Ich aller Konstitutionen überhaupt [vgl. 34]. Nicht das leere, sondern das reine Phänomen enthüllt das "transzendentale Ich". Erst aus der Sicherheit des reinen und somit wahren Phänomens heraus kann das transzendentale Ich die darüberhinausgehende Sinnhaftigkeit so konstituieren, dass *ich mir deren sicher bin.* Nur durch die phänomenologische Methode ist das konstituierende Ich in der Lage, reine und schließlich in einem wahren Sinne sinnhafte Phänomene im Bewusstsein zu konstituieren. Nur die konsequente Reduktion ermöglicht den wissenschaftlichen Zugang zur "Welt" außerhalb des Menschen. Das Anliegen der Reinheit der Phänomene ist daher zwar einleuchtend, aber schwierig umzusetzen, da ein Phänomen ja durch die Noema-Noesis, also durch die Intentionalität, erst gegeben ist. Aber wo zieht man die Grenze zwischen dem Von-sich-Aus-Zeigen und dem hierfür unnötigen Interpretieren? Zu dieser Frage komme ich später zurück.

Meine Damen und Herren!
Die Wesensschau, die phänomenologische Reduktion und die Einklammerung der Welt sind die eigentlichen Leistungen der Phänomenologie als Methode. Ich will diese Begriffe noch etwas breiter ausführen. Bei der eidetischen Reduktion, der Reduktion auf das Wesentliche, gilt es, das Objekt von der subjektiven Intentionalität, durch die es im Subjekt zum Phänomen geworden ist, zu trennen, bis lediglich die Restintentionalität des Objekts um seiner selbst willen im Bewusstsein des Subjekts zurückbleibt. Man kann die eidetische Reduktion umsetzen, indem man die Intentionen gedanklich variiert. Beispielsweise kann ich mehrere Male an der Statue eines Menschen vorbeigehen

und sie mir als schönes Anschauungsobjekt, als möglichst realistische Darstellung des Abgebildeten oder als etwas, vor dem ich mich gruseln sollte, vorstellen. Nach einer solchen Reflexion mit der entsprechenden Annahme und Ablehnung der variablen Möglichkeiten, kommt man auf das Wesen des Gegenstandes. Im günstigsten Fall beinhaltet das so erkannte Wesen weder individuelle Besonderheiten oder Zufälle, noch ist es abhängig von mir als Betrachter.

Ist die Variation besonders breit und holt man Perspektiven anderer Kulturen ein, bleibt das tiefste Wesen des Phänomens übrig, also das, was der Gegenstand für uns Menschen (als Menschen) prinzipiell ist. Ein grüßender Mann, der seinen Hut vom Kopf zieht, ist wesentlich jemand, der grüßt, unabhängig von der Form des Hutes und dem Gewicht des Mannes. Ein Dreieck ist etwas, das aus drei verbundenen Seiten besteht und immer eine Innenwinkelsumme von 180° besitzt, unabhängig von seiner Form oder der Strichdicke, mit der es gezeichnet wurde. An dieser Stelle muss man aufpassen, dass man Objektivität bezüglich eines Gegenstandes im Sinne von "Alle sehen unabhängig voneinander das Beschriebene in ihm" und Objektivität im Sinne von "innerer Aufbau, faktisch geteilte Gemeinsamkeiten, empirisches Verhalten" verwechselt.

Nach der eidetischen Reduktion liegt uns das Phänomen nämlich in einer wesenhaften Form vor. Doch entspricht diese Form dem tatsächlichen Objekt? Es ist nach wie vor aus Sinnzusammenhängen konstituiert, die sich an menschlicher Alltagserfahrung und den Zusammenhängen orientieren, die wir für richtig halten. Dabei handelt es sich um Sinnzusammenhänge zwischen Objekten und der sie umgebenden Welt, wie wir sie praktisch-real kennen. Als erkennendes Subjekt gehen alle Menschen mit solchen Vorurteilen, wissenschaftlichen Prämissen und Logik sowie historischem bzw. traditionellem Wissen an die Erkenntnis heran. Daher bleibt das vermeintlich erkannte Objekt auch in dessen Wesen ein Phänomen, da es für viele Menschen zwar gleich, aber nicht unabhängig von ihren Vorurteilen ist. Dass eine Boa laut unseren BEVOR keinen Elefanten fressen kann, belässt uns in dem Glauben, die Zeichnung eines hutförmigen Objekts stelle ausschließlich einen Hut dar und keine solch verfressene Schlange [35]. Man kann nun versuchen, die Variation noch tiefer zu treiben: Das Wesen einer Schaufensterpuppe kann man herbeivariieren, indem man sie in immer neuen Kleidern betrachtet. Man kann sie sogar in ihrem eigenen Aussehen variieren. Irgendwann würde man sie aber nicht mehr als Schaufensterpuppe ansehen, sondern, mit dem Blick eines Chemie-Nerds, wesentlich als Ansammlung von Kunststoffmolekülen.

Während sich die eidetische Variation immer auf das Phänomen als Ganzes bezieht und es von unwesentlichen Differenzierungen befreit, leistet die Epoché die Befreiung des Phänomens von sinngebenden Vorurteilen, wodurch es sich wiederum differenziert. Im günstigsten Fall werden die vermeintlichen Bezüge des Phänomens zur Welt so eingeklammert, dass nur noch reine, selbstgegebene Phänomene vom transzendentalen Ich intendiert werden. Die Epoché betrifft alle natürlichen Bezüge, die wir automatisch erheben, um die Welt der Phänomene "augenblicklich" zu konstituieren, aber auch diejenigen Bezüge, denen sich das Objekt mit vermeintlicher Sicherheit unterwirft, beispielsweise wissenschaftlich gesicherte Bezüge.

Bezogen auf das zu ergründende Objekt ist die Befreiung von Vorurteilen zwar ein rein negatives Verfahren, welches uns - egal wie erfolgreich sie ist - nichts Direktes über das Objekt sagt. Bezüglich des erkennenden Subjekts ist die Methode jedoch durchgängig positiv. Man erfährt durch sie letztendlich alles über die sinngebenden Bewusstseinsprozesse, man führt den Blick sozusagen auf die Intentionalität zurück, aus der sich unser Weltbild überhaupt erst aufgebaut hat. Wir erkennen über das reine Phänomen die BEVOR-Welt in der wir leben. Allerdings betrieb Husserl keinen Solipsismus[24] oder Psychologismus[25]. Die reale Welt mit ihrer Logik ist eingeklammert, nicht ausgelöscht. Sie enthält objektive Gesetze, die man aus der Einklammerung extrahieren kann.

Die phänomenologische Methode sollte durch Epoché reine, durch neue Zusammenschau und Variation wahre, wesentliche Phänomene hervorbringen. Anderseits muss die phänomenologische Erkenntnis die Beziehungen des Phänomens zur BEVOR-Welt des Subjekts so lange epo-

---

[24] "erkenntnistheoretische Lehre, die alle Gegenstände der Außenwelt und auch sogenannte fremde Ichs nur als Bewusstseinsinhalte des als allein existent angesehenen eigenen Ichs sieht" [36]
[25] "Überbewertung der Psychologie als Grundlage aller wissenschaftlichen Disziplinen" [37]

chal reduzieren, bis die Abbildung jener Welt im Bewusstsein übrig ist, neben dem wahren, wesentlichen Phänomen. Da alle Gegenstände für uns prinzipiell reduzierbare Phänomene sind, laufen wir dadurch in ein Dilemma, denn ein absolut reines ist ein leeres Phänomen, das in letzter Konsequenz zu einer Auflösung aller Intentionalität führen würde, somit zur Auflösung der Phänomene. Eidetisch gesprochen: Indem man das Phänomen völlig variabel macht, vernichtet man dessen Intentionalität, letztendlich also das Bewusstsein von jenem Phänomen. Beträfe das alle Phänomene, würde mit ihnen auch die BEVOR-Welt verschwinden, somit das Bewusstsein überhaupt, da es ja immer Bewusstsein von etwas ist. Die völlige Reduktion (Leere) würde einen Zustand erzeugen, in dem das Phänomen gänzlich unbeurteilt ist, es also keine Widersprüche mehr trägt, denn ohne Urteile gibt es keine Widersprüche zu jenen. Man könnte aber auch sagen, dass das leere Phänomen nur noch aus Widersprüchen besteht, da seine Existenz nunmehr überhaupt keinen Sinn mehr hat. Das Objekt erscheint absurd, fremd. Es ist in keiner Welt sinnhaft.

Allerdings kann man dieser Leere die eingeklammerte/variierte BEVOR-Welt (das sinngebende Ich) entgegensetzen, die durch die Reduktion selbst zu einem Phänomen geworden ist. Das Bewusstsein ist nicht leer, denn ich bin es, der mich als Phänomen auf ein wahres, wesentliches Phänomen reduziert, reduziert um bestimmte Interpretationen, die unweigerlich zu mir gehör(t)en. Außerdem bezieht sich die Reduktion zumeist auf bestimmte Prozesse. Was nach der Reduktion im Verständnis übrigbleibt, ist in Wirklichkeit ein Konglomerat aus Phänomenen, die in der

155

Welt des Subjekts in sich jeweils Intentionalität haben, zusammengesetzt zu einem Phänomen, dessen Intentionalität zumindest teilweise nur darin besteht, keine mehr zu haben. In einer Art Überlapp zwischen Phänomenologie, Axiomatik und Strukturalismus werden bestimmte Aspekte des im Bewusstsein intendierten Gegenstandes als reine, irreduzible Phänomene betrachtet, die als gesichert wahr zu gelten haben, während die Intention des Gegenstandes zwecks neuer Zusammenschau auf null reduziert wird. Die "Reinheit" des Phänomens besteht also immer relativ zu bestimmten Arten von Vorurteilen. Die Möglichkeit zur Wahrheit beruht in der Phänomenologie immer auf der Wahrheit der reinen Phänomene.

Man hört ein pfeifendes Geräusch im Wald, klammert alle Gedanken darüber ein, was es im Wald verursachen könnte und erkennt schließlich, dass es sich um die Trillerpfeife von einem nahen Sportplatz handelt. Sportplatz und Trillerpfeife wären *per se* reine Phänomene. Wir sehen einen Mann auf der Straße, wie er seinen Hund abnimmt und sich die Stirn wischt. Wir sind sicher, dass er dies wegen der Hitze getan hat. Das reine Phänomen allerdings lässt die Hand des Mannes nach seinem Hut greifen, ohne darin einen Sinn sehen zu wollen. Das vermeintlich reine Phänomen trennt die sinnstiftende Verbindung von Noesis und Noema auf, allerdings nur für die Motivation der Bewegung des Hutziehens, nicht für den Hut, die Hand, den Mann oder die Bewegung selbst. Nach einer erneuten Zusammenschau, die weitere reine Phänomene berücksichtigt, erkennen wir, dass der Mann nur einen bekannten begrüßt hat. Hauptindiz: Er hat den Hut nach einem Kopfnicken wieder aufgesetzt. Gleichzeitig erkennen wir, mit welchem Vorurteil wir an das Phänomen herangegangen sind, nämlich, dass wir altmodische Begrüßungsgesten von vorn herein ausschlossen. Außerdem haben wir Hut, die Hand, den Mann, die Bewegung zu reinen Phänomenen erklärt ohne sie weiter zu reduzieren.

Zum Schluss nehmen wir die Möglichkeit einer leeren BEVOR-Welt dennoch an. So verbleibt eine letzte Intentionalität, an die man sich klammern könnte: Die letzte Intention, dem Phänomen jeden Sinn zu rauben, belässt es im Bewusstsein, als Unterdrückung aller Sinnbeziehungen jenes Objekts. Sich hingegen *nie sicher zu sein*, ob sich Phänomene dem transzendentalen Ich wirklich wie sie sind von sich aus zeigen (Reinheit), wird das transzendentale Ich über einen infiniten Regress immer weiterer Einklammerungen zerstört. Andererseits kann das transzendentale Ich nicht von ewig gleichem Bestand sein, wenn man ihm Lernfähigkeit über sich selbst zuschreibt, eben durch Epoché und Wesensschau.

Meine Damen und Herren!
Nach jeder Reduktion ist es an der Zeit, durch unvoreingenommene Zusammenschau die reinen Phänomene mit den wahren Sinnbeziehungen aufzuladen. In der Limenistik kennt die Realität keine Widersprüche, keine Absurdität, aber auch keine Sinnzusammenhänge in einem anthropomorphen Verständnis. Allerdings kennt sie Gemeinsamkeiten zwischen Agenten, die der Mensch als Sinnzu-

157

sammenhänge interpretiert. Um ein Phänomen zu objektivieren, es in objektiver Weise in die Welt einzugliedern, muss er jene Bezüge wieder ausklammern, sie dem Objekt zuweisen, und zwar in einer Weise, die uns das Objekt in seinen faktischen Gemeinsamkeiten mit anderen Objekten beschreibt. Diejenigen Gemeinsamkeiten, die sich nicht reproduzieren, müssen in der Einklammerung belassen werden. Das Gleiche gilt für die Transzendenz von Gemeinsamkeiten, derjenigen Bewegung, die ebenfalls zum Wesen eines Objektes gehört. Denken Sie daran, in welche Zustände Menschen unter diesen oder jenen Bedingungen übergehen können.

Die Erkenntnis der Objektivität erfolgt somit durch das "Zusammensetzen" der eingeklammerten Urteile durch die Erkenntnis faktisch geteilter Gemeinsamkeiten im limenistischen Sinn. Dabei hilft es uns, wenn wir uns gemerkt haben, was genau und warum wir etwas eingeklammert haben. Wie hat unsere immanente Bewusstseinsleistung dem Objekt ursprünglich welche Sinnzusammenhänge gegeben? Welche Intentionalität haben wir als variabel identifiziert? Dass ein Mann einen Hut abnimmt, kann damit zusammenhängen, dass er uns grüßen will. Diesen Bezug haben wir zwar eingeklammert, aber wir können ihn benutzen, um darüber zu reflektieren, was das Wesen des Hutabnehmens ist, welche grundlegende Gemeinsamkeit der Hutabnehmer mit denjenigen teilt, vor denen er den Hut zieht. Vielleicht kommen wir darauf, dass er einfach nur ein netter Kerl ist, etwas, das man sich schon vor der Reduktion hätte denken können.

Beachten Sie, dass die phänomenologische Methode begrenzt ist, was aber nichts mit einer prinzipiellen Unmöglichkeit menschlicher Erkenntnis realer Gegenstände zu tun hat. Vielmehr ist sie durch die Obergrenze unserer BEVOR limitiert. Das sinngebende "Bewussthaben" aus der vorhandenen Einklammerung - die positive bzw. existenzialistische Phänomenologie - kann das Phänomen als möglichst objektive Abbildung des sich durch jenes zeigenden Objekts nur unvollständig konstituieren. Das reale Objekt steht immer im Widerspruch zu unseren BEVOR. Die Frage ist nun, wie wir zu den BEVOR kommen, die uns die Versinnhaftung des Phänomens in unserer praktisch-realen Welt genauer ermöglichen.

Vielleicht kann hier ein Beispiel helfen: Lassen Sie uns, statt der Welt der unbelebten Objekte, einen anderen Menschen betrachten, beispielsweise aus dem Film "Die fabelhafte Welt der Amélie" [38]. Im Müll vor jedem Passfotoautomaten, an dem Amélies Freund Nino vorbeikommt, findet er das Foto der gleichen Person. Offenbar zieht irgendjemand durch die Stadt und macht Fotos von sich selbst, die er dann wegwirft. Dieser Widerspruch macht Nino zu schaffen. Wer ist dieser Mann und warum tut er das? Da es keine Erklärung für sein Verhalten gibt, keine Intention, erscheint dieses Verhalten absurd, aber auch geheimnisvoll. Der Mann auf dem Foto sieht nämlich durchaus seriös und nicht verrückt aus. Am Ende stellt sich heraus, dass es sich um einen Techniker handelt, der die Automaten repariert und zum Testen immer ein Foto von sich selbst macht. Bedenken Sie, dass Amélie diesen Umstand nie herausbekommen hätte, hätte sie den Techniker nicht zufällig bei der Arbeit gesehen.

Ein weiteres Beispiel: Sie sehen einen Mann, der nachts den Fußweg entlanggeht und mit dem Handy Fotos von den Straßenschildern macht. Um zur phänomenologischen Betrachtung des Menschen zu kommen, müssen Sie das Vorurteil über dieses Verhalten einklammern. Ich nehme mal an, ihn als einen potenziellen Einbrecher zu verdächtigen, der die Gegend ausbaldowert, liegt als Vorurteil nicht fern. Doch was sagt diese Einklammerung über uns aus? Und wie werden wir unsere Ansichten verändern, wenn sich beispielsweise zeigt, dass es sich um einen Ausländer handelt, der sich verlaufen hat, und die Straßennamen an seinen deutschen Freund schickt, damit jener herausfindet, wo er sich befindet?

Ein anderes Beispiel: Wir gehen nachts durch die Straßen und sehen eine nackte Schaufensterpuppe in einem Laden. Anhand unserer Vorurteile nehmen wir an, dass die Verkäuferin sie ausgezogen hat und am nächsten Morgen mit einem der neuen Saison angemessenen Kleid ausstatten wird. Gleichzeitig fällt uns aber auf, dass viele schwarze Federn zu Füßen der Puppe herumtanzen und dass gleichzeitig ein scharfer Wind durch den Laden bläst. Klammern wir nun alle Assoziationen mit diesen Dingen ein und konzentrieren uns auf das Wesentliche des Phänomens, kommen wir sehr schnell zu dem Schluss, dass das Kleid aus schwarzen Federn bestand, die vom Wind von der Puppe gerissen wurden. Aus den Beispielen sehen Sie, dass wir für die positive (existenzialistische) Phänomenologie, für

160

die Zuweisung objektiver Gemeinsamkeiten, die Komponenten in unseren BEVOR durchaus kombinieren können. Allerdings sind wir auf äußere, oft zufällige Eingebungen angewiesen, außerdem auf eine absolute Öffnung hinsichtlich aller Möglichkeiten und Unmöglichkeiten, wenn wir etwas in den uns bisher zur Verfügung stehenden BEVOR nicht versinnhaften konnten. Regungslos verhaftet in Vorurteilen, auch wenn sie für bestimmte Objekte zutreffen sollten, können keine neuen Gegebenheiten beschrieben werden, nicht einmal neue Kombinationen.

Meine Damen und Herren!
Wenden wir uns dem Bewusstsein selbst zu. Jeder Philosoph, der sich mit Erkenntnis beschäftigt, kommt irgendwann auf die Idee, seine Erkenntnistheorie auf die Erkenntnis selbst anzuwenden. Kant hat in diesem Zusammenhang den Begriff "transzendental" eingeführt, mit dem er alle Erkenntnis bezeichnet, die sich "nicht sowohl mit Gegenständen, sondern mit unserer Erkenntnisart von Gegenständen, sofern diese a priori möglich sein soll, überhaupt beschäftigt." [39] Somit kann man ein transzendentales Ich postulieren, das die Bedingungen für Erkenntnis in sich vereinigt, wobei Kant - misstrauisch gegenüber den intellektuellen Fähigkeiten seiner Zeitgenossen - lediglich von den Bedingungen der Möglichkeit der Erkenntnis sprach. Bezogen auf die reale Welt ist das transzendentale Ich ein Bündel an Bedingungen für die Möglichkeit der Erkenntnis jener Welt. Bezogen auf das "natürliche" Ich, beispielsweise einen inneren emotionalen Zustand, ist das transzendentale Ich das Bündel an Bedingungen für die Möglichkeit, jenen Zustand zu erkennen. Bezogen auf das

161

transzendentale Ich selbst ist das transzendentale Ich das Bündel an Bedingungen für die Möglichkeit seiner eigenen Erkenntnis, also das Bündel an Bedingungen, die es ermöglichen, jenes Bündel an Bedingungen für die Möglichkeit ihrer Erkenntnis zu erkennen. Sie sehen, dass das transzendentale Ich in Bezug auf sich selbst in einen infiniten Regress führt und daher von sich aus nicht zu erkennen ist. Dennoch ist die Vorstellung von einem sich-gegenüber transzendentalen Ich faszinierend, denn in ihm könnte sich z.B. das Selbstbewusstsein befinden, Subjekt und Objekt würden in ihm vollständig miteinander verschmelzen, es könnte sogar der unsterblichen Seele entsprechen.

Kehren wir von hier aus zurück zur Hauptfrage: Wie kann man das Bewusstsein, die Intentionalität, als Phänomen begreifen und die Phänomenologie auf dieses Phänomen selbst anwenden? Wie konstituiert sich unser Bewusstsein in unserem Bewusstsein? Zunächst einmal kann man das Bewusstsein als solches nach Husserls Logik nicht als existentes Objekt, somit auch nicht als Phänomen betrachten, da es ja immer das Bewusstsein von etwas sein muss. Ohne das grundlegende Bewusstsein von etwas, das nicht das Bewusstsein ist, läuft das Bewusstsein vom Bewusstsein ebenfalls in einen infiniten Regress, der immer wieder nach der Noema-Noesis von etwas im Bewusstsein fragen würde. Jean-Paul Sartre hat versucht, dieses Problem zu lösen. Zunächst postulierte er, dass es über das Bewusstsein von etwas hinaus immer das Bewusstsein des Bewusstseins gibt, welches eine Distanz zu jenem ersten Be-

162

wusstsein erzeugt und jenes - und damit sich selbst - bewerten kann. Es unterscheidet sich vom ersten, obwohl es ebenfalls jenes ist: "Ist das wirklich ein Hase, den ich da sehe, oder ein Kaninchen?" Das zweite Bewusstsein bezeichnete Sartre als Reflexion, das menschliche Bewusstsein wird zum "Für-Sich-Sein", das kein reines "An-Sich-Sein" mehr ist, weil es sich selbst hinterfragt. Die Frage des ersten Bewusstseins an den Stein "Bist Du ein Stein?" ist tatsächlich eine Frage des zweiten an das erste Bewusstsein: "Haben wir das Objekt als Stein richtig eingeschätzt?" Das Sein des Menschen ist durch das Für-Sich nicht mehr identisch mit sich selbst. Ein Rückzug in ein reines An-Sich-Sein ist seinem Bewusstsein nicht möglich, da es dann kein menschliches Bewusstsein mehr wäre. Das permanente sich Infragestellen im Für-Sich-Sein ist daher die primäre Seinsweise des Menschen.

Die Hinterfragung ist bezüglich äußerer Phänomene "nach unten abgeschnitten": "Ich bin mir bewusst, dass ich mir eines Steines bewusst bin." Voraussetzung dafür ist natürlich, dass ich weiß, was ein Stein ist, dass ich mit ihm vertraut bin. Bezüglich unseres Bewusstseins muss so etwas Ähnliches wie der Stein existieren, um das Prinzip der Intentionalität ohne infiniten Regress aufrechterhalten zu können. Doch was entspricht diesem Stein? Die Verschachtelung des Bewusstseins vom Bewusstsein wird bei Sartre nunmehr durch ein "unmittelbar gegebenes", präreflexives Selbstbewusstsein abgeschnitten, eine Art "Vertrautheit mit uns und unserer Existenz" oder aber durch eine abstoßende "Fremdheit" mit uns selbst "am Grund des Bewusstseins", die Albert Camus postulierte [40]. Ein

163

"Gott sei Dank, ich bin, wer ich bin" steht einem "Mein Gott, ich bin gar nicht der, der ich bin" gegenüber, wodurch Camus viel näher bei Sartre stand als Sartre selbst. Egal welcher Art das präreflexive Selbstbewusstsein ist, es beendet den Regress in zweierlei Hinsicht. Einerseits sorgt es trivialerweise dafür, dass das Bewusstsein sich seiner selbst bewusst ist. Andererseits erscheint es sich als Phänomen und kann somit phänomenologisch untersucht werden, ohne dem Regress folgend immer tiefer graben zu müssen. Man kann das Bewusstsein vom Selbstbewusstsein einklammern und sich so über die Art des Umgangs mit sich selbst klarwerden. Man kann aber nicht auf den Gegenstand hinter dem Phänomen des präreflexiven Selbstbewusstseins schließen, der uns als jenes Selbstbewusstsein im Bewusstsein erst erscheint. Das Selbstbewusstsein ist gegenüber jeder Selbsterkenntnis blind, aber eine Notwendigkeit für die Selbsterkenntnis, damit das Bewusstsein sich selbst als Phänomen überhaupt begreifen und ein objektives Ding dahinter sehen kann.

Ich persönlich bin ähnlicher Meinung wie Sartre, allerdings gehe ich davon aus, dass es für die Etablierung des Selbstbewusstseins genügt, dass ich mir bewusst bin, dass es mein Bewusstsein ist, das sich eines bestimmten Phänomens bewusst ist. Wenn das Bewusstsein nur Phänomene kennt und ich meiner bewusst bin, dann ist immer irgendein Phänomen in ihm, an das es sich hängen kann. Deshalb benötige ich keine präreflexive Blackbox am Grunde des Bewusstseins. Die Notwendigkeit, sein eigenes, offenbar gerade stattfindendes Denken mithilfe jenes

Bewusstseins zu bewerten, erzeugt bereits das Selbstbewusstsein und ermöglicht gleichzeitig die Selbsterkenntnis. Mit dem Bewusstsein, dass unser Bewusstsein von etwas real ist, ist es ein objektives Ding, welches in unserem Bewusstsein zum Phänomen wird. Es handelt sich um eine einfache, rückgekoppelte Struktur aus dem Bewusstsein I, dessen Erinnerung an etwas vom Bewusstsein II erfasst und bewertet wird, wonach das Ergebnis der Erfassung wiederum in Bewusstsein I eingespeist wird. Dieses "Dass" umfasst beide Instanzen des Bewusstseins und macht sowohl für die Selbstbewusstwerdung als auch für die Selbsterkenntnis weitere Reflexionsinstanzen unnötig, denn es entsteht immer aus dem Sich-Zeigen eines sehr realen, objektiven Dings als Phänomen in unserem Bewusstsein, das gleichzeitig die selbstkonsistente Grenze der Reflexion bildet: **uns selbst**. Diese Art von Selbstbewusstsein funktioniert nur, wenn wir uns physisch und psychisch und unsere Welt zu uns nur langsam und nachvollziehbar verändern, da ansonsten keine Selbstkonsistenz hergestellt werden kann. Okay, ich gebe zu, mit der Selbstkonsistenz wieder bei der Vertrautheit Sartres gelandet zu sein. Ich bekenne mich außerdem schuldig, Kontinuität im Sinne zeitlich übereinstimmender Sinneseindrücke desselben Dinges als Grundlage des Bewusstseins vom Bewusstsein jener Sinneseindrücke angeführt zu haben, und zwar ohne Beweis. Tatsächlich können plötzliche Änderungen in unserer Welt das Selbstbewusstsein genauso gut schärfen wie die Tatsache, sich immer treu zu bleiben. Ich überlasse es Ihnen, die Antwort für sich selbst zu finden. Eine Frage bleibt allerdings zu klären: Wer ist dieses "Wir selbst"?

165

Husserl sieht das Bewusstsein und seine Erkenntnisvorgänge als Phänomen bestimmter objektiver Strukturen an, auf denen unser Denken und unsere Erkenntnis beruhen. Da sich jene innerhalb dieser Strukturen abspielen, kann man Husserl als Transzendentalphilosophen begreifen, da er jene Intentionalitätsstrukturen zur Bedingung der Möglichkeit von Bewusstheit überhaupt erklärt. Während bei Kant die Bedingungen der Möglichkeit von Erkenntnis, wie z.B. Raum und Zeit, immateriell sind, also rein formal, stellen sie sich bei Husserl, wie alles, was Teil der Erkenntnis ist, als Phänomene dar, die sich uns in unserer eigenen Zeitlichkeit und Ausgedehntheit zeigen [41]. Raum und Zeit werden für uns erst objektiv, wenn wir unsere eigene Räumlichkeit und Zeitlichkeit mit denen anderer Phänomene vergleichen und dadurch auf das Wesen des Phänomens "Raum und Zeit" kommen. Man könnte bei Husserl daher auch von transzendentalem Empirismus sprechen. Doch selbst wenn wir unser Bewusstsein für einen Moment als das Phänomen eines strukturierten Dinges betrachten, rennen wir mit der Reduktion für die Offenlegung unserer Vorurteile über das Bewusstsein in ein Paradoxon. Bewusstsein vom Bewusstsein heißt, dass Noesis und Noema zusammenfallen und nicht mehr voneinander zu trennen sind. Für die phänomenologische Methode bedeutet dies, dass wir alles, was wir über das Bewusstsein zu wissen glauben, einklammern müssen. Da die phänomenologische Arbeit wiederum auf Bewusstseinsprozessen beruht, klammern wir dadurch das Bewusstsein ein, das jene Arbeit verrichtet. Das betrifft sowohl Bewusst-

166

sein I als auch Bewusstsein II, denn trotz ihrer Gegenüberstellung werden sie doch von ein und demselben Bewusstsein getragen, weshalb die Einklammerung des einen, die des anderen nach sich zieht. Falls es doch gelingen sollte, die Bewusstseinsebenen voneinander zu trennen, kann man die Unterebenen nicht auf sich selbst richten. Die Einklammerung des Bewusstseins lässt uns mit sinnlosen Prozessen zurück. Selbst wenn wir uns auf die eidetische Reduktion beschränkten, würden wir das Bewusstsein nur mit sich selbst beleuchten, um sein phänomenales Wesen zu erkennen. Eine Variation wäre überhaupt nicht möglich. Das Wesen eines Menschen kann nicht nur durch ihn selbst beurteilt werden, schon gar nicht in der immer gleichen Situation.

Wir haben es hier mit einem Widerspruch zu tun, der mystisch scheint: Das Nicht-Bewusstsein vom Bewusstsein, die Nichtintentionalität der Intentionalität. Wie war es aber "Sehern" wie beispielsweise Jakob Böhme (1575 - 1624) möglich, die rückgekoppelte Struktur der menschlichen Denkprozesse in seinem eigenen Gehirn zu erkennen und verbal auszudrücken? Wie wurde sich sein Bewusstsein seiner objektiven fraktalen Struktur bewusst? Dass das Bewusstsein sich selbst erscheint, ist meiner Meinung nach ausgeschlossen. Die Bewusstwerdung seiner objektiven Struktur als Schaffung einer Intentionalität ist daher nur empirisch möglich, also durch eine Art Neurowissenschaft an sich selbst. Böhme muss über ein Hilfsmittel gestolpert sein, ein Verfahren, das man an sich selbst durchführen und schließlich die objektive Struktur des Gehirns - das prozesshafte "Wir selbst" - erkennen kann, ohne es sezieren zu müssen. Der augenfälligste Kandidat hierfür ist der eigene Leib und dessen Bezug zur Welt. Auf den Leib ist das Bewusstsein permanent gerichtet. Er ist das Phänomen, auf das die Phänomenologie angewendet werden kann, ohne das Bewusstsein dadurch lahmzulegen. Eidetische Variation und Epoché klammern den Leib so ein, dass die reflexiven Bewusstseinsebenen als ihmbezüglich reine Phänomene übrig bleiben, welche ihrem objektiven Gegenstand vermutlich am nächsten kommen.

Ich danke Ihnen für die Aufmerksamkeit.

Mittwoch

Die Metapher

Meine sehr geehrten Damen und Herren!
Mein geschätzter Vorredner hat am Ende seines Vortrages darauf hingewiesen, dass mit dem Träger des Bewusstseins ein Phänomen existiert, auf das sich jenes Bewusstsein immer und zu jeder Zeit richtet. Der französische Philosoph Maurice Merleau-Ponty (14.3.1908 - 3.5.1961) hat diese Vorstellung zu einer eigenen Philosophie ausgebaut [31]. Merleau-Ponty postulierte eine unmittelbare Welt der wahrgenommenen Phänomene, die vor der Welt der durch Reflexion gewonnenen, objektiven Erkenntnisse liegt, ihr ursächlich vorausgeht, ihre Grundlage bildet. "Zurückgehen auf die 'Sachen selbst' heißt, zurückgehen auf diese aller Erkenntnis vorausliegende Phänomen-Welt, von der alle Erkenntnis spricht und bezüglich deren alle Bestimmungen der Wissenschaft notwendig abstrakt, signitiv, sekundär bleibt, so wie Geografie gegenüber der Landschaft, in der wir allererst lernten, was dergleichen wie Wald, Wiese und Fluß überhaupt ist." [42] Diese präreflexive Welt inklusive der Sinnhaftigkeit der Phänomene, die sie bilden, wird uns eben nicht durch das präsent denkende Bewusstsein, sondern unmittelbar durch den "Leib" vermittelt. Nach Merleau-Ponty ist die menschliche Existenz ein leibliches "Zur-Welt-Sein", die Verstrickung des Leibes in die Welt. Merleau-Ponty ersetzt das intentionale "Bewusstsein von etwas" bei Husserl durch ein körperliches Sich-Verhalten-Können zu den Phänomenen [vgl. 44]. Dabei steht das Sich-Verhalten zur unmittelbaren Lebenswelt näher an der realen Welt als die daraus abgeleiteten abstrakten wissenschaftlichen Lehren,

welche die ursprüngliche Erfahrung abschneiden, selbst wenn sie korrekt sind. Auf keinen Fall bringen sie mehr Klarheit in das ursprüngliche Phänomen.

Was ist der Leib? Merleau-Ponty interpretierend ist der Leib als ein zweiter, schematischer Körper im Bewusstsein zu verstehen. Der Leib ist zwar mit dem motosensorischen System des Organismus verbunden, wird aber nicht direkt vom bewussten Geist gesteuert und ist im Denken nicht präsent. Er ist auch keine bloße Registratur von Reizen, auf die der Körper maschinell reagiert. Er besitzt eine eigene, unmittelbare Vertrautheit bzw. Fremdheit mit sich selbst in Richtung auf die sich ihm zeigende Welt der Phänomene. Er ist also eine präreflexive Sphäre eigener Sinnhaftigkeit [vgl. 43], ein eigenes Bewusstsein, dass nicht vom Körper getrennt und in das Gesamtbewusstsein des Menschen eingebettet ist. Der Leib stellt einen Bereich zwischen Organismus und Bewusstsein dar, der beide ein stückweit beinhaltet und dadurch verbindet. Merleau-Ponty hebt Sartres ursprüngliche Trennung in ein sich frei entwerfendes Für-Sich-Sein des Geistes und ein starres An-Sich-Sein der Dinge auf [vgl. 45]. Er sieht den Leib - nicht das freie Bewusstsein - als primär sinnstiftende Instanz zwischen sich und den Phänomenen, somit zwischen den Phänomenen untereinander und damit zwischen den Phänomenen und der Welt, die sie bilden.

Wie funktioniert der Leib? Der Mensch agiert in der Welt vertrauensvoll und vorsichtig zugleich. Sein Bewusstsein "weiß" um die Möglichkeiten und Unmöglichkeiten des eigenen Agierens in Form seines körperlichen Schemas.

Er erfährt sich in der Welt als Horizont seiner Möglichkeiten. Sein Werkzeug hierfür ist die physische Bewegung, mit der er die Möglichkeiten in der Welt und damit jene Welt erst erschafft. Damit meine ich natürlich nicht die reale Welt - obwohl das häufig so missverstanden wird - sondern die Welt der Phänomene, die selbst ein Phänomen ist. Da der Leib die ihn umgebende Welt der Phänomene erschafft, muss man von einer Verbundenheit von Leib und Welt sprechen. Ich würde sogar so weit gehen, seine Welt als das Spiegelbild des Leibes zu betrachten, in dem er sich als seine Möglichkeiten sowie Unmöglichkeiten erkennt. Der Leib ist der Horizont der Möglichkeiten seines Verhaltens zu seiner Welt, und da dieser Horizont jene definiert, ist er seine Welt.

Das Sich-Verhalten des Leibes zur Welt - also zu sich selbst - ist transzendent-transzendental, da es sich einerseits immer auf eine eigene Welt bezieht, die Welt sich andererseits aber ständig verändert. Hierauf muss der Leib reagieren, indem er entweder nur innerhalb vorhandener Möglichkeiten agiert oder jene Möglichkeiten und damit sich und seine Welt erweitert. Assoziiert man Vertrautheit mit Sinnhaftigkeit und Fremdheit mit fehlender Sinnhaftigkeit, so ist Vertrautheit durch die Übereinstimmung und Fremdheit durch die Unterschiedlichkeit zwischen Leib und dadurch äußerer (registrierter, aber noch nicht im Leibschema integrierter) Welt gegeben. Umgekehrt wird die Identität von Leib und Welt durch das Gefühl der Vertrautheit, ihre Nichtidentität durch das Gefühl der Fremdheit angezeigt. Das Bewerten nach Vertrautem und Frem-

172

dem ist Grundvoraussetzung, damit der Leib seiner Funktion nachkommen kann. Deswegen müssen diese Urgefühle in seinem Bewusstsein abgespeichert sein und er muss in der Lage sein, diese Urreflexion unmittelbar auszuführen. Da es sich beim Bewerteten und beim Bewerter um den gleichen Leib handelt, der letztendlich entscheiden muss, ob er mit sich selbst identisch ist oder nicht bzw. das eine oder andere voraussetzen muss, ist die Bewertung die Quelle des leiblichen Selbstbewusstseins.

Über den Leib erhält der reflektierende Geist erst die Vorstellung von räumlichem, zeitlichem Abstand, der Anordnung von Objekten bezüglich seines Trägers und damit jener Objekte untereinander. Diese Aussage kann auf die Versinnhaftung der Dinge überhaupt erweitert werden inklusive des Trägers des Leibes. Daher ist die Intentionalität des Leibes die Ursache für das Selbstbewusstsein des Geistes. Letzteres ist nicht einfach das Bewusstsein, dass ich mir meines Leibes bewusst bin, sondern das Bewusstsein, dass sich mein Leib bzw. meine Welt seiner selbst bewusst ist. In jedem Fall beendet das präreflektive - besser: urreflektive - Selbstbewusstsein den infiniten Regress der Intention auf das Bewusstsein bzw. des Bewusstseins vom Bewusstsein nach unten. Was die andere Richtung betrifft: Das urreflektive Selbstbewusstsein des Leibes kann bis in den höchsten Reflexionsprozess aufsteigen, bis man den Zustand erreicht, sich im Denken als denkendes Wesen bewusst zu sein. Ich meine, Primaten haben das Selbstbewusstsein, das sie sich z.B. im Spiegel erkennen lässt, nicht "erfunden". Sie haben es lediglich geschafft,

173

das präreflexive Selbstbewusstsein des Leibes in eine reflexive Form zu überführen. Allerdings gehe ich davon aus, dass dies mit der evolutionären Weiterentwicklung des Bewusstseins ohnehin geschieht, da jenes mit der Intentionalität des Leibes verbunden ist und dessen Tun nicht nur wie einen "Film" betrachtet [vgl. 45]. Der Zustand der Selbstbewusstheit muss aber nicht permanent gelten, denn nur als unmittelbar körperliches ist das Selbstbewusstsein existenziell. Als reflektiertes nimmt es oft nur kognitive "Rechenleistung" weg. Dennoch steht die Frage, ob der Leib sich eher seiner selbst bewusst ist, wenn er in einer vertrauten Welt agiert, oder wenn er in einer nicht vertrauten Welt agiert. Ich gehe davon aus, dass sich der Kern des Selbstbewusstseins in der permanenten Transzendenz der Grenze zwischen beiden befindet. Beachten Sie, dass der Leib immer etwas Mystisches an sich hat, da das Zur-Welt-Sein explizit-gedanklich oder sprachlich allein nie sinnhaft werden kann. Der Leib ist ein älteres Bewusstsein als das des Geistes und auf sprachlich-gedankliche Reflexionen nicht angewiesen.

Ein paar Beispiele:
(i) Lernen wir Autofahren, so genügt es nicht, dass man uns die Steuerung des Autos erklärt, um es erfolgreich aus der Parklücke zu bugsieren. Wir müssen das Auto in seinen Funktionen und Ausdehnungen erst mit eigenen Bewegungen an den Schalthebeln, die zu dessen Bewegung führen, und der Rückmeldung aus der Welt in unseren Leib überführen, somit eine eigene "Auto-Welt" aufbauen, indem wir unseren Körper schematisch um das Auto erweitern.

(ii) Ein Amputierter spürt im Phantomschmerz noch immer sein amputiertes Bein. Phantomschmerz ist - laut Merleau-Ponty - jedoch weder eine Irritation der Nervenenden am Beinstumpf noch eine verzweifelte Autosuggestion. Er entsteht aus dem noch vorhandenen, vollständigen Schema des Leibes, welcher über die Bewegung des Beins die Welt ausgemessen hat, weshalb sich das Schema erst durch Übung an den neuen Körper anpassen kann [vgl. 43].

(iii) Der Leib zeigt sich in einem angespannten, zugewandten Körper, wenn ein Prüfling an seinem Tisch sitzt und versucht, die Fragen zu beantworten. Eigentlich doch eine geistige Tätigkeit, nicht wahr?

(iv) Ein Blinder kann zielgenau nach einer Mücke auf der Haut schlagen oder sich kratzen, aber nicht genau auf eine bestimmte Stelle am Körper zeigen, ohne sie dabei zu berühren. Andererseits würde der Leib eines Handamputierten noch versuchen, die Mücke mithilfe der amputierten Hand zu erschlagen.

(v) Häufig wird der Verlust eines vertrauten Gegenstandes oder geliebten Menschen wie der Verlust eines Körperteils beschrieben. Was bedeutet, dass der Leib nicht nur auf Abstände zwischen Objekten, sondern auch auf einen generalisierten Raum ausgedehnt ist, der ebenfalls Personen und die Beziehungen zu ihnen beinhaltet. Der Leib bildet somit die Grundlage für die Bedeutungsmatrix der Dinge zu uns und zueinander.

(vi) Der Leib ist es gewohnt, sich in bestimmter Weise zu Farben zu verhalten. Deswegen erlebt er die Farben beim Betrachten früher als das Bewusstsein in Form von tatsächlicher Sichtbarkeit [45].

Die Versprachlichung des Leibes ist die Metapher. Sie repräsentiert die Verbindung aus Bewusstsein und Organismus im gesprochenen Wort. Beginnen wir mit einer ganz alltäglichen Frage: Warum ist ein Kind körperlich aggressiv zu anderen Kindern? Weil es in seinem Inneren verdorben und böse ist, weil es schlechtes charakterliches Erbgut mitbekommen hat, weil es in einem ungünstigen Elternhaus aufwächst, oder weil die gesellschaftlichen Verhältnisse des Kapitalismus seinen Charakter zerstören? Nun, ein Kind ist dann körperlich aggressiv, wenn es sich sprachlich noch nicht ausdrücken kann, weil ihm die Begriffe fehlen. Nun stellen Sie sich vor, die Welt würde sich mit einem Schlag so stark verändern, dass die Begriffe, die wir bisher benutzten, ihren Wert für die Kommunikation verlören. Wären Krieg und Gewalt nicht die Folge? Tatsächlich verändert sich die reale Welt ständig, somit auch unsere Erfahrungen. Normalerweise haben wir genügend Zeit, uns neue Begriffe für die Veränderungen auszudenken. Und da sich die Welt selbstÄhnlich verändert, können auch die zugehörigen Begriffe auf selbstÄhnliche Weise gebildet werden.

Nehmen wir zwei Innovationen: Ein Zweirad, an das man einen Motor anbaut, ist ein Motorrad. Ein Schuh für dem Sport ist ein Sportschuh. Diese Bezeichnungen scheinen durch eine einfache Synthese je zweier Unterbegriffe erzeugt worden zu sein. Aber beschreiben sie die neuen Produkte korrekt? Schauen wir genauer hin. Begriffe sind nie mit einer konkreten, physischen Erscheinung identisch.

Genauso wie alle anderen geistigen Schöpfungen, die etwas bezeichnen, abbilden oder erhellen sollen, sind Begriffe abstrakte Konzepte, ganz einfach, weil sie auf ähnliche Erscheinungen übertragbar sein müssen. Nur so können Kategorien entstehen, nur so werden allgemeine Aussagen möglich. Die Kehrseite der Medaille ist, dass Begriffe für die nachträgliche Konkretisierung aneinandergereiht werden müssen. Ort, Zeit und andere Parameter müssen spezifiziert werden. Allerdings können solche Konstrukte niemals all das wiedergeben, was in dem Objekt, das sie bezeichnen, enthalten ist. Ein Motorrad besteht nicht nur aus "Motor" und "Rad". Es wäre völlig nutzlos, wenn das der Fall wäre. Vielmehr birgt es in sich ein ganzes Universum an Teilen, beispielsweise eine Bremse, Gaspedal, Blinker, aber auch Aktionen wie Beschleunigen, Hupen, mit überhöhter Geschwindigkeit fahren usw. Im Weiteren werde ich nicht mehr von Teilen bzw. Aktionen sprechen, sondern von Konzepten. Das Gesamtkonzept "Motorrad" wird wiederum von Unterkonzepten strukturiert. Strukturierung bedeutet, dass wir es mit einem räumlich-zeitlichen Schema von angeordneten Konzepten zu tun haben, die in horizontalen und hierarchischen Abhängigkeiten zueinanderstehen. Die gedankliche Abbildung der für das Verständnis des Gesamtkonzepts notwendigen Beziehungen der Unterkonzepte heißt, das Gesamtkonzept zu verstehen, ihm Sinn zu geben, wie auch den Unterkonzepten in diesem Zusammenhang. Konzepte versinnhaften sich erst über ihre Beziehung zu anderen Konzepten. Man kann diese Idee wie folgt erweitern: BEVOR sind immer nur bezüglich eines strukturierten Schemas von Konzepten definiert, dem "Frame".

Ein bekanntes Gedankenexperiment zur Versinnbildlichung eines Frames spielt in einem Restaurant [vgl. 46]. Es gibt hier Gäste, Speisekarten, Kellner, Tische, Bestellungen, klapperndes Geschirr, bezahlte Rechnungen. All das sind Dinge und Szenarien, die innerhalb des Frames angeordnet sind und in bestimmten Beziehungen zueinanderstehen. Frames sind - in erster Näherung - grundsätzlich abgeschlossen. Der Besuch eines Elefanten würde z.B. nicht zum Restaurant-Frame gehören. Auch die Begriffe ergeben nur innerhalb des Frames Sinn. Ein Glas im Restaurant enthält beispielsweise Wein oder Wasser, mit dem man seinen Durst stillt. Ein Glas im Fenster soll uns den Durchblick ermöglichen und das Haus gleichzeitig vor Wind und Kälte schützen. Andererseits sind die Konzepte in den Frames derart eng miteinander verknüpft - schließlich ergeben Kellner, Gäste, Speisen usw. über ihre Beziehungen einen bestimmten Sinn - dass schon die Erwähnung eines zugehörigen Begriffs alle anderen Konzepte im Kopf aufruft. Sogar die Aufforderung, nicht an einen Kellner zu denken, würde dies bewirken, und den Kellner - ob man will oder nicht - mitsamt dem Restaurant-Frame in der Vorstellung erscheinen lassen. Doch welche Arten von Konzepten befinden sich in dem Restaurant-Frame? Vor allem das der Speisenbereitstellung, des Bestellens, Bezahlens und der Gastlichkeit [vgl. 46]. Alle drei Konzepte stammen aus drei verschiedenen anderen Frames bzw. können jenen zugeordnet werden: Ernährung, Kommerz und das Gastgeber-Gast-Verhältnis.

Frames sind heutzutage aufgrund des sogenannten Framings verschrien. Mit Letzterem versuchen Politiker und ihnen nahestehende Medien, eine bestimmte Ideologie beim Zuhörer durchzusetzen, denn die Diskussion im Rahmen eines bestimmten Frames, egal wie kontrovers sie verläuft, stabilisiert jenen Frame im Kopf und damit die zugehörige Ideologie. Dies kann man am besten anhand der verstärkten Migrationsbewegung nach Europa ab 2015 verstehen. Diese wurde von der einen politischen Seite gern im Frame der Arbeitskräfte diskutiert, welche die überalterte deutsche Gesellschaft wie eine Art Jungbrunnen wieder zum Leben erwecken würde. Von der anderen politischen Seite wurde der Frame der Flutwelle benutzt, bei der ungebändigte Wassermassen Häuser zerstören und eingesessene Menschen abgetrieben werden. Leider wurde das Migrationsthema kaum im Rahmen von Kriegsflucht diskutiert. Eine wunderbare Transzendenz des Flutwelle-Überalterungs-Frames gab Wladimir Kaminer (*19.7.1967) in seinem Gleichnis vom Schwimmbad [47]. Darin beschreibt er eine tatsächliche Begebenheit, bei der eine Gruppe syrischer Flüchtlinge in das Schwimmerbecken eines Schwimmbades springt. In jenem Becken befindet sich gerade Kaminers Mutter. Die betagte Dame schwimme zwar gern, aufgrund ihres hohen Alters aber leider nur sehr langsam. Das änderte sich, als sich die Flüchtlinge in ihr Becken stürzten. Durch die im Wasser plötzlich entstehende "Flüchtlingswelle" sei die Mutter vorwärtsgetrieben worden, was sie sehr beglückt habe. Sie sehen, Kaminer hat die Frames gesprengt, indem er sie auf witzige Weise miteinander verband.

179

Aber zurück zum Thema: Das Motorrad ist ein Konzept, das sich aus verschiedenen Unterkonzepten zusammensetzt, wird aber keinesfalls erschöpfend in dem Doppelbegriff "Motorrad" abgebildet. Trotz der unzulänglichen Strukturierung können wir uns Motorräder jederzeit vorstellen, wenn wir zuvor eines gesehen haben oder sogar damit gefahren sind. Doch was geschieht, wenn wir uns von anschaulichen Konzepten wie dem Motorrad in Richtung eines viel abstrakteren Konzepts bewegen. Der Begriff "Liebe" schreit aufgrund seiner Abstraktheit geradezu danach, durch anschaulichere Konzepte strukturiert zu werden, beispielsweise durch die Metapher "Die Liebe ist eine Reise".

Von Georg Lakoff (*24.5.1941) wurden solche mittels Konzepten strukturierenden Ausdrücke im Rahmen der kognitiven Linguistik als Konzeptuelle Metaphern[26] bezeichnet [vgl. 49-50]. Für Lakoff sind Metaphern zuerst kognitive Werkzeuge zum Verständnis der Dinge, ja sogar zur physiologischen Strukturierung des Denkens, und erst danach linguistische Mittel zur Verständigung, da Sprechen jenen Strukturen folgt. Bei Konzeptuellen Metaphern werden Konzepte aus dem einen Frame in einen anderen übertragen [vgl. 50, S. 76 ff.]. Der Frame, aus dem das Konzept übertragen wird, ist die Quelldomäne, jener, in

---

[26]Die übliche Definition von Metaphern lautet: "Oft als Stilmittel gebrauchter sprachlicher Ausdruck, bei dem ein Wort oder eine Wortgruppe aus seinem eigentlichen Bedeutungszusammenhang in einen anderen übertragen wird, ohne dass ein direkter Vergleich die Beziehung zwischen Bezeichnendem und Bezeichnetem verdeutlicht, d. h., der eigentliche Ausdruck wird durch etwas ersetzt, das deutlicher, anschaulicher oder sprachlich reicher sein kann." [48]

welchen das Konzept aus der Quelldomäne hineintranszendiert, ist die Zieldomäne. Der Ursprung Konzeptueller Metaphern ist das Bemühen des menschlichen Verstandes, ein abstrakteres, komplexeres bzw. kognitiv schlechter erfassbares Zielkonzept mit leichter verständlichen Quellkonzepten zu erhellen [50, S. 80]. Mit der Abbildung von Konzepten auf das Zielkonzept wird aber auch der gesamte Quellframe auf den Zielframe abgebildet, da sich die Konzepte innerhalb der Frames aufeinander beziehen.

Hier ein paar Beispiele:
(i) Unser "Motorrad" bildet die Konzepte "Rad" und "Motor" auf das komplexere "Motorrad" ab, wobei Letzteres kein konkretes Motorrad - beispielsweise das von meinem Freund Leo - sondern wiederum ein Konzept ist.
(ii) "Der Antrag ging durch wie ein heißes Messer durch Butter", bildet das Konzept des Butterschneidens aus dem Frame "Ernährung-Kühlschrank-Lebensmittel" auf das Konzept des Antrags aus dem Frame "Arbeit-Büro-Finanzierung" ab.
(iii) "Du bist eine Gelddruckmaschine", bildet die genannte Maschine aus dem Frame "Technik-Kommerz-Bank" auf einen Menschen ab, der sein eigenes Frame darstellt.
(iv) "Das Leben ist eine Baustelle", bildet die gesamte Domäne "Baustelle" auf die Domäne "Leben" ab.
(v) "Die Liebe ist eine Reise", bildet das Konzept der Reise auf die Entwicklung der Gefühle und des Umgangs der Liebenden miteinander ab.

181

Die Domänen müssen nicht scharf gegeneinander abgegrenzt sein. "Er knattert nach Hause" strukturiert die Fahrt mit dem Motorrad. Das "Knattern" ist zwar Teil des Motorrad-Frames, aber gleichzeitig auch nicht. Es gehört in despektierlicher Weise auch zu anderen Frames, wodurch es die Despektierlichkeit auf die Motorradfahrt überträgt. Aufgrund der Unbestimmtheit hinsichtlich des Quellframes liegt es außerdem nahe, das Knattern primär dem Zielframe zuzuordnen, wodurch der Satz zur Metonymie[27] wird. Laut [50, S. 94 f.] können kognitiv schwer zugängliche Konzepte mithilfe der Metonymie **innerhalb** eines einzigen Frames strukturiert werden. Aber selbst die Metonymie ruft mit einem einzigen Begriff den gesamten Frame auf. In "Er bohrte den kalten Stahl ins Herz seines Gegners", bewirkt der Begriff "Stahl" die Bewusstwerdung des gesamten Dolch-Zustoßen-Töten-Frames. Allerdings wird der Stahl betont, was den Fokus ein stückweit weg von dem Gesamtframe hin zu einem anvisierten Konzept innerhalb der Domäne verschiebt und diese pointiert [50, S. 95] Hier wäre es die Kälte und Unbarmherzigkeit des Erstechens. In [50, S. 95] wird der Satz "Hat der Gast von Tisch drei schon sein Gulasch bezahlt?" durch die Metonymie "Hat das Gulasch von Tisch drei schon bezahlt?" auf das Wesentliche fokussiert, wobei häufig auch "der Gulasch" verwendet wird, um das Gericht mit dem Gast zu verschmelzen. Trotz der entgegengesetzten Wirksam-

---

[27] Metonymie ist die Ersetzung des eigentlichen Ausdrucks durch einen andern, der in naher sachlicher Beziehung zum ersten steht (z. B. Stahl statt Dolch) [52].

182

keit von Metonymie und Metapher hinsichtlich des Aufrufens der Frames werde ich beide im Weiteren nur noch als Metapher bezeichnen.

Lakoff begreift jedes gedankliche Konzept bereits als Metapher, also als Ansammlung von im übertragenen Sinne verwendeten Konzepten, die aus tieferliegenden Konzepten entstanden ist [51, S. 36]. Mit "tiefer" sind hier solche Konzepte gemeint, die näher an unserer direkten Erfahrung, also näher an unserem Leib stehen. Ein paar Beispiele:
(i) "Da ist ein Leck im Schiff" scheint ein diesbezüglich völlig unverdächtiger Satz zu sein. Allerdings stammt der Begriff "Leck" vom niederdeutschen Wort für tröpfeln. Das Leck stammt aus der Quelldomäne der entsprechenden Erfahrung, beispielsweise bei Regen.
(ii) Der Begriff "wahr" stammt vom indoeuropäischen Wort für "Vertrauen" ab, also aus der Quelldomäne menschlicher Empathie.
(iii) Der "Polarbär" ist ein synthetischer Begriff für einen Bären, der am Polarkreis wohnt. Allerdings verbindet er den Frame eines Bären mit dem der polaren Kälte, die wiederum auf körperliche Erfahrung zurückgeht. "Kälte" und "Bär" strukturieren den Polarbären.

Konzeptuelle Metapher können wiederum selbst als Konzept verstanden und in weiteren Metaphern zur Strukturierung herangezogen werden. Heutzutage wird das Konzept des Schiffslecks in Metaphern verwendet: "Ich glaube, unsere Organisation hat ein Leck." Man hat manchmal das Gefühl, dass eher simple technische Neuheiten, wie das

Motorrad, über ihre Komponenten strukturiert werden, eher komplizierte, wie das Auto, über körpernahe Erfahrungen. Dahinter können aber auch andere Interessen stecken. In den Begriffen "Restaurant" und "Gaststätte" werden das Erholungs- bzw. der Gastgeber-Gast-Frame gewinnbringend in den Vordergrund gestellt.

Konzeptuelle Metaphern funktionieren immer nur in eine Richtung, vom Konkreteren zum Abstrakteren bzw. Komplexeren. Sie sind asymmetrisch. Beispielsweise ist die Strukturierung von Zukunft durch das räumliche Vorwärtsgehen und das der Vergangenheit durch Rückwärtsgehen physiologisch fest im menschlichen Gehirn verankert. Progressivität bzw. Fortschritt wird zur Vorwärtsbewegung, das Konzept "Rückschritt" zur Rückwärtsbewegung. Rückwärtszugehen ist viel schwieriger als Vorwärtsgehen. Ich denke daher, dass die Fixierung auf den Fortschritt in unserer Gesellschaft über sein Verständnis als Fort-Schritt zu erklären ist. Tatsächlich ist Fortschritt in der Geschichte jedoch häufig Renaissance gewesen, was mit dem schwierigeren Rückwärtsgehen assoziiert werden müsste. "Das Leben ist eine Baustelle", besteht aus dem konkreteren Quellkonzept "Baustelle" - das ebenfalls ein abgeschlossener Frame ist - und dem allgemeineren Konzept/Frame "Leben", das durch die Baustelle strukturiert wird. "Baustelle" ist selbst wieder eine Konzeptuelle Metapher, welche den bezeichneten, komplexeren Ort durch "Bau" und "Stelle" strukturiert.

Ein Auto ist ein Konzept, aber auch ein strukturiertes Frame, das aus verschiedenen Konzepten besteht, die in

184

bestimmter Abhängigkeit zueinanderstehen. Bei der Erwähnung des Begriffs "Auto" werden, ähnlich wie beim Restaurant, jene Konzepte aufgerufen, die wiederum aus älteren Frames stammen, die sich nun im Auto-Frame aufeinander abbilden. Aber "Auto" ist auch eine Metapher. In der Übersetzung von "Automobil"="Sich selbst bewegend", steckt sogar eine sehr körpernahe Metapher, nämlich "selbst" und "bewegen". Im Satz "Die Liebe ist eine Reise" wird das Quellkonzept Reise zur Strukturierung des abstrakteren Zielkonzepts "Liebe" herangezogen. Die Frage ist natürlich, ob die der Liebe über die Metapher "Reise" angedichtete Struktur wirklich innewohnt oder ob die Metapher nur der vergebliche Versuch ist, die kontinuierlichen, ineinander verschränkten Stürme der Liebe durch eine ebenso komplexe Metapher zu digitalisieren? Nun, ich behaupte, dass gerade die Metapher "Liebe ist eine Reise" beweist, dass Liebe innerlich strukturiert ist, auch wenn dies schlecht in BEVOR ausdrückbar ist.

In umgekehrter Richtung, also vom Komplexeren zum Konkreteren, funktionieren Metaphern nicht. Es sei denn, man hat es mit Wissenschaftsnerds zu tun, welche das für sie schwer verständliche Konzept einer Familie aus Eltern und Kind mit den Teilen des Elektrons durch die zwei Atomkerne im Wasserstoffion erklären würden.

Der Mensch ist ebenfalls ein Frame. Alle seine Organe und Extremitäten sowie deren Beziehungen sind in seinem Gehirn abgebildet. Sobald man von seinem Finger spricht, wird der gesamte Unterframe der Hand aktiviert. Lakoff

185

legt sehr großen Wert auf die Feststellung, dass Sinnzuweisungen ohne die Verbindung zu einem Körper nicht möglich sind. Den Satz "Bewusstsein ist immer Bewusstsein von etwas", interpretiert er so, dass Bewusstsein immer mit Körperlichkeit verbunden sein muss. Nicht nur, dass geistige Prozesse physiologische Bewegungen im Gehirn bewirken und von ihnen bewirkt werden, ohne Körper gibt es auch nichts, woran man denken könnte [vgl. 53]. Die Konzeptuellen Metaphern stellen daher keinen unendlichen Regress nach unten dar, denn sie gehen alle auf konkrete körperliche Erfahrungen zurück, auf die sogenannten Primärmetapher bzw. Primärkonzepte. "Tiefe Nacht" beschreibt die abstraktere "Nacht" des Zielframes durch das konkretere "tief". Letzteres ist sensorisch-motorisch erfahrbar, beispielsweise beim Ausheben einer Grube oder bei einem Absturz von einem Hügel.

Die metaphorische Zusammensetzung sensorisch-motorisch erfahrbarer Konzepte erscheint deutlich in "bis oben gefüllt". Hier wird das Konzept "gefüllt" durch das Konzept "bis oben" strukturiert. Laut Lakoff sind "oben" und "unten" viel näher am Körper und damit konkreter als Mengen, da das Gehirn die Ausrichtung des Gravitationsfeldes ständig berechnen muss, während Mengen nur bei Bedarf berechnet werden [vgl. 46]. Neben dem Raum bildet die Temperatur für Lakoff ein Primärkonzept. Er beschäftigt sich in seinen Vorträgen häufig mit der Äquivalenz von Wärme im Sinne hoher Temperatur und emotionaler Wärme im Sinne von Zuneigung, Zugewandtheit und Verständnis. Den Eindruck, beides wäre ähnlich, führt er darauf zurück, dass Wärme (z.B. der Mutter) immer mit

Zuneigung verbunden, somit über deren zeitliche Koinzidenz erlernt wird. Außerdem sind beide Gefühle über gleiche emotionale Wertungen verbunden. Beispielsweise wird ein Freund den Kamin für mich entzünden, wenn mir kalt ist. Zuneigung und warme Umgebungstemperaturen sind verknüpft [vgl. 54, 55]. Die Asymmetrie - Wärme strukturiert Zuneigung - stammt laut Lakoff ebenfalls aus der Tatsache, dass das Gehirn permanent Temperatur berechne, Zuneigung jedoch nicht[28].

Meine Damen und Herren!
Lassen Sie mich das Gesagte ein wenig zusammenfassen. George Lakoff geht davon aus, dass Konzepte, die der Mensch körperlich in Wechselwirkung mit sich selbst und seiner Umwelt, also sensomotorisch erfährt [50, S. 80 ff.], zur grundlegenden, d.h. asymmetrischen Strukturierung abstrakterer Konzepte verwendet werden, weil sie kognitiv leichter erfassbar sind. Primärmetaphern verbinden ein kognitiv leicht erfassbares, physisch erfahrenes Quellereignis - das zu einem Konzept verallgemeinert wird - mit einem abstrakteren Zielkonzept. Basierend auf dieser primären Zuweisung können komplexere Metaphern gebildet werden. Beispielsweise geht der Kommerz des Restaurantframes auf eine bestimmte Sinneswahrnehmung zurück: das Gefühl von Geld, das von Hand zu Hand geht [vgl. 54]. An der Basis der Konkret-Abstrakt-Hierarchie stehen körperliche Erfahrungen, die ihre eigenen Metaphern sind. Das Konzept "verbrannte Finger" ist bereits

---

[28] Empirische Studien zeigen, dass die Aktivierung der Wärme-Zuneigung-Metapher in beide Richtungen funktioniert [50, S. 89].

eine Metapher, da es sich ja nicht mehr auf das konkrete Ereignis verbrannter Finger an Omas Herdplatte, sondern auf den generellen Fall, das Konzept verbrannter Finger bezieht. Man sagt nicht "Seine Karriere steht auf dem Garagendach, von dem ich gestern heruntergefallen bin", sondern "Seine Karriere hat ihren höchsten Punkt erreicht." Das Konzept strukturiert sich aus dem gleichnamigen sensorisch registrierten und motorisch verarbeiteten Ereignis selbst.

Die konzeptualisierten körperlichen Erfahrungen betreffen vor allem den über die Sinneswahrnehmung (Sehen, Tasten, Hören) und den durch die Motorik (Gehen, Arme ausbreiten) erfassten Raum [vgl. 54], aber auch häufige, selbst ausgeführte Tätigkeiten und Bewegungsabläufe. Man kann die Konzeptuellen Metaphern daher wie folgt kategorisieren:
(i) Orientierungsmetaphern betreffen Abbildungen mithilfe mehrerer Primärkonzepte aus dem Bereich des Räumlichen, auf nicht-räumliche Frames. Dazu gehören die Konzepte von oben/unten, innen/außen oder vorn/hinten, aber auch das Konzept des Beinhaltens oder Ausschließens. Beispiele hierfür sind: "Niedergeschlagenheit", "tiefe Gefühle", "Hochstimmung", "mein Kopf ist voll" oder "Es geht wieder aufwärts".
(ii) Ontologische Metaphern bilden dingliche Gegenstände auf abstrakte ab, beispielsweise Gebäude: "Die Idee hat kein tragendes Fundament." Oder sie bilden Personen und deren typische Tätigkeiten auf abstrakte Konzepte ab: "Das Leben hat mir so viel geschenkt." Ontologische Me-

188

taphern sind nicht mit Allegorien zu verwechseln, die konkrete Bilder zur Darstellung eines abstrakten Begriffs verwenden, beispielsweise den Sensenmann als Symbol für den Tod.

(iii) Strukturmetaphern bilden unterschiedliche Großkonzepte/Frames aufeinander ab, die ähnliche (vermutete) innere Strukturen aufweisen. Bei "Argumentieren ist Krieg" [51, S. 36] ist der Krieg das Quellkonzept, welches das abstraktere Zielkonzept "Argumentieren" verständlicher strukturiert. Weitere Beispiele sind: "Die Zeit vergeht wie im Flug." oder erneut: "Die Liebe ist eine Reise." In beiden Fällen werden komplexere räumliche Bewegungen als Quelldomäne benutzt. Die Zieldomäne ist im ersten Fall die noch abstraktere Zeit und im zweiten die komplizierte Welt der menschlichen Beziehungen. An den Beispielen erkennen Sie bereits, dass die Beschreibungen der verschiedenen genannten Kategorien (i)-(iii) sich nicht gegeneinander abgrenzen, sondern eher pointierend wirken. Der Ausdruck "Unsere Ehe ist in einer Sackgasse" [50, S. 80] beispielsweise kann als Strukturmetapher verstanden werden, bei der das Straßenkonzept die Ehe strukturiert, aber auch als Orientierungsmetapher bezogen auf bestimmte Orte.

Meine Damen und Herren!
Denken in Metaphern ist laut Lakoff die natürliche Form des Denkens. Metaphern strukturieren die Art und Weise des Denkens, der Vernunft und des Begreifens [vgl. 55]. Lakoff assoziiert metaphorische Verbindungen aus primären, dinglichen oder räumlich-zeitlich-hierarchisch

189

strukturierenden Quellframes und dazugehörigen komplexen Zielframes mit realen, physiologischen Verbindungen zwischen Neuronen oder neuronalen Netzen, die sich in unterschiedlichen Hirnbereichen befinden. Die metaphorische Struktur des Denkens ist also neurologisch-physiologisch fixiert, ebenfalls die damit verbundenen Asymmetrien, einerseits durch angeborene Verbindungen, beispielsweise zur Verarbeitung des Sehreizes, andererseits durch Lernen im weitesten Sinne.

Lassen Sie uns zum besseren Verständnis einen kleinen Ausflug in die Neurowissenschaft machen, diejenige Wissenschaft, welche unser Gedächtnis, unser Lernen mittels unserer grauen Zellen, den "Neuronen", verstehen möchte. Das menschliche Gehirn besteht aus bis zu einhundert Milliarden solcher Neuronen, die zu einem hohen Grad untereinander verbunden sind. Zum Vergleich: Der Intel Core i9 Prozessor verfügt über 189 Millionen Transistoren, ist zwar insgesamt viel kleiner als ein Gehirn, dafür ist ein Transistor viel simpler aufgebaut als ein Neuron. Ein Transistor besteht aus drei Anschlüssen, der Basis, dem Kollektor und dem Emitter, wobei ein kleiner Strom zwischen Basis und Emitter einen viel größeren Strom zwischen Kollektor und Emitter steuert. Bei bipolaren Transistoren steigert der Steuerstrom den Kollektor-Emitter-Strom proportional.

Ein Neuron besteht aus einem Kern und dem Soma, von Letzterem gehen dünne Ärmchen ab, die sogenannten Dendriten und das Axon (*Bild 4*) [56]. Der im Vergleich zu den Dendriten dickere Axon-Arm spaltet sich an seinem Ende in feine Finger auf, an deren Kuppen sich Synapsen befinden: die Übergänge zu einem benachbarten Neuron. Über die Synapse des präsynaptischen Neurons, also desjenigen, zu dem das Axon und die Synapse gehören, werden elektrochemische Impulse auf die Dendriten oder den Körper eines benachbarten postsynaptischen Neurons übertragen. Das postsynaptische Neuron besitzt ebenfalls ein Axon und wird für weitere, benachbarte Neuronen präsynaptisch, wenn seine Synapsen deren äußere Membran berühren. Verbinden sich viele Neuronen auf diese Weise, entsteht ein neuronales Netzwerk.

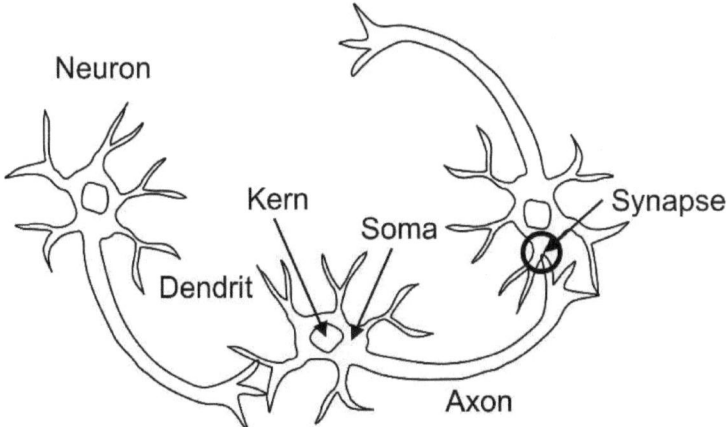

Bild 4: Schematische Darstellung dreier durch Synapsen verbundener Neuronen.

Zwischen dem präsynaptischen und dem postsynaptischen Neuron existiert ein Spalt, auf dessen präsynaptischer Seite, also an der Synapse selbst, sich das präsynaptische

191

Terminal befindet (*Bild 5*). Elektrische Impulse, sogenannte Aktionspotenziale aus dem Zentrum des Neurons sorgen dafür, dass Botenstoffe, sogenannte Neurotransmitter, in das postsynaptische Terminal diffundieren. Wie funktioniert das? Das Innere des präsynaptischen Neurons ist durch die Membran gegenüber dem äußeren Bereich elektrisch isoliert und weist ein relatives elektrisches Potenzial von -60 mV bis -70 mV auf, das sogenannte Ruhepotenzial. D.h., zwischen dem Inneren der Zelle und dem Bereich jenseits der Zellmembran herrscht eine Spannung von -60 bis - 70 mV [56].

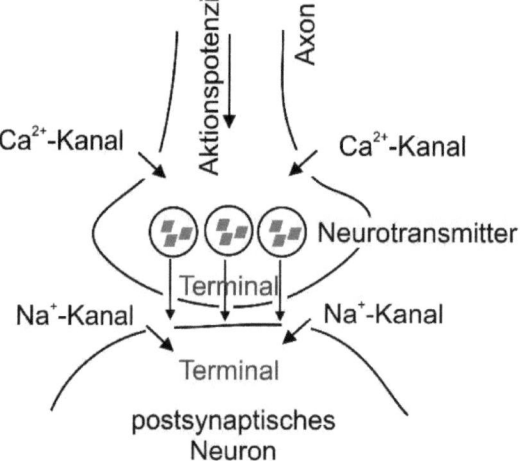

Bild 5: Darstellung einer Synapse zwischen einem präsynaptischen und einem postsynaptischen Neuron.

192

Legt ein Experimentator eine positive Spannung am prä-synaptischen Neuron an, z.B. über eine Nadel, wird sie depolarisiert. Niedrige Depolarisationsspannungen heben das innere Potenzial des Neurons einfach nur an, verändern es also zu kleineren negativen Beträgen hin. Die Depolarisation baut sich schnell wieder ab, wenn die äußere Spannung abgeschaltet wird. Wird die äußere Spannung jedoch weiter erhöht, erzeugt das Neuron seinerseits Aktionspotenziale im positiven Bereich, die in einer bestimmten Frequenz aufeinanderfolgen. Die Dauer dieser Spannungsspitzen beträgt nur wenige Millisekunden, mit ansteigender äußerer Spannung nimmt ihre Frequenz jedoch zu. Das bedeutet, eine von außen an das Neuron angelegte Spannung erzeugt eine proportionale Zahl von sehr kurzen Spannungsspitzen in seinem Inneren. Am Terminal der Synapse öffnet der Spannungsimpuls Kanäle für Ca^{2+}-Ionen, die in das Endknöpfchen des Axons eindringen und Neurotransmitter aus den Vesikeln, in denen sie bisher gebunden waren, herauslösen (*Bild 5*). Ist das so angeregte präsynaptische Neuron über sein Axon und die Synapse mit einem anderen Neuron verbunden, so bewirken die Neurotransmitter, dass Na^+-Kanäle im postsynaptischen Terminal geöffnet werden, was zur Depolarisierung führt. Wir erinnern uns, dass das Ruhepotenzial jedes Neurons negativ ist [56].

Eine einzige positive Spannungsspitze aus dem präsynaptischen Neuron allein wird im postsynaptischen allerdings keine ähnliche Spitze erzeugen, sondern nur eine leichte Depolarisation um wenige mV. Erst wenn mehrere Spitzen schnell nacheinander auftreten, addiert sich ihre Wirkung im postsynaptischen Neuron und es bildet ebenfalls eine Spannungsspitze aus. Das Neuron feuert. Neben dieser anregenden Wirkung des präsynaptischen Neurons auf das postsynaptische, gibt es ebenfalls eine inhibitorische, also abschwächende Wirkung. Die Spannungsspitzen der inhibitorischen Synapsen heben das Potenzial des postsynaptischen Neurons nicht an, sondern sie senken es zu negativen Werten hin ab. Man spricht auch von Hyperpolarisierung im Gegensatz zu Depolarisierung. Anregende und inhibitorische Neuronen können sich auf verschiedene Arten zu Netzwerken verbinden, beispielsweise linear, sodass die Spannungsspitzen von Neuron zu Neuron weitergegeben oder unterdrückt werden. Oder sie bilden Rückkopplungsschleifen aus, sodass beispielsweise das Signal aus einem Neuron auf Umwegen wieder in das gleiche Neuron eingespeist wird.

Das Lernen erfolgt physiologisch über Plastizität [57], die synaptisch oder strukturell sein kann. Synaptische Plastizität bedeutet, dass sich Synapsen zwischen bestimmten Neuronen hinsichtlich ihrer Verbindungsstärke, letztendlich der Zahl ihrer aktiven Neurotransmitter, verstärken oder abschwächen, und damit die Korrelation zwischen den zugehörigen Bewusstseinsgegenständen mehr oder weniger stark priorisieren, manch einen sogar vergessen. Die homosynaptische Plastizität bezieht sich auf die Synapse zwischen dem präsynaptischen und dem durch jenes stimulierte postsynaptische Neuron. Bei der heterosynaptischen Plastizität werden die Verbindungen zwischen Neuronen gestärkt, die nicht in einem direkten prä- und postsynaptischen Verhältnis stehen. Man kann zwischen Kurzzeit- und Langzeitplastizität unterscheiden, die im Sekunden- bis Minutenbereich bzw. über Stunden oder gar Jahre aktiv bleiben.

Beginnen wir mit der Kurzzeitplastizität: Zwei schnell aufeinanderfolgende Aktionspotenziale im präsynaptischen Neuron führen zu einer überproportional höheren Spitze im postsynaptischen Neuron (synaptische Bahnung). Zeitlich weit auseinanderliegende Spannungsspitzen aus dem präsynaptischen führen zu Spitzen von immer geringer werdender Höhe im postsynaptischen Neuron (synaptische Depression). Dieser Mechanismus hat wieder mit der Konzentration von Ca^{2+} am Terminal des präsynaptischen Neurons zu tun [vgl. 57]. Eine bestimmte Menge Ca^{2+} "befreit" eine bestimmte Menge an Neurotransmittern im präsynaptischen Neuron. Liegen die elektrischen Spitzen einige Hundert Millisekunden auseinander, erholt sich die Ca^{2+}-Konzentration nach der ersten Spitze wieder, d.h. sie sinkt ab. Die zweite Spitze wird also weniger Neurotransmitter befreien und somit eine niedrigere Spitze im postsynaptischen Neuron erzeugen. Es sind nach der ersten Spitze nämlich weniger Neurotransmitter für die gleiche Ca^{2+}-Konzentration vorhanden. Folgen die beiden Spitzen im präsynaptischen Neuron in nur einigen zehn Millisekunden aufeinander, hat sich die erhöhte Ca^{2+}-Konzentration aus der ersten Spitze noch nicht wieder erholt und steigt durch die schnelle zweite Spitze überproportional an, wodurch überproportional viele Neurotransmitter das postsynaptische Terminal erreichen. Z.B. wird ein dargebotenes Wort schneller erkannt, "nachdem zuvor ein inhaltlich bzw. semantisch verwandtes Wort dargeboten wurde." [58]

Wenden wir uns nun der Wirkung eines Sensoneurons - das beispielsweise durch eine Feuerzeugflamme auf unserer Haut aktiviert wird - auf ein Motoneuron[29] zu, welches wiederum das Wegziehen der Hand von der Flamme bewirkt. Spüren wir die Flamme, feuert das Sensoneuron, öffnet den Ca^{2+}-Kanal an seinem synaptischen Terminal und aktiviert dadurch seine Neurotransmitter, die in das postsynaptische Terminal des Motoneurons diffundieren. Um den entsprechenden Lernprozess zu beleuchten, konzentrieren wir uns auf die Meeresschnecke Aplysia, welche ihre Kiemen bei Berührung einzieht. Die Stärke, mit der sie das tut, erhöht sich, wenn man das entsprechende Sensoneuron vorher elektrisch anregt. Das Tier ist durch den Lernprozess sensibler geworden [59]. Das physiologische Geheimnis dieses Lernens besteht darin, dass auf der Synapse zwischen Sensoneuron und Motoneuron eine zusätzliche Synapse aufsitzt. Die zweite Synapse gehört zu einem Neuron, welches für die Sensibilisierung zuständig ist. Sensibilisierung bedeutet hier eine Stärkung der Verbindung, d.h. Sensoneuron und Motoneuron werden über ihre gemeinsame Synapse effektiver miteinander verbunden, d.h. dass bei gleicher Stärke der Spannungsspitze mehr Neurotransmitter in Richtung des Motoneurons freigesetzt werden als im Zustand vor dem Lernprozess. Die

---

[29] Motoneuronen können nicht nur unwillkürlich durch Sensoneuronen, sondern auch bewusst durch Planungsneuronen aktiviert werden.

196

Sensibilisierung wird erreicht, indem das Sensibilisierungsneuron Serotonin in die Synapse zwischen Sensoneuron und Motoneuron speist und dadurch eine größere Menge an Ca^{2+} und aus einem Reservoir mehr Vesikel mit mobilen Neurotransmittern im Sensoneuron bereitstellt. Feuert nun das Sensoneuron, gelangen mehr Neurotransmitter in das Motoneuron, was zu einem stärkeren Einziehen führt. Das erlernte Verhalten kann bei Aplysia tagelang anhalten. Ein umgekehrter Effekt - die Habituation - tritt ein, wenn das Tier mehrmals mechanisch am Siphon gereizt wird. Dann wird die Reaktion schwächer.

Das langfristige Lernen beinhaltet noch eine drastischere strukturelle Veränderung zwischen dem Sensoneuron und dem Motoneuron (strukturelle Plastizität): die Vergrößerung bzw. Verkleinerung der Kontaktfläche der Synapse sowie den Aufbau oder den Abbau von synaptischen Verbindungen.

Das eben beschriebene, nach Donald Olding Hebb (22.7.1904 - 20.8. 1985) benannte Hebbsche Lernen funktioniert nach dem Prinzip "Neurons that fire together, wire together." Allerdings ist dies nicht als eine Tendenz des Gehirns zu verstehen, alle gleichzeitig auftretenden Ereignisse über das dadurch ausgelöste gleichzeitige Feuern in den zugehörigen Neuronen für zugehörig zueinander zu erklären. Es besagt zunächst, dass präsynaptische Neuronen, die wiederholt an der Anregung eines postsynaptischen Neurons teilnehmen, die Verbindung zu Letzterem langfristig effektivieren [60]. Wenn allerdings mehrere präsynaptische Neuronen oder Neuronennetze mit dem gleichen postsynaptischen verbunden sind, sie im selben Zeitfenster feuern und dadurch eine Spannungsspitze im postsynaptischen Neuron/Neuronennetz erzeugen, wird die Verbindung zum postsynaptischen für alle präsynaptischen langfristig effektiver. Das gilt auch, wenn ein postsynaptisches Neuron von einem präsynaptischen zu einer Spannungsspitze angeregt wird, während weitere, mit dem postsynaptischen verbundene präsynaptische Neuronen im gleichen Zeitfenster zusammen mit dem ursächlichen feuern, auch wenn jene kausal noch keine Spannungsspitze im postsynaptischen Neuron auslösen würden. Je mehr präsynaptische Neuronen gleichzeitig auf ein postsynaptisches feuern, desto stärker die Anregung.

Am besten kann man sich das anhand des pawlowschen Reflexes klarmachen. Wenn Iwan Petrowitsch Pawlow (26.9.1849 - 27.2.1936) seinem Hund Futter gab, läutete er eine Glocke dazu. Irgendwann begann der Hund, Speichel im Maul zu bilden, sich also auf das Fressen körperlich vorzubereiten, wenn lediglich das Läuten zu hören war, das Futter jedoch nicht gereicht wurde. Die Interpretation des Experiments ist wie folgt: Bei dem Hund bestand bereits eine starke Assoziation zwischen dem Geruch des Futters und seinem Speichelfluss qua neuronaler Verbindungen. Entsprechend löste der Geruch einen Speichelreflex aus, indem das entsprechende sensorische, präsynaptische Neuron das motorische, postsynaptische aktivierte. Das zusätzliche Läuten der Glocke bewirkte das Feuern eines entsprechenden Hör-Sensoneurons im gleichen Zeitfenster, als der Futtergeruch registriert wurde,

198

also das Riech-Sensoneuron die Information an das Motoneuron weitergab. Nach dem Hebbschen Prinzip wurde die Verbindung zwischen Hör-Sensoneuron und Motoneuron durch das Trainieren ausgebaut. Bei der üblichen Besprechung des pawlowschen Experiments wird zwar nicht darauf eingegangen, aber es ist durchaus anzunehmen, dass sich beim Ausbleiben der Belohnung nach dem Glockenläuten der Speichelreflex zurückbildet.

Die Verbindung von Konzepten zwischen Frames erfolgt ganz genauso. Das neuronale Netzwerk, das den einen Frame repräsentiert, besitzt möglicherweise schon eine schwache Verbindung zu dem eines anderen Frames. Durch die gleichzeitige Aktivierung von Neuronen in beiden Frames, beispielsweise bei einer Beobachtung eines auffliegenden Vogels im Garten (Gartenframe wird aktiviert), dem Wahrnehmen eines lauten Hubschraubergeräusches (Hubschrauberframe wird aktiviert) sowie einer allgemeinen, negativen Einstellung zu Fluglärm lernt man, dass Flugzeuge Vögeln Stress zufügen. Man würde nicht annehmen, dass die Vögel vom Lärm angelockt aufgeflogen sind, um dem Hubschrauber zu folgen. Beachten Sie, meine Damen und Herren, dass der induktive, der deduktive und der abduktive[30] Schluss der menschlichen Erkenntnis nach ähnlichem Muster funktionieren. Wenn ein

---

[30] Abduktion bedeutet, dass zwei in einer bestimmten Erscheinung gleiche Objekte aufgrund der absolut gleichen Ursache jene Erscheinung besitzen. Dass Gemeinsamkeiten unterschiedliche *ZIG* integriert sein können, ändert nichts daran, dass diejenigen ursächlichen Gemeinsamkeiten, die nicht zur gemeinsamen Erscheinung führen, aus der Betrachtung ausgeschlossen werden können.

Apfel in der Tonne faul ist, dann sind es wohl alle anderen Äpfel. Wenn ein Gesetz das Faulen mindestens eines Apfels in der Tonne voraussagt, dann faulen sicher auch alle anderen. Wenn die Tonne voller fauler Äpfel ist, dann stammt der Apfel, der daneben auf dem Tisch liegt, bestimmt aus der Tonne. Allerdings muss man aufpassen, da Koinzidenz nicht unbedingt ein Ursache-Wirkungs-Verhältnis offenlegt. Limenistisch gesprochen erfordern wahre induktive, deduktive und abduktive Voraussagen immer, dass die Agenten, für die die Voraussage getroffen wird, die Gemeinsamkeit, die sie reflektiert, zwingend teilen müssen. So wird Apfel in der Tonne nur dann faul, wenn er die diesbezüglichen Gemeinsamkeiten mit den anderen Äpfeln teilt. Sinn der Manifestierung korrelierter Ereignisse im Gehirn ist - nach limenistischem Verständnis - die Fixierung zusammengehöriger Gemeinsamkeiten und somit die Erhöhung der Voraussagbarkeit. Am Ende muss gelten: Was ein *ZIG* repräsentiert, verbindet sich.

Neben dem Hebbschen Lernen gibt es noch eine weitere Form, das der "Spike Timing Dependent Plasticity" (STDP) [61]. STDP ist eine asymmetrische Form des Hebbschen Lernens. Sie beruht auf der Tatsache, dass wiederholte präsynaptische Spannungsspitzen in einem Neuron ein paar Millisekunden vor dem Erscheinen eines postsynaptischen Aktionspotenzials die Effektivität der Verbindung erhöht, und zwar in Form der bereits besprochenen Zunahme von Neurotransmittern, hingegen führen wiederholte Spitzen an der Synapse kurz nach dem postsynaptischen Feuern zu einer langzeitlichen Depression der gleichen neuronalen Verbindung: eine Art nachträgliches Löschen der Verbindung. Im Experiment wird hierfür eine Synapse eines präsynaptischen Neurons aktiviert, kurz bevor oder kurz nachdem das postsynaptische Neuron durch einen zusätzlichen äußeren Strompuls zum Feuern angeregt wurde. Beachten Sie, dass trotz des gleichen Zeitfensters eine Asymmetrie entstanden ist, die lediglich aus der Abfolge der Spitzen resultiert. Lakoff verweist auch hier auf die Analogie zu den Metaphern, die aufgrund der Gerichtetheit von konkret zu abstrakt asymmetrisch im Sinne von unidirektional sind. Sie erinnern sich: Es ist möglich, eine Liebesbeziehung durch das Konzept der Reise zu strukturieren, allerdings nicht die Reise durch das Konzept der Beziehung. Ausnahme: Wissenschaftsnerds.

Meine Damen und Herren!
Was ist das Kriterium dafür, dass etwas im Langzeitgedächtnis bleibt und etwas anderes nicht. Das automatische Lernen ist als rückgekoppeltes, evolutionäres Training der neuronalen Verbindungen zu verstehen: Was sich bewährt, bleibt bestehen. Was sich nicht bewährt, verkümmert. Die einem bestimmten metaphorischen Denken entsprechenden neuronalen Verbindungen entstehen also letztendlich immer aus empirischen Vergleichen, wobei der eigene Körper eine fundamentale Rolle spielt, denn er ist die Brücke zur physischen Welt. Die Verstärkung der Bindungen zwischen den Konzepten erfolgt aber nicht nur durch hochfrequente Wiederholung, beispielsweise dem ständigen Besuch in Restaurants, um die Verbindung zwischen Gastlichkeit, Kommerz, Essen - und falls das Restaurant angenehm warm ist - zwischen physikalischer und

201

emotionaler Wärme herzustellen, sondern auch aufgrund völlig unerwarteter, unkonventioneller Erfahrungen, die (dadurch) mit starken Emotionen verbunden sind (hohe Salienz[31]). Der Besuch eines Restaurants durch jemanden, für den dieses Konzept aus seinem bisherigen Leben völlig heraussticht, würde zumindest nachwirkende neuronale Verknüpfungen der Konzepte im Restaurant-Frame erzeugen [vgl. 54]. Das Gleiche gilt für den Fall, dass während des Essens plötzlich ein Elefant ins Restaurant kommt. Die Gäste würden sich ganz genau an die Situation erinnern, und zwar für lange Zeit. Eine weitere Form des Lernens erfolgt über Spiegelneuronen, also über das Nachahmen und Nachfühlen von einem Tun, das wir bei einem anderen Individuum wahrnehmen. Die Fähigkeit des Nachahmens wird häufig als Ursache für die Empathiefähigkeit von Primaten angeführt[32]. Dazu kommen wir später noch.

Freilich gibt es neben dem körperlichen, unbewussten auch ein bewusstes Lernen, aber gibt es ein rein bewusstes? Man kann sich den Unterschied zwischen unbewusstem und bewusstem Lernen vorstellen, indem man das erste gedanklich ausblendet. Das würde bedeuten, dass ich für das Training, keine heiße Flamme anzufassen, ein Experiment machen müsste. Ich müsste an mir oder jemand

---

[31] Ins Auge springend, auffallend [63].
[32]"Spiegelneuronen "... sind Nervenzellen, die im Gehirn während der Betrachtung eines Vorgangs die gleichen Potenziale auslösen, wie sie entstünden, wenn dieser Vorgang nicht bloß passiv beobachtet, sondern aktiv ausgeführt würde" [64]. Ihre Entdeckung geht auf ein Experiment von Giacomo Rizzolatti an Affen zurück [65].

anderem eine Hautverbrennung bewusst, also über Planungsneuronen erzeugen, durch wissenschaftliche Analyse herausfinden, dass so etwas dem menschlichen Körper schadet, und erst dann speichere ich die Regel ab, meine Hand nicht in eine Flamme zu halten. Doch selbst wenn wir glauben, auf diese Weise eine absolut objektive, emotionslose Erkenntnis gewonnen zu haben, so basiert sie doch auf primären Metaphern. Es gibt nämlich Tausende von wissenschaftlichen Logiken und sie alle leuchten uns ein, wenn wir sie auf erlernte Abfolgen zurückführen können. Und so kommen wir zu den Kaskaden.

Kaskaden sind hierarchische (im Sinne von aufeinanderfolgend, vererbend, verschwisternd) Kombinationen von Konzepten (Schemen, Frames, Metaphern), die körperlich oft genug verwendet wurden, um eine feste Entität zu bilden. Ihre Bestandteile bleiben zwar erhalten [62, S. 218], allerdings werden sie bei der Erwähnung eines Triggers immer zusammen aktiviert. Der Begriff "Hinein" aktiviert gleichzeitig Weg-Meilenstein-Relationen, das Beinhalten, die Bewegung entlang eines Pfades zu einem Ziel [62, S. 219]. Physiologisch sind Kaskaden erlernte neuronale Netzwerke, die kognitive Verschaltungen für Gedanken und Begriffe unterschiedlicher Hirnregionen zusammenbringen [62, S. 218]. Sie verbinden also unterschiedliche, wiederum mit dem Körper verbundene Gehirnregionen, wodurch über den Weg der körperlichen Erfahrung linguistischen, gestischen und anderen Ausdrucksformen metaphorisch Sinn gegeben wird [66]. Das Besondere: Kaskaden, die bereits physiologisch realisiert wurden, werden zum Zwecke des Verstehens, aber auch während des kreativen Denkens und Sprechens immer wieder metaphorisch verwendet, d.h. bezüglich gänzlich anderer Themen. "Sie kletterte die Erfolgsleiter nach oben, rutschte ein paar Stufen nach unten, kletterte wieder hoch, stieß sich den Kopf an der Glasdecke, brach es, aber zerbrach es nicht", verbindet das Leiterklettern und die Karriere über eine Kaskade miteinander [vgl. 62, S. 219 f.]. Sie kennen vielleicht die Situation, wenn man länger über etwas nachdenkt oder Musik hört, während man mit dem Auto fährt oder spazieren geht. Hört man sich das Stück nochmals an oder wiederholt den Gedankengang, erinnert man sich an den Meilenstein, den man in jenem Moment passiert hat. Gleichzeitig hilft die Erinnerung an den Meilenstein, das in seiner Nähe Erinnerte wieder hervorzuholen. Das Konzept der Stationen des Gehens/Fahrens kann auch zum Verstehen des Endes einer Beziehung benutzt werden - "Unsere Liebe ist in einer Sackgasse gelandet" - aber genauso gut bei Problemen in einer Verhandlung "Die Verhandlungen haben sich festgefahren." [62, S. 215] Die Kaskaden werden immer als Ganzes aktiviert. Der Begriff "hinein" beispielsweise aktiviert die Konzepte von Bewegung, des Beinhaltens, der Bewegung entlang eines Weges auf ein Ziel zu, zusammen mit einem aktivierenden Kontrollknoten, welcher die Gleichzeitigkeit der Konzepte bewirkt [62, S. 219 f.].

Lakoff gab ein Beispiel zu einer mathematisch verwendeten, einfachen Kaskade [67]. Er führte das Verständnis der Operation $a \cdot (-1) = -a$ auf das sensomotorische Primärkonzept einer Drehung zurück. "a" repräsentiert hier eine lineare Bewegung in eine bestimmte Richtung. Die Multiplikation mit (-1) ist die Negation dieser Bewegung, ihre Verwandlung in ihr Gegenteil, was einer Drehung um 180° und der Fortbewegung in die entgegengesetzte Richtung $-a$ entspricht. Mit Hinblick auf das Vorzeichen von a kann man die Gleichung $(-1) \cdot (-1) \cdot a = 1 \cdot a$ in ähnlicher Weise verstehen. Die ursprüngliche Bewegungsrichtung a dreht sich nach der ersten Multiplikation mit -1 um 180° auf $-a$, nach der zweiten Multiplikation mit -1 um weitere 180° wieder zurück auf a. Sogar die übliche Darstellung der Multiplikation mit dem imaginären $i = \sqrt{-1}$ auf einer Achse, die gegenüber der Achse der reellen Zahlen um 90° gedreht ist, lässt sich über Körperdrehungen verständlich machen, da $(\sqrt{-1})^2 = -1$ einer zweimaligen Drehung um 90° entspricht, also insgesamt 180°. Das imaginäre i im Koordinatensystem aktiviert einen Schritt nach vorn, die 1 eine Drehung nach rechts und den Schritt in diese Richtung.

Trotz der übergreifenden Analogien ist die Möglichkeit von Ideen, die aus dem Nichts entstehen, in der Lehre von den Konzeptuellen Metaphern nur ansatzweise vorhanden. Man kann zwar Frames transzendieren, aber dies setzt immer voraus, dass eine entsprechende Verbindung schon vorhanden ist. Einen Ausweg liefert das Blending. In der kognitiven Linguistik bedeutet Blending, dass bestimmte neuronale Bereiche im Gehirn, somit auch konzeptuelle Schemata (Frames, Konzepte, Metaphern), miteinander verbunden sind, allerdings besteht diese Verbindung nicht mehr in der bloßen Abbildung einer Quelleneigenschaft auf ein Ziel, so wie bei den konzeptuellen Metaphern, sondern insgesamt aus vier Konzepträumen, d.h. aus zwei Inputräumen (die Quelle und Ziel beinhalten), einem generischen und einem Blend-Raum [68, S. 90 ff]. Beim Blending werden die Inhalte der Input-Räume über den generischen Raum vermittelt und auf den Blend abgebildet. Die Aufgabe des Blend - der grundsätzlich online, also als eine Art dynamisches Registergedächtnis arbeitet - ist es, Teile der Inputs zu ordnen, zu ergänzen und neu zu verknüpfen, wobei auch Emergenzen entstehen können. In der Limenistik sind Emergenzen, also völlig neue Konzepte, praktisch immer am Entstehen, wobei es die Aufgabe des bewertenden Verstandes ist, die passenden auszuwählen.

In [68, S. 94 f] wird ein Beispiel für das Blending angeführt, dass ich kurz wiedergeben möchte. Der Satz: "Sich das eigene Grab schaufeln" scheint zunächst eine Konzeptuelle Metapher zu sein, die durch bloße Abbildung eines Quellen- auf ein Zielschema entstanden ist. Das allgemeinere "Fehler machen und dadurch Schaden nehmen" wird mit dem konkreteren Grab-Friedhof-Frame erhellt. Allerdings passt das Modell der konzeptuellen Metaphern nicht ganz. Friedhofsangestellte machen durch das Grabschaufeln keinen Fehler, und das Grabschaufeln selbst führt nicht zum Tod, der die Auswirkungen des Fehlermachens ja symbolisiert. Im Quelle-Ziel-Modell müsste es vielmehr heißen: "Dein Tun vergiftet dich so lange, bis Du im Grab endest." Im Gegensatz dazu übernimmt das Blending den Grab-Friedhofs-Frame aus der Quelle und den Fehler-Dummheit-Tod-Frame aus dem Ziel und verbindet sie zu etwas Neuem, einfach, indem es die logische Reihenfolge

Tod-führt-zu-Grab in Grab-führt-zu-Tod umkehrt. Hinzu kommt ein pointierter Hinweis auf die eigene Verantwortlichkeit als neuer Aspekt.

Meine Damen und Herren!
Ich möchte nun beleuchten, welche Auswirkungen die Betrachtungen von Lakoff auf die Philosophie haben. In [55] stellte er klar, dass entgegen der für lange Zeit vorherrschenden philosophischen Meinung
(i) Denken nur zu einem geringen Teil bewusst ist.
(ii) Denken nicht abstrakt ist, sondern physisch, da hierfür neuronale Verbindungen im Gehirn nötig sind, die letztendlich immer in Bezug auf physische Erfahrungen entstehen.
(iii) der Verstand sich nur über unseren Körper auf die Welt und die Welt nur über unseren Körper auf den Verstand abbilden kann.
(iv) Emotionen für vernünftiges, gezieltes Denken nötig sind, da sie bewerten.
(v) Menschen nicht den gleichen Denk- und Vernunftschemen folgen.
(vi) der Verstand nicht nur von dem Menschen beherrscht wird, der ihn besitzt, sondern auch in Interaktion mit anderen Menschen gebildet wird, bewusst oder unmittelbar über Spiegelneuronen.
(vii) Denken und Begriffe die Welt nicht direkt beschreiben, sondern nur über Metaphern.
(viii) Begriffe den neuronalen Strukturen folgen, nicht direkt der Wahrheit in der Welt.

Kehren wir zunächst zum Strukturalismus zurück. Aus der Perspektive des Existenzialismus, die infolge der Verarbeitung des Zweiten Weltkrieges dem Subjekt quasi unendliche Freiheit zuschrieb, sich in frei gewählte Sphären frei zu entwerfen, es jedoch die volle Verantwortung für seine Taten übernehmen ließ, könnte man den Strukturalismus als eine darauf reagierende Apologetik betrachten. Der Strukturalismus weist nämlich jede Verantwortung des Subjekts zurück und schreibt sie dem System und seiner Macht zu. Tatsächlich stellt Lakoffs Konzeptuelle Metaphernlehre keinen Rückfall in den Existenzialismus dar, vielmehr beschreibt sie unser bewusstes Denken als einen marginalen Oberflächeneffekt des Gesamtdenkens und -lernens. Somit wird das bewusste Denken nicht direkt von irgendeinem System bestimmt, sondern von den erlernten, unterbewussten Prozessen, in die Systeme bestimmte Denkstrukturen einprägen können. Die Macht, von der wir uns getrieben fühlen, sind die in unser Gehirn eingeprägten neuronalen Verbindungen. Diese sind uns natürlich nicht bewusst, allerdings wirken sie auf das Bewusstsein und kommen uns deswegen wie fremde Mächte vor, die uns beherrschen, wobei die bewusste Entscheidung, also der freie Wille, zumindest prinzipiell das letzte Wort hat. Aber nicht nur der freie Wille gebietet dem Machtsystem Einhalt, sondern das Gehirn selbst. Die Foucaultsche Macht der Systeme wirkt nur indirekt auf unsere Entscheidungen ein, denn ein System kann nichts in den Verstand einprägen, was unser Gehirn durch die bekannten Lernmethoden nicht zu erlernen vermag. Es braucht also eine Resonanz zwischen den Anforderungen des Systems und den Fähigkeiten des Gehirns.

Am besten erkennt man dies an der Ethik, die bis heute entweder als ein Resultat humanistischer Vernunft oder - im Sinne Foucaults - als Zurichtung durch die Macht eines Systems gesehen wird. Ethik ist ein rein menschlicher Wesenszug, der meiner Meinung nach keinesfalls aus strukturalistischen Notwendigkeiten funktionierender Systeme oder utilitaristischen[33] Kosten-Nutzen-Berechnungen resultiert, auch nicht aus der Vernunft im Sinne des Kategorischen Imperativs[34] Immanuel Kants. Ethische Regeln sind primär keine Notwendigkeiten, damit eine Gesellschaft ökonomisch erfolgreich funktioniert, und sie entspringen - wie ich glaube - auch nicht aus göttlicher Weisheit. Es gibt nur einen einzigen Grund für die Existenz von Ethik: die Fähigkeit des Menschen zur Empathie. Empathie lässt die Eltern die Bedürfnisse ihrer Kinder fühlen, sie lässt uns bei der gemeinsamen Arbeit die Stärken des Kollegen einschätzen und bei einem Kampf die Schwächen des Gegners. Bezüglich der Vernunft gibt es zwei Einschränkungen. Einerseits muss man vernunftbegabt sein, um die empathischen Regungen sinnhaft, auch abstrakt einordnen zu können. Nicht jede unmittelbare empathische Regung ist sinnhaft hinsichtlich der Empathie selbst. Will ich jemandem aus dem Feuer retten, weil ich seinen Schmerz nachfühle, darf ich nicht blindlings hin-

---

[33] Utilitarismus ist die "Lehre, die im Nützlichen die Grundlage des sittlichen Verhaltens sieht und ideale Werte nur anerkennt, sofern sie dem Einzelnen oder der Gemeinschaft nützen." [69]
[34] Der Kategorische Imperativ besagt: "Handle so, dass die Maxime deines Willens jederzeit zugleich als Prinzip einer allgemeinen Gesetzgebung gelten könne."

einlaufen. Man könnte überspitzt sagen, dass sich die rationale Vernunft des Menschen zur Verbesserung seiner Ethik, sozusagen als ein "Plug-in" zur Empathie herausgebildet hat. Zweitens kann man nur empathisch erfassen, was Körper und Gehirn des Individuums erlauben [53]. Somit ist jede Empathie immer eine Art von Resonanz, ähnlich wie bei der Zurichtung des Verstandes durch Systeme: Was man nicht fühlen kann, kann man weder bei sich noch bei anderen fühlen. Was man noch niemals gefühlt hat, ist schwierig, bei anderen zu fühlen.

Die Empathie steht dem Utilitarismus, also der reinen Nutzenorientierung, aber auch der Aufklärungsvernunft entgegen. Während der Kategorische Imperativ Kants das Subjekt mit all seinen Vorstellungen von Ethik in die anderen Personen hineintransferiert, eben weil es jene Vorstellungen zum allgemeinen Gesetz machen möchte, führt die Empathie dazu, dass das Subjekt zum oder zu den anderen wird. Es geht nämlich nicht darum, sich als identisch mit dem anderen zu betrachten und deswegen aus dem, was man selbst für gut hält, Gesetze zu formulieren, sondern es geht darum, durch empathische Fähigkeit die völlig andere Lage zu erfassen, in der sich der Gegenüber befindet. Die Tatsache, dass wir der andere nicht sind, spielt dabei nur insoweit eine negative Rolle, als dass wir seine Intention erraten müssen und daher getäuscht werden können. Darüber hinaus sind sich die Menschen in ihren grundlegenden Emotionen so ähnlich, dass - wenn wir es wollten - wir diesbezüglich tatsächlich zu jemand anderem werden könnten. Die empathische Fähigkeit bezieht sich meiner Meinung nach ebenfalls auf die Person selbst. Empathie ist auch auf die eigenen Bedürfnisse anwendbar. Sie richtet sich sozusagen nach innen und ist die Grundlage der bewussten Selbsterfahrung [vgl. 70]. Dabei stellt sich die Frage, inwieweit die Selbstempathie im Umgang mit anderen Menschen erst geschärft wird.

Versuchen wir, uns diesen Prämissen mithilfe des Modells der Spiegelneuronen zu nähern. Spiegelsysteme im Gehirn werden oft auch als Simulationssysteme bezeichnet. Simulationsfähigkeit wiederum bedeutet, ein bestimmtes Geschehen mit all seinen Auswirkungen gedanklich so genau wie möglich reproduzieren zu können. Entsprechend muss die gedankliche Vorstellung als Simulation verstanden werden, die durch das bewusste Nachdenken, sich in Erinnerung rufen, Träumen oder unwillkürliche Flashbacks hervorgerufen wird. Lassen Sie mich an dieser Stelle zwei Postulate anbringen: (i) Es findet immer eine gleichzeitige Simulation des eignen Tuns statt. Das heißt, wenn ich nach einer Tasse greife, simuliert mein Gehirn dieses Greifen zur selben Zeit. (ii) Die Vorstellung wird auch unmittelbar, durch Sinneswahrnehmungen, vor allem durch die Beobachtung eines bestimmten Tuns bei jemand anderem ausgelöst. Nur wird sie durch die Beobachtung verdeckt.

Wenn ein Primat eine Handlung ausführt, ob bewusst oder geplant, aktivieren sich bestimmte neuronale Bereiche in seinem Gehirn. Beobachtet er die Handlung bei jemand anderem, sind dieselben Bereiche teilweise aktiv, was zum

Nachempfinden dessen führt, was der andere gerade erlebt. Das gilt nicht nur für aktive Handlungen, sondern auch für passive: Wenn der Primat gestreichelt wird, werden sensorische und körperliche Neuronen in bestimmten Gehirnregionen aktiviert. Wenn der Primat die Erfahrung bei einem anderen Primaten beobachtet, wird ein Teil der gleichen Neuronen aktiv. Er spürt Ähnliches. Neuronen werden auch bei menschlich-emotionaler Erfahrung aktiviert, z.B. Ekel. Ein Teil der gleichen Neuronen wird aktiviert, wenn man einem Menschen andere Menschen vorführt, die bloß anhand des Gesichtsausdrucks und der Körperhaltung zeigen, dass sie eine unangenehme Emotion durchleben [71].

Der Teil der Neuronen, der bei der eigenen Aktion oder Erfahrung feuert und ebenfalls bei der bloßen Beobachtung, sind die Spiegelneuronen. Sie sorgen dafür, dass vermeintliche Wahrnehmungen des anderen im Beobachter simuliert werden, z.B. das Gefühl in den Hautrezeptoren, vielleicht der Geruch und natürlich die höhere Emotion (Leid, Ekel ...), die sich mit der Aktion des anderen verbindet. Spiegelneuronen agieren nicht nur präsensorisch, sondern auch prämotorisch, d.h. auch die Motoneuronen werden durch sie aktiviert bis hin zur Auslösung der beobachteten Aktion, z.B. beim gemeinsamen Gähnen. Die Simulation kann somit als Vorstufe der Nachahmung von Taten betrachtet werden. Tatsächlich gibt es ein Beinahe-Nachahmen, da eingeübte Mechanismen wie z.B. das Tanzen motorisch präaktiviert werden (Muskelkontraktionen, Wippen), wenn man sie bei anderen Tänzern beobachtet. Freilich muss es sich um den gleichen Tanz handeln [72].

Kehren wir noch einmal zu uns selbst zurück. Führen wir eine Aktion aus oder werden wir in ein Ereignis involviert, so sind nicht nur die primären Senso- und Motoneuronen aus jenem Ereignis aktiv, sondern auch die Spiegelneuronen, durch die wir unsere eigene Reaktion nachfühlen könnten. Allerdings werden die simulierten Gefühle durch die primären überdeckt, d.h., Simulation und Empfindung sind nicht unterscheidbar. Jemand, dem eine Spinne über die Haut läuft, spürt primär die tatsächlichen Spinnenfüße und nicht deren Simulation, obwohl diese Simulation ebenfalls ausgeführt wird. Unterscheidbar werden tatsächliche Empfindung und Simulation erst, wenn man die Aktion nicht ausführt, sondern sich an sie erinnert, sie sich vorstellt, sie antizipiert, von ihr spricht, von ihr sprechen hört, oder bei jemand anderem beobachtet. Wir spüren also Empathie gegenüber uns selbst, gegenüber unserem vergangenen, aber auch in die Zukunft entworfenen Ich, gegenüber anderen und gegenüber deren vergangenen oder zukünftigen Ichs.

Ich muss zugeben, dass ich mich mit diesen Prämissen weit in die Spekulation begebe. Zu der Frage, ob Spiegelneuronen für die menschliche Ethik verantwortlich sind oder ob sie unseren Hang zur Nachahmung motivieren, liegen keinesfalls vollständige wissenschaftliche Untersuchungen vor. Aber mit der Überinterpretation der Möglichkeiten der Spiegelneuronen bin ich nicht allein. Hier ist meine Meinung: Die Empathie ist viel älter und sitzt tiefer als irgendeine Vernunft. Empathisches Handeln ist einerseits ein automatischer Reflex, andererseits besteht die Möglichkeit, Empathie bewusst zu regulieren [71]. Mit jemandem, der gern traurige Filme schaut, um dabei zu weinen, wird man irgendwann nicht mehr mitweinen, wenn man nicht selbst eine solche Anlage besitzt. Soldaten müssen sich die Empathie hinsichtlich des gegnerischen Leids abtrainieren, hinsichtlich der gegnerischen Taktik jedoch nicht. Dafür, wie auch für das situationsbedingte Aktivieren von Empathie, braucht es empirische oder autoritäre Rückkopplung. Vernunft und Intelligenz können grundsätzlich mit hoher Empathie verbunden sein, müssen es aber nicht. Ein intelligenter Mensch kann über eine hohe Empathie verfügen oder keine, er kann sie wiederum für gute oder schlechte Taten einsetzen. Empathie kann in einem Menschen verkümmern oder verstärkt werden. Das, was wir als bewusst formulierte Ethik kennen, baut auf der Empathie auf und versucht, sie je nach Gesellschaftssystem in eine bestimmte Richtung zu bewegen. Die Herrenmoral Nietzsches sieht im anderen den Gegner, den Waffenbruder, im Sklaven den Minderbemittelten, dem man eine ihm angepasste Tätigkeit verschaffen muss. Die Sklavenmoral sieht im anderen den Leidensgenossen, im Herren den Bösen, dessen Handeln man möglichst voraussehen muss, um zu überleben. Ohne die Veranlagung zur Empathie wäre eine Ethik nicht denkbar. Jede Ethik würde mit einer Schwächung der Empathie verschwinden.

Auch wenn die Empathie nichts mit Utilitarismus oder Aufklärungsvernunft zu tun hat, so muss sie doch einen evolutionären Nutzen haben. Bereits erwähnt habe ich das lernende Nachahmen bestimmter Tätigkeiten - beispiels-

214

weise bei Kindern - aber auch die Einschätzung von Stärken und Schwächen des Gegenübers. Darüber hinaus bedeutet Empathie im beidseitigen Prozess immer Bestätigung. Identität zwischen dem Verhalten des einen und dem jenes reproduzierende Verhalten des anderen Menschen bestätigt, dass der Zweite auf den Ersten eingeht, was, wie im Falle des Kindes, eine positive Wirkung haben kann, aber auch eine negative, wenn man sich beobachtet und imitiert sieht. Empathie stärkt generell die Verbindung zwischen den Menschen, die Intuition füreinander, für die Antizipation ihrer Pläne bzw. ihres unmittelbar zukünftigen Verhaltens. Im Vergleich zu allen anderen Ethikmodellen würde die empathische Ethik besagen, dass alles das ethisch gut wäre, was die Spiegelneuronen zum Feuern bringt, also das Lernen von jemand anderem, das sich Abschauen, das Mitfühlen von Leid, das sich Mitfreuen bei Glück, das Studieren eines Gegners, um ihn im Sport oder im Kampf zu schlagen. Leider hat man die Prämisse der Empathie für die Ethik in den letzten Jahren hauptsächlich in Richtung eines nach außen gewendeten Kategorischen Imperativs verstanden: Vermeide zu tun oder zu sagen, was dem anderen wehtun könnte (In der ursprünglichen goldenen Regel des Imperativs: was dir wehtun würde). Einerseits handelt es sich hierbei nur um einen Teil einer empathischen Ethik. Noch problematischer wird das Ganze, wenn man den gewendeten Imperativ nicht mehr auf konkrete Personen, sondern auf Identitäten bezieht. Man kann nämlich keine Kategorien verletzen, sondern nur Menschen. Darüber hinaus zementiert Identitätsbezug jene Identitäten und stellt sie einander feindlich gegenüber. Hieraus kann man ableiten, dass nur

215

der persönliche Umgang mit Menschen zu einer menschlichen Ethik führen kann, freilich basierend auf bestimmten Grundsätzen, die aus der Ähnlichkeit der Menschen resultieren, aber nicht auf rein theoretischen Ethikmodellen.

Lassen Sie uns nun die Konzeptuellen Metaphern mit der Limenistik verbinden. Frames, Metaphern und damit auch Konzepte entsprechen den j-ZIG in der limenistischen Nomenklatur, also gedanklich zwingend integrierten Gemeinsamkeiten, die selbst wieder zwingend in ein größeres j-ZIG integriert sein können. Beachten Sie, dass f- und ff-ZIG objektiver Natur sind, beispielsweise bestimmte, durch die Geo- und Biosphäre eingestellte Gaskonzentrationen in der Atmosphäre eines Planeten. j-ZIG integrieren hingegen menschlich-subjektiv zugewiesene Gemeinsamkeiten. Das "oben" auf der Leiter und das "oben" in der Karriere sind innerhalb der j-ZIG zusammengehörende Merkmale, die sich über die Korrelation "oben" ist "gut" zwanghaft ergeben [vgl. 51, S. 37]. Bei besonders starken Verbindungen gibt es, wie bei den ff-zwingend integrierten Gemeinsamkeiten, immer mindestens ein Konzept, das für den Zusammenhalt des Gesamtkonzeptes hinzugenommen werden muss, aber nicht zu den ursprünglichen Unterkonzepten gehört: die Eigentlichkeit. Bei j-ZIG ist die Eigentlichkeit der eigentliche Sinn oder die Bedeutung der vereinigten Konzepte. Die Eigentlichkeit der Farben in einem Regenbogen ist sowohl physikalisch-objektiv als auch im Rahmen menschlicher Wissenschaft der Bogen, da die Farben ohne ihn nicht ff in ihrer Reihenfolge zusammenkämen. Die Eigentlichkeit der Zusammenarbeit mehrerer Spezialisten ist ihr gemeinsames Produkt. Die Karriereleiter ist der Karriere eigentlich, da sie den Unterkonzepten der Karriere eine Bedeutung gibt. Doch ein sinnhaft erscheinendes *j-ZIG* muss nicht für jeden Menschen gleich sinnhaft sein, insbesondere, da neben rationalen Argumentationskaskaden oder empathisch erkannte Zusammenhänge auch solche fest im Bewusstsein sitzen, die sich durch körperliche Erfahrung etabliert haben. Jene Kaskaden haben nichts mit der jeweiligen Wissenschaft zu tun, was auch für die Argumentationsketten von Wissenschaftszweigen untereinander gilt. Beispielsweise sollte man Psychologie nicht mit ausschließlich mathematischen Konzepten betreiben. Die moderne Priorisierung quantitativer Messbarkeit menschlicher Lebensaspekte stellt diesbezüglich eine nicht zu unterschätzende Gefahr dar.

Meine Damen und Herren!
Nach diesem langen ersten Teil zu den Metaphern werden wir nun eine Pause von fünfzehn Minuten einlegen.

Meine Damen und Herren!

Willkommen zurück. Meine Kolleginnen und Kollegen haben sich in den vergangenen Vorträgen ausführlich mit den Grundlagen der Versinnhaftung, d.h. der sinnhaften Verankerung von Aussagen innerhalb einer bestimmten Welt und damit der Abweisung bzw. Aufhebung von Widersprüchen befasst. "Sie ist ganz oben auf der Karriereleiter angekommen" klingt allerdings selbst nach einem Widerspruch, denn Karriere hat nichts mit einer Leiter zu tun. Diese Feststellung scheint paradox, denn Metaphern sollen die Konzepte ja strukturieren, also im Rahmen der BEVOR versinnhaften.

Lassen Sie uns einen genaueren Blick auf den Widerspruchsaspekt von Metaphern werfen und dafür ein paar grundlegende Überlegungen anstellen. Aristoteles (384 v. Chr. - 322 v. Chr.) meinte, Metaphern seien Quellen der Erkenntnis, da sie die Ähnlichkeit weit auseinanderliegender Dinge erkennen ließen (was ohne die SelbstÄhnlichkeit der Welt freilich nicht funktionieren würde). Insbesondere, wenn dieser Abstand zwischen etwas bereits Bekanntem und etwas wenig Bekanntem aufgespannt wird, hilft die Metapher, das weniger Bekannte mithilfe des gut Bekannten zu verstehen. Einem Eselzüchter hilft die Metapher des "Drahtesels" sicherlich dabei, Sinn und Zweck des Fahrrades einzuordnen, wenn er jenes nicht kennt. Rene Descartes (31.1.1596 - 11.2.1650) schrieb den Metaphern hingegen eine schädliche, die Wahrheit verschleiernde Wirkung zu. Er kritisierte ihren Gebrauch im Hinblick auf ihre vermeintliche Ungenauigkeit. Für ihn war die Metapher allerhöchstens eine mangelhafte Vorstufe zu einem Begriff, der seinen Inhalt exakt beschreibt. Wer hat nun Recht, Aristoteles oder Descartes? Ist die Metapher vielleicht doch nicht so hilfreich für das Verständnis, wie Lakoff es postuliert?

Wir alle gehen davon aus, dass Menschen die Realität so gut wie möglich verstehen wollen, was ihnen aber nur in dem Rahmen möglich ist, wie sie jene sinnlich erfahren und diese Erfahrungen bzw. Erscheinungen in einen sinnhaften Zusammenhang mit ihrer Welt bringen können. Daher sind Begriffe gegenüber dem realen Bezeichneten grundsätzlich ungenau, denn sie können niemals die Zusammenhänge vollständig wiedergeben, durch die das Bezeichnete in der Realwelt objektiv versinnhaftet bzw. mit ihr verbunden ist. In Anlehnung an Merleau-Ponty würde ich sagen, dass Begriffe auch bezüglich unserer Erfahrungen jener realen Dinge nur Metaphern im Sinne stellvertretender, meist unvollständiger Abbildungen sind. Selbst die individuelle Erinnerung an die Erfahrung schneidet gewisse Aspekte davon ab, einfach deswegen, weil jene nicht in den BEVOR versinnhaftet oder die BEVOR nicht entsprechend erweitert werden können. Somit gibt das abgespeicherte Phänomen nicht nur die objektive Welt unvollständig wieder, sondern auch seine eigene Erfahrung. Um sich der Erfahrung des Phänomens dennoch sprachlich anzunähern, setzt man zusätzliche Begriffe als Metaphern ein, die in ihrer kombinierten Bedeutung den sinnhaften Zusammenhängen der BEVOR widersprechen können, wodurch sie sich gegenseitig widersprechen. Allerdings ist das nur im Hinblick auf die BEVOR der Fall, denn dem erfahrenen Objekt will man sich über diese Widersprüche ja annähern.

Der Kern jeder Metapher ist die Analogie, also die Artikulation (zugewiesener) Gemeinsamkeiten, die das zu Beschreibende mit den beschreibenden Phänomenen gemein hat, die jene Begriffe ursprünglich bezeichneten. Bei Lakoffs konzeptuellen Metaphern besteht die Analogie in einer Assoziation körperlich erfahrener Konzepte mit abstrakten Konzepten, die sich strukturell und hinsichtlich der emotionalen Wertung auf Erstere zurückführen lassen. Bei der Karriere handelt es sich um zeitliche, oft auch räumliche Qualitäts- und Quantitätsschritte, beim Leitersteigen um räumlich-zeitliche Quantitätsschritte, die mit "höher" aufsteigenden Qualitäten zugeordnet werden: Mehr Gehalt = höheres Level im Geldsack = positiv. Beachten Sie, dass die positive Bewertung hier nicht aus dem Leitersteigen kommt, sondern in einem Kreuzverweis aus dem Mehr an Gehalt. Ein weiteres Beispiel ist die Verbindung aus dem Einschalten von Licht, einer sensorischen Erfahrung (Wahrnehmung per Auge) und der damit verbundenen freudigen Entdeckung, beispielsweise eines Schlüsselbundes, nach dem man schon eine Weile gesucht hat. Somit wird "Erhellen" metaphorisch als "Entdecken" oder "Herausfinden" benutzt, sogar wenn es sich um die Entdeckung einer abstrakten Theorie handelt.

Aufgrund dessen möchte ich die Lakoffschen Konzeptuellen Metaphern gern den "literarischen" gegenüberstellen, bei denen die Analogie in einer gewissen anschaulichen

Ähnlichkeit zwischen den Konzepten liegt und nicht primär in einer übertragbaren leiblichen Erfahrbarkeit. (Im Weiteren werde ich den Begriff Konzept nicht mehr nur auf die Abbildung von körperlichen Quell- auf abstraktere Zielframes beziehen, sondern generell auf zu beschreibende Erfahrungen und diejenigen Phänomene, deren Begriffe hierfür verwendet werden. Herr Lakoff möge mir verzeihen.) Beispielsweise ist die "Baumkrone" eine Verbindung aus der Pflanze und einer Königskrone hinsichtlich ihrer Position bzw. Form. Ein weiteres Beispiel: "Deine Augen sind Sterne in tiefer Nacht" ist ein recht schmalziges Kompliment, das gleich zwei Metaphern enthält. Nicht nur die "Sterne in der Nacht" sind eine Metapher, sondern auch das Wort "tief", da eine Nacht rein astronomisch oder physikalisch nicht tief sein kann, etwa so wie ein Brunnen. Allerdings ist ein tiefer Brunnen finster wie die Nacht, sodass man der Metapher durchaus Sinn abgewinnen kann.

Metaphern sind also Widersprüche in sich und gleichzeitig auch nicht, somit doppelte Widersprüche. Der Widerspruch zwischen den üblichen Inhalten der zur Beschreibung verwendeten Begriffe macht dabei den metaphorischen Grad aus und verleiht der Metapher gleichzeitig ihre Mystik. Eine Metapher aus der praktisch-realen Welt, die völlig frei von Mystik ist, wäre der "Polarbär". Beim "Polarbären" gibt es keinen Widerspruch zu den praktisch-realen BEVOR, da sich die Begriffe "Polar" und "Bär" in deren Rahmen nicht widersprechen. Beim "Eisbären" ist das anders, denn Bären sind für gewöhnlich nicht aus Eis. Eine "Laufmasche" besitzt einen von null verschiedenen

221

metaphorischen Grad, da weder eine Masche noch eine Laufmasche laufen können wie Menschen. Jedoch ist der Grad niedrig. Der Widerspruch in Begriffen mit hohem metaphorischem Grad lässt sich erkennen, wenn man sie in ihre Bestandteile aufspaltet. Ein Polarbär ist ein Bär, der in der Polarregion lebt. Aber die "Baumkrone" ist keine Krone, die auf einem Baum sitzt, statt auf einem König. Das "Automobil" kann nicht auf die Selbstbewegung reduziert werden, zumal es sich nicht einmal selbst bewegt. Das "Licht der Wahrheit" lässt sich nicht auf Licht zurückführen, welches Wahrheit ausstrahlt, nicht einmal auf den im Licht gefundenen Autoschlüssel.

Symbole haben ebenfalls einen metaphorischen Grad nahe null. Das Autokennzeichen "BK" im schönen Backnang steht in keinem Bedeutungswiderspruch zu dem Nummernschild, auf dem es steht, die "Baumkrone" allerdings zur Baumkrone. Symbole bezeichnen im Wesentlichen nur sich selbst. Für Eigennamen gilt das Gleiche, da es sich um konkrete Personen handelt, deren Eigenname genau für die Person steht, die damit bezeichnet wird. Wie schon gesagt bleiben Begriffe, selbst solche mit geringem metaphorischem Grad, dennoch Metaphern, weil sie weder mit dem erfahrenen noch mit dem realen Bezeichneten übereinstimmen, selbst wenn sie entsprechende Frames im Bewusstsein hervorrufen.

Meine Damen und Herren!
Lassen Sie uns die literarischen Metaphern nun ein wenig systematisieren. Zunächst gibt es Metaphern, die als reiner

Schmuck oder Ornamente zu verstehen sind [73]. Ornamentmetapher verstärken bestimmte Begriffe, bemalen sie, um ihre emotionale Wirkung auf den Zuhörer zu erhöhen. Nehmen Sie den Satz: "Deine Sternenaugen strahlen." Diese Ornament-Metapher beinhaltet einen Widerspruch, denn Sterne sind keine Augen und die beiden Frames - Astronomie und Physiologie - liegen weit auseinander. Allerdings ist der Widerspruch nur schwach, da die beiden Begriffe "Sterne" und "Augen" aufgrund häufiger Gleichsetzung nahe beieinanderstehen. Außer den Ornamentmetaphern gibt es weitere, beispielsweise spezifizierende Metaphern. Mit ihnen wird ein Zusammenhang spezifiziert, indem verwobene Gemeinsamkeiten durch stellvertretende *ZIG* oder Agenten deutlich gemacht werden, welche jene Gemeinsamkeit teilen. Der Polarbär (eigentlich ein bärenartiges Tier, das am Polarkreis lebt) wird durch die Region und die Zugehörigkeit zur Tierart Bär gekennzeichnet. Bei der "Laufmasche" existiert eine Gemeinsamkeit zwischen "Laufen" im Sinne von "Weglaufen" und dem herausgezogenen Faden der Laufmasche. Erläuternde Metaphern wiederum erklären ein Konzept mithilfe eines anderen Konzepts. Bei der "Karriereleiter" dient die "Leiter" zur Erklärung des Konzepts des Auf- bzw. Abstiegs während der Karriere. Die Karriereleiter ist keine spezifische Leiter wie eine Trittleiter.

Die beschriebenen "relativen" Ornament-, spezifizierenden oder erläuternden Metaphern gehen trotz ihrer Widersprüchlichkeit nicht über vorhandene Konzepte hinaus. In den "Sternenaugen" befindet sich nichts jenseits von "Ster-

223

nen" und "Augen". Die "Karriereleiter" ermöglicht lediglich höherbezahlte Positionen im Job. Hans Blumenberg (13.7.1920 - 28.3.1996) betrachtete hingegen Metaphern, die Aussagen jenseits der sprachlich zugänglichen Konzepte erbringen können. Diese sogenannten "absoluten Metaphern" ergänzen - laut seiner Definition - die vorhandenen Begriffe um das begrifflich nicht Fassbare. Absolute Metaphern repräsentieren "das nie erfahrbare, nie übersehbare Ganze der Realität." [74, S. 25] Während durch relative Metaphern Bezeichnetes - in anderen Begriffen - verständlich beschrieben werden kann, können absolute Metaphern nicht in lückenlose Erläuterungen rückübersetzt werden, ohne ihre Aussagekraft zu verlieren. Anders gesagt: Für die beschreibende Bezeichnung eines, meist neuen Gegenstandes wie seinerzeit die Glühbirne, reicht die vorhandene Sprache nicht aus [vgl. 75]. Diese Unmöglichkeit macht die Mehrinformation in der absoluten Metapher aus und fixiert sie gleichzeitig im Gebrauch. Aus ihr leitet sich die Stabilität der absoluten Metapher ab.

Das Paradebeispiel für eine absolute Metapher ist das "Licht der Wahrheit", wobei das Unbeschreibbare in der Erkenntnis, die Erfahrung des "fallenden Groschens", durch das Licht absolut erklärt werden soll. "Licht ist das Eindringliche, es schafft in seiner Fülle jene überwältigende, unübersehbare Deutlichkeit, mit der das Wahre 'heraustritt', es erzwingt die Unentziehbarkeit der Zustimmung des Geistes." [76, S. 140]. Dieses Gefühl ist erfahrbar und durchaus vorstellbar, aber kaum begrifflich beschreibbar oder erklärbar.

224

-In [77, S. 66ff] wird mit Bezug auf Parmenides (520/515 v. Chr.-460/455 v. Chr.) "im Licht stehen" im Sinne von Sein und "im Licht stehen" im Sinne von Verstanden-Sein bzw. als Wahrheit Gedacht-Sein gleichgesetzt. Sein, Wahrheit und Licht stehen in gleicher Weise Nichtsein, Meinung und Dunkel gegenüber. Bei Parmenides ist Licht Metapher für eine Denkwelt, in der alle Trübungen und bloßen Meinungen durchleuchtet und durchschaut sind, in der alles dasselbe ist, was gedacht werden kann und was ist. Licht bringt sich selbst hervor, wie das Denken sich selbst hervorbringt. Das Licht ist daher nur insoweit Metapher für das Erkennen, als das Denken der Wahrheit bei Parmenides nur durch Denken hervorgebracht wird, so wie Licht durch sein Leuchten erscheint.

-Für Platon [77, S. 68ff] hat Sein, somit Wahrheit, das im Licht der Wahrheit Erscheinende. Das Sein, also die Wahrheit, ist nur seiner selbst bedürftig, um sich dem Geist zu zeigen, so wie das Licht dafür nur seiner selbst bedarf. Ähnliches gilt für den Geist, der sich durch sein Sein - nämlich zu denken - sich selbst zeigt. Licht macht sich selbst und alles andere sichtbar, so wie der Geist dies in der Erkenntnis tut. Der Geist realisiert in der Erkenntnis, womit er etwas aus sich selbst erkannt hat, so wie ein Mensch weiß, dass er mithilfe seiner Lampe den Autoschlüssel gefunden hat. Im Sonnengleichnis zwischen Licht im Verhältnis zu Gesicht und Gesehenem einerseits und dem Guten im Verhältnis zu Denken und Wahrheit andererseits sind Licht und Gesicht laut Platon sonnenartig, aber sie sind nicht die Sonne selbst. In Analogie sei die

Wahrheit dem Guten verwandt, aber nicht mit ihm identisch. Die Idee des Guten ist die Quelle des Erkennens der Wahrheit - dem Einleuchten der Wahrheit in die Seele - so wie die Sonne der Grund der Sichtbarkeit und des Sehens von allem Erscheinenden ist. Die Sonne wie auch das Gute sind von jedem in ihrem Licht bzw. in seiner Wahrheit erscheinenden Gegenstand prinzipiell verschieden, auch vom Erscheinungsprozess selbst [vgl. 77, S. 68-69]. Mit dem Genannten führte Platon eine Metaphysik des Erkennens ein, in der der Geist als Hort des Guten, welches die Erkenntnis gewährt, im Vordergrund steht und das Licht nur eine erläuternde, eher relative Metapher darstellt.

-Plotin (205 - 270) löste sich ganz aus der Metaphorik des Lichts, indem er den Geist selbst zu intelligiblem Licht erklärte [77, S. 70ff]. Geist wird tatsächlich zu einem geistigen, "wahrhaften Licht", zu all dem, was zum Erkennen führt. Jenes Licht ist keine Eigenschaft des Geistes, sondern er ist es wesenhaft. Es ist das, was Denken zur Wahrheit in sich leistet. Geist ist derjenige, der sich selbst denkt, der sich permanent selbst durchlichtet, die Einheit von Denken und Gedachtem. Denken mit Gedachtem bzw. das erkennende Auge mit dem Gesehenen eins werden zu lassen, kann nur der Geist erreichen, welcher sich dadurch als "wahrhaftes Licht" realisiert im doppelten Sinn [vgl. 77, S. 72]. Man könnte auch sagen: Wenn der Geist in seinem Zustand als "wahrhaftes Licht" es schafft, sich selbst zu denken und dabei gleichzeitig zu erkennen, wie er sich selbst erkennt, dann schafft er das auch mit allen anderen Dingen. Verfügt er über ein gutes Gedächtnis, werden die Dinge in Form von Ideen zu einem Teil von ihm und gleichzeitig mit ihm identisch. Plotin bleibt bei seinem

Verständnis von Erkenntnis dennoch in der Lichtmetaphorik verhaftet, da für ihn das Denken nicht nur "wahrhaftes Licht", sondern auch "wie Licht" bzw. "Licht vor dem Licht" ist.

-Mit dem Christentum remetaphorisierte sich das Licht der Erkenntnis, da es ihm eine eigene Art zuschrieb. Augustinus (13. 11. 354-28. 8. 430) sprach von Gott als intelligiblem Licht, vom Licht machenden Licht, welches das Licht schafft, in dem wir einsehen [77, S. 73ff]. Allerdings ist dieses Licht kein als emanatives Substrat verstandener Geist, in dem jener sich erkennt, sondern permanent und unveränderlich von Gott. Es ist DIE Bedingung der Möglichkeit jedes Erkenntnisaktes. Es leuchtet unserer Seele erkenntnisweise ein, wodurch es in der Sphäre des Endlichen wirkt. Wir können die Präsenz des Lichtes der Wahrheit in Erkenntnisprozessen spüren, es zeigt uns den Moment der Sinnhaftung an, aber wir werden es niemals strukturell erfassen oder im Denken gar eins mit ihm. Indem man nach Gottes Wahrheit fragt, sie verendlicht, verlässt man jenes Licht sogar. Somit erhält sich die Absolutheit der Metapher selbst, und damit ihr mystischer Anteil.

-Im Rahmen der Aufklärung wurde das Licht der natürlichen Vernunft schließlich zur Metapher für den Ort und das Instrument zur Überwindung bloßer Einbildungen, was einer Rückkehr zu Parmenides entspricht [77, S. 78].

Meine Damen und Herren!
Wie bringt das Erkennen das Erkannte hervor, wie das Wesen des Erkennenden, und wie den Erkenntnisprozess selbst? Über die Metapher des Lichts wollte man sich der Antwort auf diese Frage über Jahrtausende nähern,

schwankend zwischen der metaphorischen Auffassung "Der erkennende Geist ist wie Licht", und der metaphysischen: "Der Geist ist (geistiges) Licht, das so wie das sichtbare funktioniert." Erst mit Kants Transzendentalphilosophie - laut der nur das vorhandene Wissen, das zu Erkennende beleuchten kann - wurde das Licht der Erkenntnis zur relativen erläuternden Metapher, wenn auch einer sehr komplizierten. An dieser Stelle möchte ich die absoluten Metaphern gern erweitern, und zwar um diejenigen Konzepte, welche tatsächlich, aber nur sehr schwer mit den momentanen Begriffen beschrieben bzw. auf sie reduziert werden können, weil sie entweder zu kompliziert aufgebaut sind - "Automobil" - oder zu abstrakt - "Atom".

Kommen wir zum Unterschied zwischen Lakoffs Konzeptuellen Metaphern und Hans Blumenbergs absoluten Metaphern (*Bild 6*). Für Lakoff sind Konzepte primär, die körperlich und daher kognitiv leicht erfassbar sind. Lakoff sucht nach Verbindungen zwischen Frames, die zu einer Sinnhaftigkeit komplexer oder abstrakter Konzepte führen, und zwar basierend auf grundlegenden körperlichen Erfahrungen. Er sucht also nach Methoden des Gehirns, das Verständnis jenen abstrakten Konzepten maximal anzunähern, und zwar durch die Abbildung kognitiv leicht erfassbarer Konzepte und ihrer Frames auf die komplizierteren. Jenseits der Konzepte und damit der Konzeptuellen Metaphern existiert für ihn nichts. Die Strukturierung der Wahrheit beispielsweise würde bei Lakoff einfach durch das körperlich erfahrbare Konzept des Lichts erfolgen, durch das wir unsere Umgebung sehen können.

Für Blumenberg sind diejenigen vorhandenen Begriffe primär, die im Zusammenspiel eine Anschauung des Nichtausdrückbaren vermitteln. Blumenberg hat eher die Differenz in der Analogie, den doppelten Widerspruch zwischen bezeichneter Erscheinung und bezeichnenden Metaphern im Sinn, die der schwierig bzw. nicht-erfassbaren Sache genügend Raum lässt, während sie deren Rahmen in der dafür nötigen Genauigkeit absteckt. Bei Blumenberg erfolgt die Strukturierung beispielsweise der Wahrheit über die Differenz zwischen dem Konzept "Licht" und der Erfahrung "Wahrheit", nicht primär über deren explizite Gemeinsamkeiten. Die absolute Metapher "Licht der Wahrheit" sagt: "Licht ist nicht Wahrheit, denn die üblichen Bedeutungen der Begriffe stehen im Widerspruch zueinander. Aber im 'Licht der Wahrheit' steckt eine der Erkenntnis eigene Emotion, eine Wirkung, die sich nicht mit anderen Begriffen beschreiben lässt." Eine Masche kann nicht laufen, aber in der "Laufmasche" steckt eine Aussage, die mit kohärenten Begriffen nur schwer spezifiziert werden kann. Während für Lakoff die physische Erfahrung des Lichts die konkrete, eindeutige Basis der Wahrheit ist, auf der sich ihre komplizierteren Aspekte aufbauen, beinhaltet das Licht bei Blumenberg bereits alles Mystische und wird auf die Erfahrung der Wahrheit projiziert.

Dass absolute Metaphern stabil sind, bedeutet nicht, dass sie unwandelbar sind: "Auch die absoluten Metaphern können einen geschichtlichen Wandel durchmachen: Dass diese Metaphern absolut genannt werden, bedeutet nur, dass sie sich gegenüber dem terminologischen Anspruch als resistent erwiesen, nicht in Begrifflichkeit aufgelöst werden können, nicht aber, dass nicht eine Metapher durch eine andere ersetzt bzw. vertreten oder durch eine genauere korrigiert werden kann." [74, S. 12-13] Dass mit "genauer" hier nicht "präziser" gemeint sein kann, zeigt die Tatsache, dass sich der Begriff "Personenkraftwagen" nie gegen das pointiertere "Automobil" durchgesetzt hat.

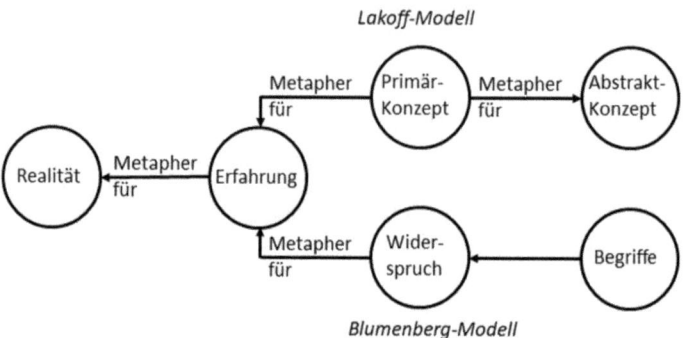

Bild 6: Lakoff-Modell und Blumenberg-Modell können anhand ihrer Ziele unterschieden werden. Z.B.: Mit dem Begriff "durch" wurde aus der körpernahen Erfahrung, z.B. "durch einen Tunnel gehen", eine tote Metapher für "mithilfe", denn mithilfe des Tunnels kommt man auf die andere Seite. "Durch" wurde wiederum zur Bezeichnung körpernaher Erfahrung, die nichts mehr mit "durchqueren" zu tun hat: "Durch Dich haben wir das Tor erzielt."

Literarische Metaphern versuchen immer, Begriffe näher an das Beschriebene zu schieben, auch wenn die verwendeten Analogien widersprüchlich erscheinen. Absolute

Metaphern fixieren den Raum zwischen Erscheinung und zur Verfügung stehenden Konzepten. Relative Metaphern unterstreichen oder erklären ein Konzept mithilfe der BE-VOR. Man kann daher annehmen, dass absolute Metaphern immer stark metaphorisch, also stark widersprüchlich sind. Doch das bleibt nicht so. Aufgrund ihrer Verwendung im praktischen Alltag werden absolute Metaphern, beispielsweise das "Licht der Wahrheit" oder das "tote Gleis", effektiv zu Metonymien, da die Begriffe "Licht" und "tot" nicht mehr die für sie üblichen Frames aufscheinen lassen. Nach einiger Zeit werden sie von ihren Benutzern gar nicht mehr als Metaphern wahrgenommen. Man spricht in diesem Fall von einer toten oder lexikalischen Metapher [73]. Tote Metaphern entstehen aus absoluten, gerade aufgrund von deren schlechten oder Nicht-Übertragbarkeit in beschreibende Begriffe, bei gleichzeitiger Benutzbarkeit als bloßes Symbol. Dies ist zunächst nichts Negatives, denn es zeigt, dass die Menschen die absolute Metapher als Begriff für das zunächst Unbeschreibbare akzeptieren, sie also nützlich ist. Eine absolute Metapher, die heutzutage nicht mehr als solche zu erkennen ist, wäre beispielsweise die "Glühbirne", welche die elektrische Funktion mit der Form der Frucht verbindet [75]. Da Birnen nicht glühen, bildet die "Glühbirne" einen starken metaphorischen Widerspruch. "Glüh" und "Lampe" in "Glühlampe" bilden hingegen keine hochgradige bzw. starke Metapher, sondern eine Spezifizierung der Glühlampe.

Ein paar weitere Beispiele:
(i) Im Inneren der Glühbirne befindet sich der "Glühfaden", der letztendlich für das Licht verantwortlich ist, da durch ihn elektrischer Strom fließt. Der Begriff "Glühfaden" ist hochgradig metaphorisch, d.h. sie besitzt einen deutlichen inneren Widerspruch zwischen "Glüh" und "Faden", wenn man Letzteren als Bindfaden versteht. Allerdings verschwindet der Widerspruch nahezu, wenn man "Faden" als einen besonders dünnen Draht ansieht, den Draht in der Glühbirne. Trotz der Rückübertragbarkeit von "Glühfaden", z.B. in "dünner Glühdraht", wird der Begriff "Glühfaden" als tote Metapher weiterhin benutzt, da man sich an ihn gewöhnt hat.
(ii) Ein weiteres Beispiel wäre das "tote Gleis". Zwischen "tot" und "Gleis" besteht ein starker Widerspruch, denn ein Gleis kann nicht sterben. Man könnte es jedoch sehr gut als Gleis beschreiben, das ohne weitere Anbindung an einem Prellbock endet. Sie sehen, meine Damen und Herren, für diese Beschreibung musste ich keinen Begriff aus der Biologie in die Eisenbahntechnik übertragen, dennoch wir "totes Gleis" aufgrund seiner Prägnanz benutzt.

Es existieren auch Metapher, die völlig an dem Beschriebenen vorbeigehen, aber trotzdem verwendet werden, beispielsweise "Stockfehler" im Fußball. Obwohl in dieser Sportart kein Stock verwendet wird, wurde der Ausdruck aus dem Hockey übernommen. Die Metapher lässt sich zwar praktischer handhaben als "Ballannahmefehler", warum das gleichbedeutende "Stoppfehler" nicht verwendet wird, ist allerdings ein Rätsel. Möglicherweise soll

"Stockfehler" speziell das Wegspringen des Balles verdeutlichen, was im Hockey bei der Ballannahme sehr häufig vorkommt. Auch diese Metapher ist gestorben und zu einem eigenständigen Begriff geworden, der das ursprünglich kompliziert begrifflich Ausdrückbare symbolisiert.

Meine Damen und Herren!
Wir wollen uns nun die innere Struktur der literarischen Metaphern etwas genauer ansehen und weitere Spezialfälle herausarbeiten. Lassen sie uns zunächst zum Begriff an sich zurückkehren: Ein Begriff ist eine Kategorie, die für ein Idealbild von einer Sache steht, beispielsweise für einen Baum. Nur gibt es den idealen und deshalb reduzierten Baum in der Realität nicht, sondern nur spezifische Bäume, die daher immer im Widerspruch zum Ideal stehen. Der Widerspruch wird verringert, indem weitere kategorische Begriffe, limenistisch: Gemeinsamkeiten, herangezogen werden, um den konkreten Baum immer detaillierter zu beschreiben, oder indem Objekte, die bekanntermaßen eine bestimmte Eigenschaft tragen, metaphorisch für die Erläuterung jener Eigenschaften herangezogen werden. Im ersten Fall hatten wir von spezifizierenden Metaphern, im zweiten von erläuternden Metaphern gesprochen.

Was nun, wenn die gesuchte Eigenschaft in keinem bekannten Objekt benannt wird, wenn es keinen direkten Begriff für jene Eigenschaft gibt? Die nun verwendete Metapher ist eine Transponierung einer ursprünglich negativen Adressierung der unausdrückbaren Eigenschaft ins Positive, wofür die Tatsache ausgenutzt wird, dass jene Eigenschaften in einer selbstÄhnlichen Welt tatsächlich Gemeinsamkeiten sind[35]. Dabei überträgt sich der Widerspruch zwischen der Anschauung und den vorhandenen, aber nicht ausreichenden Begriffen in die positive Beschreibung, indem man die Metapher aus dem Begriff für ein Objekt mit eben jener Eigenschaft und einem für ein anderes Objekt mit derselben, unausdrückbaren Eigenschaft zusammensetzt, auch wenn sie nicht gut zusammenpassen. Die Koinzidenz der Eigenschaften, also die Herausstellung der Gemeinsamkeit, weist darauf hin, welche Eigenschaft gemeint ist. "Mäusemus" besitzt eine unausdrückliche Gemeinsamkeit mit "Mäusen" aber auch mit "Mus". "Liebesdunst" beschreibt eine solche Gemeinsamkeit zwischen "Liebe" und "Dunst". Ich denke, Sie sehen die Analogie zu den spezifizierenden Metaphern. In Analogie zu den erläuternden Metaphern kann man beispielsweise von "Mistwetter" sprechen. Allerdings strukturiert hier die unausdrückbare Gemeinsamkeit von "Mist" und "Mistwetter" das allgemeinere "Wetter", so wie die "Glühbirne" vom "Glühen" und von der "Birne" strukturiert wird.

Metaphern verbinden Agenten aus weit getrennten Domänen oder Frames, was wiederum ihren Widerspruch ausmacht, obwohl sie eben jene Gemeinsamkeit miteinander tatsächlich teilen. Bei der bereits genannten "Baumkrone" wird die Bezeichnung für den Agenten "Krone", der eher

---

[35] Dass Agenten aufgrund einer konkreten Eigenschaft einer Gemeinsamkeit ihren Namen geben, ist übrigens keine Seltenheit. Nehmen Sie "birnenförmig".

234

für diese Gemeinsamkeit bekannt ist, an die Bezeichnung für den anderen Agenten "Baum" angefügt. "Baum" stammt aus dem Gebiet der Biologie, die "Krone" als "Krönung" des Baumes aus dem Hofzeremoniell. Die Verwendung getrennter Frames kann nicht nur für Erläuterungen oder Spezifizierungen herangezogen werden, sondern auch für Betonungen. Bleiben wir beim Beispiel des Baumes, dessen hohes Alter wir pointiert herausstellen wollen. Die Beschreibung "alter Baum" ist zu allgemein. Sie trifft nicht "ins Schwarze" und wäre auch keine Metapher, da Bäume altern können. Ein "Methusalem-Baum" wäre eine Ornament-Metapher, die das Alter des Baumes ausschmückt. Die Metapher des "weisen Baumes" hingegen erzeugt die Pointierung. Die weite Entfernung von "weise" und "Baum" wird hier durch eine Gleichsetzung zweier Eigenschaften zur Erzeugung einer Gemeinsamkeit hergestellt, wobei jene Eigenschaften für gewöhnlich in einem *ZIG* verbunden sind. Hier haben wir es mit "alt"="weise" zu tun. Solche Metaphern sind besonders interessant, weil sie in die Poesie hineinreichen. Sie sind widersprüchlich, denn ein Baum kann nicht weise sein wie ein Mensch. Die Gemeinsamkeit zwischen einem weisen Menschen und einem weisen Baum besteht vielmehr darin, dass sie beide über die Jahre vieles aus ihrer Umwelt in sich aufnehmen konnten, der eine in Form von Informationen, der andere in Form von Wetter, Wasser, Umweltveränderungen.

Meine Damen und Herren!
Metaphern besitzen aufgrund ihrer inneren Widersprüche bereits einen mystischen Anklang, der aber durch An-

235

schauung und Erklärung in der praktisch-realen Welt versinnhaftet werden kann. Einer resistenten Mystik nähern wir uns, indem wir die Gegensätze ein permanentes Geheimnis umfassen lassen, indem wir die Begriffe in der Metapher z.B. unvereinbar machen. Eine Glühbirne ließe sich beispielsweise in einen "Glühzapfen" umwandeln. Ein solcher Glühzapfen wäre in sich nicht widersprüchlich und nicht einmal eine starke Metapher, wenn die Glühbirne die Form eines Zapfens hätte. Was aber, wenn der Zapfen aus Eis bestünde? Dann hätten wir es mit "Glüheis" zu tun. Die Metapher des Glüheises ist in vielerlei Hinsicht unvereinbar widersprüchlich. Zum einen kann Eis nicht glühen - das entspricht auch dem Glühen-Birne-Widerspruch - und zum Zweiten würde ein heißer Draht das Eis sofort schmelzen oder gar nicht erst heiß werden. Wir haben es also innerhalb der Metapher mit sich gegenseitig vernichtenden Agenten zu tun. Glüheis ist somit absolut nicht vorstellbar, sondern mystisch, es sei denn, wir würden wiederum eine anschauliche Sinnhaftigkeit des Widerspruchs finden, eine Gemeinsamkeit, die das Eis mit dem Glühen verbindet. Beispielsweise könnte man sich einen Eiseimer zum Champagnerkühlen vorstellen, dessen Inhalt mit - nein, nicht mittels energieverschwendender Glühbirnen - sondern mit LEDs^{36} von unten beleuchtet wird. Man könnte sich auch ein Material vorstellen, das zwar kein Eis ist, sondern lediglich so aussieht, d.h. von ähnlicher Transparenz und Oberflächenbeschaffenheit ist, aber im Dunkeln glüht.

---

^{36} Light Emitting Diode

236

Sie sehen, dass die literarischen Metaphern Zwischenwesen zwischen Mystik und rationalen Begriffen darstellen. Aus der Mystik kommend verbinden sie in sich widersprüchliche Begriffe, deren Widersprüchlichkeit sinnhaft wird, wenn sie sich zur Beschreibung eines unbegrifflichen Phänomens oder zur eingängigeren Beschreibung eines vorhandenen Phänomens eignen. In dieser Form sind sie die Vorstufe für einen neuen Begriff, allerdings nicht, wie Descartes vermutete, mit einer geringeren, verschleierten Aussagekraft. Aus der anderen Richtung, also vom Begriff kommend, können mit ihrer Hilfe BEVOR-Widersprüche konstruiert werden.

Zum Schluss meines Vortrages möchte ich Ihnen eine weitere Frage stellen: Metaphern scheinen etwas ausschließlich Gutes zu sein, nicht wahr? Sie helfen uns, die Welt besser zu beschreiben, das gefährliche Dilemma nicht ausreichend vorhandener Begriffe zu überwinden und somit Krieg und Gewalt von uns fernzuhalten. Nun, dieser Ansicht, die ich freilich selbst in Ihnen hervorgerufen habe, möchte ich jetzt widersprechen: Descartes hatte in gewisser Weise recht mit seiner Einschätzung. Metaphern transportieren nämlich auch Wertungen und Emotionen. Beispielsweise impliziert die Metapher "Abfedern der Auswirkungen" ein sanftes, kontrolliertes Geschehen, die Metapher "Unterdrückung der Auswirkungen" ein rabiates, weniger kontrollierbares Vorgehen.

Werbung und Politik arbeiten heute fast ausschließlich mit Metaphern, um Emotionen und Wertungen zu transportieren, wobei die verständliche Beschreibung der angesprochenen Gegebenheit durch solche Metapher eher im Hintergrund steht, bis hin zu Bullshit-Aussagen. Wenn man bei Werbebotschaften und Politikerreden also genau aufpasst, findet man häufig logische Widersprüche zwischen Beschriebenem und der benutzten Metapher, die zum Zwecke der gewünschten Wertung oder Emotionalisierung in Kauf genommen werden. Ein Beispiel aus der heutigen Zeit ist die "Bundesnotbremse" zur Eindämmung der Coronapandemie. Der Begriff "Notbremse" suggeriert, dass mit einer einzigen Handbewegung der Zug, d.h. die BRD, die auf den Abgrund steigender Corona-Zahlen zurast, zum Stillstand gebracht werden kann. Diese Metapher soll einerseits Beruhigung und Zuversicht ausstrahlen, außerdem implizieren, dass es einen funktionierenden Mechanismus gibt, der die Bürger drittens absolut zuverlässig beschützt.

Ein weiteres Beispiel für eine politische Metapher ist die "Rückgabe von Grundrechten". Aber Grundrechte sind unveräußerlich und können daher weder verkauft, noch entzogen, somit nicht zurückgegeben werden. Auch die Metapher: "Ein Virus kennt keine Grenzen" ist widersprüchlich, und zwar in so hohem Maße, dass man nicht erkennen kann, was der Autor dieses Satzes eigentlich sagen wollte. Tatsächlich lassen sich Viren durch Grenzen stoppen, wenn man ihre Träger daran hindert, sie zu überschreiten. Andererseits lassen sie sich durch Grenzen nicht stoppen, die lediglich auf einer Landkarte eingezeichnet sind. Hans Blumenberg nannte eine solche Metapher

238

"Sprengmetapher", also eine Metapher, der man gedanklich ein Stück folgen kann, aber nicht bis zum Ende, da sie unvereinbar widersprüchlich wird und sich dadurch selbst sprengt [vgl. 78]. Blumenberg beschrieb die Sprengmetapher über die Analogie eines Kreises: Man kann sich vorstellen, wie der Radius eines Kreises immer größer wird und sein Umfang dadurch immer weiter zunimmt. Man kann sich aber nicht mehr vorstellen, wie der Radius unendlich groß wird und die Kreislinie dadurch zu einer Geraden [79].

Prinzipiell "hinken" alle Analogien, weshalb alle Metaphern mit hohem metaphorischem Grad potenzielle Sprengmetaphern sind. Tote Metaphern sind häufig Sprengmetaphern, wenn man sie in späteren Zeiten genauer betrachtet. Ihre Sprengung erlaubt die Regression in die ursprüngliche Bedeutung der Komponenten und die eventuelle Erneuerung, die insbesondere dann notwendig wird, wenn sie neuen Erkenntnissen und Entwicklungen widerspricht. Beispielsweise wird man heute kaum noch Kriegsmetaphern, wie "bis zum letzten Mann" verwenden. Anhand der "Glühbirne" kann man sich den Werdegang von einer absoluten Metapher zu einer toten Metapher hin zu einer Sprengmetapher vergegenwärtigen. In früheren Zeiten nahm man den inneren Widerspruch der Glühbirne aufgrund ansonsten nicht vorhandener begrifflicher Beschreibbarkeit hin. Die Glühbirne als Ding wurde später selbst zur absoluten Metapher, und zwar für Ideen und plötzliche Eingebungen, wobei nicht nur das wahrheitsspendende Licht, sondern auch das "Einschalten" eine Rolle spielt. (Allerdings kommen Ideen meist nicht auf

239

Knopfdruck.) Zur toten Metapher wurde die Glühbirne, als niemand bei dem Begriff mehr an eine Birne dachte. Heute "glühen" Leuchtmittel nicht mehr und sehen nur noch selten wie Birnen aus, weshalb sich die "LED" durchgesetzt hat. Sobald man künstliches Licht aber nicht mehr mittels Dioden erzeugt, wird die LED selbst zur Sprengmetapher.

Sprengmetaphern können nicht nur absolute, sondern auch Ornamentmetaphern sein, z.B. das aus dem Nationalsozialismus stammende "Volksganze", das den Zusammenhalt einer Ethnie nur aufgrund der Zugehörigkeit zu dieser Ethnie suggeriert [vgl. 80]. Gefährlich wird es, wenn man den logischen Widerspruch "Ethnie" vs. "Zusammenhalt" nicht erkennt und somit die Metapher nicht sprengen kann. Friedrich Nietzsche wies auf die Schwierigkeiten mit solchen, zu fixen Begriffen mutierten Metaphern hin: "Was ist also Wahrheit? Ein bewegliches Heer von Metaphern, Metonymien, Anthropomorphismen, kurz eine Summe von menschlichen Relationen, die, poetisch und rhetorisch gesteigert, übertragen, geschmückt wurden und die nach langem Gebrauch einem Volke fest, kanonisch und verbindlich dünken: Die Wahrheiten sind Illusionen, von denen man vergessen hat, daß sie welche sind, Metaphern, die abgenutzt und sinnlich kraftlos geworden sind, Münzen, die ihr Bild verloren haben und nun als Metall, nicht mehr als Münzen, in Betracht kommen." [81] Allerdings gibt es auch Gegenbeispiele. "Sich orientieren" ist eine tote Metapher, bei deren Gebrauch die Himmelsrichtung Osten nur noch eine untergeordnete Rolle spielt. Allerdings widerspricht sie den modernen Anschauungen nicht so stark, als dass man sie sprengen müsste.

240

Zusätzlich zum Problem der transportierten Emotionalität und Wertung gibt es bei Metaphern noch das der weiteren Gemeinsamkeiten. Dabei handelt es sich um Gemeinsamkeiten, die Agenten mit anderen Agenten teilen aber nicht untereinander, die in den einzelnen Bezeichnungen, welche die Metapher bilden, aber zwingend integriert sind. Im Begriff "Birne" steckt nämlich nicht nur die Form, sondern auch der Geschmack des Obstes. So manches Kind wird deshalb auf den Gedanken gekommen sein, eine Glühbirne essen zu können. Das Problem der zwingend integrierten Gemeinsamkeiten mit derjenigen Gemeinsamkeit, für die man den Begriff des Agenten einsetzen möchte, trifft aber ebenfalls Erwachsene. Am Beispiel der Notbremse habe ich das bereits beschrieben. Ein noch klareres Beispiel ist die Metapher der "Landesmutter" oder des "Landesvaters". Zunächst einmal handelt es sich tatsächlich um eine Metapher, denn sie ist in sich widersprüchlich, da keine Mutter die Bevölkerung eines ganzen Landes gebären kann. Auf der anderen Seite klingt in der Metapher der Landesmutter vor allem die mütterliche Liebe, das sich Kümmern, das Abwenden von Schaden. Welches Kind möchte bei der nächsten Wahl seine Mutter abwählen? Allerdings birgt diese Metapher auch Gefahren für die Wahlkandidatin, da sich jeder, der sich erwachsen zu fühlen beginnt, von seinen Eltern emanzipieren möchte.

Meine Damen und Herren!
Zusammenfassend kann ich sagen, dass Metaphern in der Lage sind, Begriffe für das Erschließen neuer Horizonte

zu liefern, aber auch, die Wahrheit durch gezielte Emotionalisierung und zwingendes Beifügen von Eigenschaften zu verschleiern. Letztendlich ist es der Mensch, der auf die vernünftige Verwendung von Metaphern achtgeben muss, um andere nicht zu manipulieren oder durch sie manipuliert zu werden.

Ich danke Ihnen für Ihre Aufmerksamkeit.

Die Poesie

Meine sehr geehrten Damen und Herren!

Die Metaphern aus dem gestrigen Vortrag beschreiben Dinge durch zusammengesetzte, widersprüchliche Begriffe, da direkte Benennungen nicht möglich sind. Sie zielen hauptsächlich auf das Verständnis der realen Welt bzw. den Phänomenen der Erfahrung ab. Ornamentmetaphern verstärken einen anschaulichen, d.h. durch Sinnesorgane registrierbaren bzw. fühlbaren Effekt, z.B. von Sturm, der zu einem Höllensturm wird, oder von Kälte, die zur Bibberkälte wird. Absolute Metaphern sind eher etwas Praktisches, etwas Notwendiges, um über die gleiche Sache zu sprechen. Dafür nimmt man den inneren Widerspruch, z.B. von "Glühen" und "Birne" in der "Glühbirne" in Kauf, sogar wenn er recht deutlich ausfällt. Das "Licht der Wahrheit" wiederum vermittelt das geheimnisvolle, kaum erklärbare aber doch halbwegs anschauliche Bild des Verstehens, der Erkenntnis. Im Bereich der Poesie versucht man, Dinge, die durch Beschreibungen nicht direkt darstellbar sind, mittels einer bildhaften Zusammenstellung von Begriffen anschaulich zu machen. Für Johann Wolfgang Goethe deutet Poesie "auf die Geheimnisse der Natur und sucht sie durchs Bild zu lösen; Philosophie deutet auf die Geheimnisse der Vernunft und sucht sie durchs Wort zu lösen (Naturphilosophie, Experimentalphilosophie); Mystik deutet auf die Geheimnisse der Natur und Vernunft und sucht sie durch Wort und Bild zu lösen." [82] Die "Natur" ist immer auch die Natur des Menschen, seine Gefühle und seine Leidenschaften, die nur schwer in den

243

BEVOR zu versinnhaften sind. Poesie geht über die Versinnhaftung im Individuum hinaus. Sie bedeutet Kommunikation jenseits unserer BEVOR.

Meine Damen und Herren!
Schauen wir uns zunächst einmal an, ob wir die Poesie in verschiedene Unterarten aufteilen können, ähnlich wie die Metaphern. Selbstverständlich gibt es ausschmückende "Ornament"-Poetik. Als Beispiel soll uns ein Stück Vogonen-Lyrik dienen, gedichtet von Prostetnik Vogon Jeltz[37] vom "Galaktischen Hyperraum Planungsrat":

Oh zerfrettelter Grunzwanzling
dein Harngedränge ist für mich
wie Schnatterfleck auf Bienenstich.

Solche Poetik hat, wie die Ornamentmetapher, nur selten Tiefe. Die "dichtende" Poesie soll hingegen ausschweifende, aufgrund ihrer Komplexität unanschauliche Gegebenheiten in "verdichteter" Form wiedergeben. Diese Art der Poesie dampft einen langen, definitorischen Begriffstext zu etwas Kompaktem ein, das insbesondere die Fantasie und Einbildungskraft des Lesers nutzt, um die inneren Anschauungslücken zu füllen und dadurch ein Gesamtbild zu erzeugen. Die dichtende Poesie steht den Metaphern am nächsten, allerdings ist "Glühbirne" kein poetisches Bild. Der Ausdruck "trauriger Fluss" ist hingegen eines. Wie die "Glühbirne" bildet der "traurige Fluss" zwar

---

[37]Vogonen sind eine fiktive intelligente Spezies im Rahmen des Buches "Per Anhalter durch die Galaxis" von Douglas Adams [83].

einen inneren Widerspruch. Allerdings lässt die "Glühbirne" keinen Raum für Fantasie, da sie sich auf einen konkreten Gegenstand bezieht. Im Rahmen zwischen "traurig"
und "Fluss" liegen hingegen jede Menge unausgesproche-
ner Eigenschaften des Flusses, möglicherweise eine besonders langsame Fließgeschwindigkeit, die im Kontrast
zu seiner Umgebung steht, oder eine traurige Historie, deren konkrete begriffliche Beschreibung viele Textseiten in
Anspruch nehmen würde.

Aber die Dichtung ist nur der Anfang der Poesie. Erinnern
wir uns an die Aufgabe von Begriffen. Begriffe sollen eigentlich dazu dienen, sinnliche Erfahrungen der äußeren
und inneren Welt in einen vernünftigen und vor allem
praktischen Zusammenhang zu bringen. Doch bei dieser
Umwandlung vom Sinnlichen ins Begriffliche geht einiges verloren. Deshalb kennt der menschliche Geist Eindrücke, für die es keine Begriffe gibt. Die "bildliche Poesie" versucht, die unbegreifbaren Eindrücke dennoch zu
veranschaulichen, indem sie sie begrifflich umschreibt
und auf diese Weise ein entsprechendes sinnliches "Bild"
im Kopf des Lesers oder Hörers erzeugt. Hier erkennt man
bereits, dass nicht das Bild das Ziel der Poesie ist, also die
Malerei mit Worten, sondern die sinnlichen und emotionalen Eindrücke, die es vermitteln soll.

Bildliche Poesie ist das sprachliche Mittel zum Ausdruck
von etwas prinzipiell Anschaulichem jenseits des Hori-
zonts direkter begrifflicher Bezeichnungen. Sie kennen
den Spruch: Ein Bild sagt mehr als tausend Worte. Das
gleiche gilt für poetische Bilder, wobei das erzeugte Bild

nicht unbedingt das eigentlich Beschriebene darstellen muss, sondern indirekt vermitteln kann, indem es die unbegreifbaren Gemeinsamkeiten aus dem Arrangement des Sprachbildes hervorgehen lässt. In Joseph von Eichendorffs (10.3.1788 - 26.11.1857) Gedicht "Die Sperlinge" [84] heißt es:

Altes Haus mit deinen Löchern,
geizger Bauer, nun ade!
Sonne scheint, von allen Dächern
tröpfelt lustig schon der Schnee
Draußen auf dem Zaune munter
Wetzen unsre Schnäbel wir,
Durch die Hecken rauf und runter,
In dem Baume vor der Tür ...

Statt einer definitorischen Beschreibung des Hauses und dessen Löcher, beispielsweise durch Angabe von mittlerem Durchmesser oder Form, entsteht durch das Gedicht ein Bild im Leser, das sich aus seiner Einbildungskraft und seinen Erfahrungen speist. Wer keine Spatzen oder Häuser kennt, wird Schwierigkeiten mit dem Verständnis des Gedichts haben. Gleichzeitig zur Umschreibung bringt Eichendorff mit dem Begriff "lustig" einen Widerspruch ein (Schnee ist an sich nicht lustig), der eine Emotion und, mit ihr, eine Bewertung der Situation transportiert. Tatsächlich kann man den ganzen Abschnitt des Gedichtes als poetisches Bild für erwachende Fröhlichkeit nach langer Zeit der Entbehrung betrachten. Dieses Gefühl ist für die meisten Menschen vorstellbar, wenn sie es selbst erfahren haben. Aber es kratzt bereits an der Unanschaulichkeit. Man kann es weder greifen noch betrachten.

Und hier kommen wir zu der viel allgemeineren Bedeutung von Poesie. Sie versucht, Gemeinsamkeiten zu umschreiben, die nicht begrifflich erfasst werden können und sich auch unserer Anschauung entziehen, oft überhaupt nur sehr vage spürbar sind. Die Fokussierung auf eine Gemeinsamkeit, die zwar vorhanden, aber unbegreifbar und auch nicht vorstellbar ist, unterscheidet die Poesie von den Metaphern. Metaphern sind praktisch oder schmückend ausgelegt, weshalb sie die mysteriöse Gemeinsamkeit unbedingt greifen und dadurch in die BEVOR überführen wollen. Dabei ist das "poetische Bild" bezogen auf eine unanschaubare Gemeinsamkeit selbst eine Metapher, denn was sich nicht anschauen lässt, kann man auch nicht abbilden. Um die Darstellung anschaulicher und unanschaulicher Dinge mittels Poesie nicht zu vermengen, nenne ich die letztere "abstrakte Poesie". Abstrakte Poesie möchte dem Leser etwas nahebringen, obwohl es keine direkten Begriffe, keine Anschauung oder Erklärungen darüber gibt. Die abstrakte Poesie forciert das Geheimnis jedoch nicht, so wie die Mystik, sondern findet sich damit ab, dass es in den vorhandenen BEVOR bzw. durch die Erweiterung der BEVOR nicht versinnhaftet werden kann. Da jenes Etwas so schwer zu fassen ist, muss die Poesie dem Leser genügend Freiraum für seine Fantasie lassen, was ebenfalls bedeutet, dass Eigenschaften, die durch poetische Entsprüche beschrieben werden, nicht scharf festgelegt sind.

247

Lassen Sie mich das Gesagte anhand von Beispielen erläutern. Beginnen wir mit Goethes "Gedichte sind gemalte Fensterscheiben" [85].

Gedichte sind gemalte Fensterscheiben!
Sieht man vom Markt in die Kirche hinein,
Da ist alles dunkel und düster;
Und so sieht's auch der Herr Philister:
Der mag denn wohl verdrießlich sein
Und lebenslang verdrießlich bleiben.

Kommt aber nur einmal herein,
Begrüßt die heilige Kapelle;
Da ists auf einmal farbig helle,
Geschicht und Zierat glänzt in Schnelle,
Bedeutend wirkt ein edler Schein;
Dies wird euch Kindern Gottes taugen,
Erbaut euch und ergetzt die Augen!

Es ist die Intention der bildhaften Poesie, etwas Vorstellbares zu vermitteln, was durch direkte Begriffe nicht beschrieben werden kann. Das poetische Bild dieses Gedichts soll vermitteln, dass die Dichtkunst selbst sich für unverständlich erklärt, zumindest auf den ersten Blick. Wenn man sich aber auf sie einlasse, eröffne sie eine helle, glänzende, edle Welt, welche die Augen erfreue. Der Widerspruch, der hier poetisch zusammengebracht wird, ist der zwischen der nur indirekten Verständlichkeit eines Gedichts und der Helligkeit und Buntheit, die es trotzdem in

248

den Verstand gießt. Goethe umschreibt also die unbegreifbaren und unvorstellbaren Eigenschaften der Poesie selbst.

Die Wortbilder des Gedichts vermitteln allerdings noch mehr: Ist man gläubig - dargestellt durch die Kirche - kennt man also die heiligen Schriften, erscheint die Welt um so vieles heller und bunter, als wenn man aus der tristen Welt - als Philister - nur auf das äußere der Kirchenwand blickt, ohne sich auf die christliche Lehre einzulassen. Goethe hätte auch von abgedunkelten Laborfenstern sprechen können, durch die man die Faszination der wissenschaftlichen Experimente von außen zwar nicht nachvollziehen kann, die das störende Außenlicht aber wegnehmen, sodass - in gereinigtem Licht - die Wissenschaft ihre Faszination dennoch verströmt.

Der letzte Aspekt des Gedichts ist die darin enthaltene abstrakte Poesie, also die Beschreibungen von etwas außerhalb der BEVOR, das somit eigentlich zur Mystik gehört. Bei dem Geheimnis handelt es sich um die Analogie zwischen religiöser und poetischer Erbauung. Die ohnehin schwer vorstellbare Erbauung durch Poesie und durch Glauben wird dem Leser hier nähergebracht, indem beide aufeinander abgeleitet werden. Doch worin sie sich genau überlappen und warum die Art der Erbauung bei beiden ähnlich sein soll, bleibt ungewiss.

Betrachten wir nun ein Gedicht, dessen innere Widersprüche uns etwas vermitteln sollen, von dem absolut klar ist, dass es sich niemals in definitorische Begriffe fassen oder anschauen lässt, zumindest nicht auf einer direkten, persönlichen Ebene. Die Unbegreiflichkeit von Schlaf und Tod ist offensichtlich, da die Vorstellung und die Fähigkeit zur Begriffsbildung abgeschaltet sind, während sich der Mensch in einem dieser Zustände befindet:

The woods are lovely, dark and deep,
But I have promises to keep,
And miles to go before I sleep,
And miles to go before I sleep.

Robert Frost (26.3.1874 - 29.1.1963) benutzt in seinem Gedicht: "Stopping by Woods on a Snowy Evening" [86] den Wald als metaphorisch für den Schlaf, möglicherweise auch für den Tod. Darüber hinaus zeigt er dem Leser auf, welche Gemeinsamkeiten zwischen Wald und Schlaf bzw. Tod bestehen: dunkel, tief und lieblich. Der Leser kann nachvollziehen, was gemeint ist, obwohl sich die Gemeinsamkeiten, die Wald, Schlaf oder Tod beschreiben, widersprechen. Etwas Liebliches wird eher mit etwas Hellem, Schönen assoziiert, nicht mit etwas Tiefem, Dunklen. Der springende Punkt ist, dass es keine kohärente, in sich nicht widersprüchliche Beschreibung des Schlaf- oder Todesgefühls gibt - jedenfalls bis die neurologische Wissenschaft irgendwann eine entsprechende Sinnhaftigkeit präsentiert. Bis dahin braucht es die Poesie, um ihre unbegreifbaren und unanschaulichen Gemeinsamkeiten auszudrücken, und gleichzeitig genügend Freiraum für die Fantasie zu lassen, der in diesem Fall zwischen Wald, Schlaf, Tod, Dunkelheit, Tiefe und Lieblichkeit aufgespannt wird.

Ein weiteres, von einem poetischen Widerspruch durchsetztes Gedicht, die dem Unbegreifbaren jedoch eine deutliche Kontur gibt, ist Rainer Maria Rilkes Liebes-Lied [veröffentlicht 1907]:

Wie soll ich meine Seele halten, dass
sie nicht an deine rührt? Wie soll ich sie
hinheben über dich zu andern Dingen?
Ach gerne möcht ich sie bei irgendwas
Verlorenem im Dunkel unterbringen
an einer fremden stillen Stelle, die
nicht weiterschwingt, wenn deine Tiefen schwingen.
Doch alles, was uns anrührt, dich und mich,
nimmt uns zusammen wie ein Bogenstrich,
der aus zwei Saiten eine Stimme zieht.
Auf welches Instrument sind wir gespannt?
Und welcher Geiger hat uns in der Hand?
O süßes Lied.

Rilke beschreibt die Liebe als zwingendes Zusammengehen zweier Agenten in ihren Gefühlen und insbesondere als Gefängnis, dass dieser Zwang um die Liebenden errichtet, mit dem er - Rilke - offenbar nicht ganz einverstanden ist. Vielmehr fragt er sich, ob er sich dieser Kohärenz entziehen könne. Er verneint diese Frage, da sich die beiden Liebenden offenbar wie zwei Saiten einer Geige verhalten, über die der Bogen gleichzeitig streicht. Hier steckt der poetische Entspruch, der die Liebe charakterisiert: Das mit dem andern gehen Wollen, obwohl man sowieso keine andere Wahl hat, denn eine höhere Macht streicht die Saiten auf dem Instrument, auf das sie gespant wurden. Beachten Sie, meine Damen und Herren, dass es zwischen Saiten, Geige und Spieler keinen Widerspruch gibt, im Gegensatz zu lieblich, dunkel und tief bei Robert Frost. Der Widerspruch steckt in dem Vergleich mit der Liebe selbst. Ähnlich wir bei Robert Frost, der dem Schlafgefühl mit den widersprüchlichen "lieblich", "dunkel", "tief", kombiniert mit der Waldmetapher nahekommt, führt hier die Kohärenz zwischen Geige, Saiten, Spieler und Lied zu einer ähnlich treffenden, dennoch begriffs- und anschauungsfreien Beschreibung der Liebe zweier Menschen.

Meine Damen und Herren!
Wir haben bereits gesehen, dass die Poesie weit in die Mystik hineinreicht, ja die BEVOR faktisch verlassen kann. Allerdings lebt die Mystik davon, absichtlich Gemeinsamkeiten und Agenten in Entsprüchen zu fixieren, die den BEVOR widersprechen. Die Mystik wehrt sich dagegen, im Rahmen der BEVOR verstanden zu werden. Mystik will unverstanden und unerkannt sein, sich in unvereinbaren Gegensätzen ergehen. Das, was durch die mystischen Entsprüche beschrieben werden soll, stammt auf keinen Fall von dieser Welt. Nicht einmal ein Hauch davon darf im Praktischen, in keinem der BEVOR einen Sinn ergeben.

Ein Beispiel: Die Laientheologie von William J. Hoye [1] beschäftigt sich mit der Wirklichkeit, die sich aus dem absolut Konkreten der Dinge, der "Washeit", und der maximal abstrakten Wirklichkeit bzw. Wirklichkeit der Verwirklichung zusammensetzt. Die letztere "Dassheit" alles

Wirklichen ist dessen dynamische Qualität. "Unter den (konkreten) Wirklichkeiten befinden wir uns in der Wirklichkeit" [1, Vorlesung 6]. Dabei ist die dynamische Wirklichkeit, die Dassheit, in jeder Teilwirklichkeit vorhanden. Im nächsten Schritt setzt Hoye die Dassheit der Wirklichkeit mit Gott gleich: "Gott ist nichts Wirkliches, sondern DIE Wirklichkeit", mit der Eigenschaft der Wirklichkeit, alles zu erfüllen und von allem erfüllt zu werden.

Nur ist für den Menschen die Dassheit nicht erkennbar, im Gegensatz z.B. zur Washeit eines Kühlschranks. Doch wie sollen wir uns die Dassheit, somit Gott, vor Augen führen? Hier kommen wir zur Poesie, indem wir versuchen, Aspekte der Dassheit zu betrachten, die dem Menschen gerade noch verständlich sind. Einen dieser Aspekte trägt die Idee des Vaters in sich. Aber welchen Aspekt der Dassheit birgt der Vater genau? Offensichtlich das Hervorbringende, den dynamischen Aspekt der Wirklichkeit, somit auch das Reproduzierende. Insbesondere bringt der Vater seinen Sohn hervor, in dem er selbst sich fortführt.

Und ich gebe ihnen das ewige Leben,
und sie werden nimmermehr umkommen,
und niemand wird sie aus meiner Hand reißen.
Was mir mein Vater gegeben hat,
ist größer als alles,
und niemand kann es aus des Vaters Hand reißen.
Ich und der Vater sind eins.
[87, Johannes 10, Vers 28-30]

253

Der letzte Satz drückt die Mystik der abstrakten "Dassheit" aus. Er erzeugt einen inneren Widerspruch zur Umschreibung der dynamisch-reproduzierenden Wirklichkeit und erläutert sie damit gleichzeitig. Das poetische Bild holt zwar die Beziehung zwischen Vater und Sohn plastisch in unsere Vorstellung, als abstrakte Poesie verstanden vermag es, die unaussprechliche und unvorstellbare Dassheit des Universums analogisch zu berühren, allerdings wird sie weiterhin von ihrem Geheimnis dominiert. Der in sich widersprüchliche Satz "Ich und der Vater sind eins" erhellt die Dassheit zwar, aber gleichzeitig legt er sich - aufgrund ihrer unabweisbaren Widersprüchlichkeit - schützend um das Geheimnis, das die Worte uns eigentlich näherbringen sollten.

Meine Damen und Herren!
Zum Schluss möchte ich Ihnen ein Gedicht präsentieren, das etwas umschreibt, dass weder anschaulich noch begrifflich, ja nicht einmal abstrakt zu erfassen ist, dessen Schatten aber jeder spüren kann:

Am Abendhimmel blühet ein Frühling auf;
Unzählig blühn die Rosen und ruhig scheint
Die goldne Welt; o dorthin nimmt mich,
Purpurne Wolken! und möge droben

In Licht und Luft zerrinnen mir Lieb' und Leid! -
Doch, wie verscheucht von töriger Bitte, flieht
Der Zauber; dunkel wirds und einsam
Unter dem Himmel, wie immer, bin ich -

In Friedrich Hölderlins (20.3.1770 - 7.6. 1843) "Abend-phantasie" von 1799 verbindet die Mystik des Abends Zauber und Einsamkeit der aufkommenden Nacht.

Ich bedanke mich für die Aufmerksamkeit!

Meine sehr geehrten Damen und Herren!
Menschen sind fasziniert von Widersprüchen, von Geheimnissen und Rätseln, weil sie den inneren Drang verspüren, sie zu enträtseln und den Sinn ihrer Welt dadurch zu bestätigen oder ihr neuen Sinn zu geben. Ein befreiendes Gefühl, nicht wahr? Müssen wir nicht lachen, wenn jemand zu seiner eigenen Körperlichkeit einen Widerspruch aufbaut, indem er sich als Superheld oder als Genie darstellt und plötzlich durch ein ganz menschliches Schicksal in seine Körperlichkeit zurückgeworfen wird? Ist es nicht lustig, dass Thales von Milet (624/23 v. Chr. - 548-544 v. Chr.) in einen Brunnen fiel, als er die Sterne beobachtete? Ist bissige Satire nicht vergnüglich, die den logischen Widerspruch in der Äußerung eines Politikers überspitzt reproduziert und dadurch offenbart?

In den bisherigen Vorträgen haben wir herausgearbeitet, wie Widersprüche ausgeräumt, wie sie sinnhaft gemacht werden können. Der Kern aller BEVOR-Widersprüche ist die Unmöglichkeit, sich etwas vorzustellen, es begrifflich auszudrücken oder zu erklären. Der grundlegende Weg zur Versinnhaftung ist ein limenistischer: die Identifizierung von Gemeinsamkeiten. Meine Vorredner haben dieses Prinzip auf den Begriff "Analogie" gebracht. Gibt es wenig anschauliche, schlecht begreifbare oder kaum erklärbare Eigenschaften in einem geheimnisvollen Objekt, dann können wir ein gut bekanntes, anderes Objekt zum Vergleich heranziehen, das für eben jene Eigenschaften - die dadurch zu Gemeinsamkeiten werden - bekannt ist, auch wenn das Objekt aus einem völlig anderen Gebiet stammt als das zu Bezeichnende. Besonders pointiert wird der Vergleich, wenn man bekannte Objekte heranzieht, die so weit vom unbekannten Objekt entfernt sind, dass die beiden eben nur eine besondere Gemeinsamkeit teilen. Im ersten Fall liegt der Fokus auf den Objekten, im zweiten auf der besonderen Gemeinsamkeit.

Wir haben uns mit Widersprüchen beschäftigt, die dazu dienen, die Beschreibung bestimmter Dinge auszuschmücken (Ornament-Metaphern), neue, ansonsten nicht definierbare Objekte zu bezeichnen (absolute Metaphern), begrifflich, oft auch anschaulich nicht erfassbare Dinge dennoch sprachbildlich zu beschreiben (Poesie) und gewollt unvereinbare Gegensätze zu generieren (mystische Entsprüche). Nun wollen wir das Durcheinander ein wenig systematisieren. Beginnen wir mit dem Einfachsten, dem Begriff. *Bild 7* zeigt den Begriff als Beschreibung eines Agenten *AB*, somit als Bündel seiner Gemeinsamkeiten *ab* mit anderen Agenten. Kurzfristige singuläre Eigenschaften habe ich hier weggelassen.

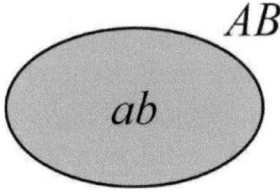

Bild 7

257

Der Begriff *"AB"* beinhaltet die Gemeinsamkeiten *ab*, beispielsweise ein "Fahrrad" *a* mit elektrischer Extra-Beschleunigung *b*. Sie sehen, meine Damen und Herren, dass
bei dieser Definition kein Widerspruch vorliegt. Ein
"Fahrrad" kann eine "Extra-Beschleunigung" besitzen und
eine "Extra-Beschleunigung" kann in ein "Fahrrad" einge-
baut sein.

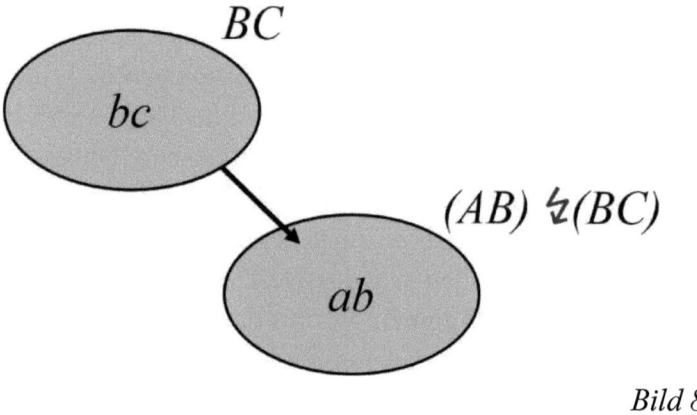

Bild 8

Als Nächstes nehmen wir uns die Ornament-Metapher
zum Ausschmücken bestimmter Gemeinsamkeiten in einem Agenten vor. *Bild 8* zeigt, wie hierfür andere Agenten
mit dem ursprünglichen in Beziehung gebracht werden.
Das "Fahrrad" *AB*, ein übliches Fahrrad *a*, das so schnell
b ist wie ein "Blitz" *BC*, wird zum "Fahrradblitz" *(AB)* ↯
(BC), wobei der Blitz blitzschnell *b* und blitzhell *c* ist (eine
Eigenschaft, die das Fahrrad nicht hat). Dabei stehen
"Fahrrad" und "Blitz" in Widerspruch ↯: Ein Fahrrad ist
kein Blitz und hat nichts von einem Blitz im Sinne eines

258

Gewitters an sich. Dennoch funktioniert das Ausschmücken aufgrund der Gemeinsamkeit b zwischen Fahrrad
und Blitz.

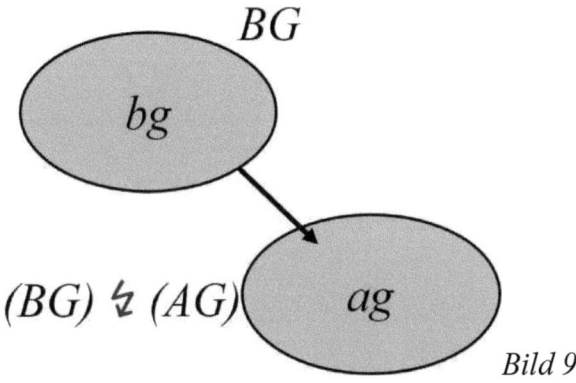

Bild 9

Eine absolute Metapher AG beinhaltet eine begrifflich an
einem Agenten AG schon beschriebene Gemeinsamkeit a
und eine noch nicht beschriebene Gemeinsamkeit g, die
jedoch in anderen, bekannten Agenten BG vorhanden ist.
Also wird der Agent AG begrifflich hergestellt durch Zuordnung von BG zu A, wobei AG und BG wiederum in Widerspruch stehen. *Bild 9* zeigt diese Situation. Ein Beispiel
für diese Art der absoluten Metaphern wäre das "Nasen-
fahrrad" AG als Bezeichnung für Brille. Hier wäre die
"Nase" A der unwidersprüchliche Begriff zum eigentlichen Objekt AG, "Fahrrad" BG der widersprüchliche Begriff zu ihm. Im Gegensatz zur Ornamentmetapher fehlt
bei der absoluten Metapher die Möglichkeit, die Gemein-

259

samkeit, auf die man durch Heranziehung des zweiten Objekts am ersten beschreiben will, mittels direkter Begriffe auszudrücken.

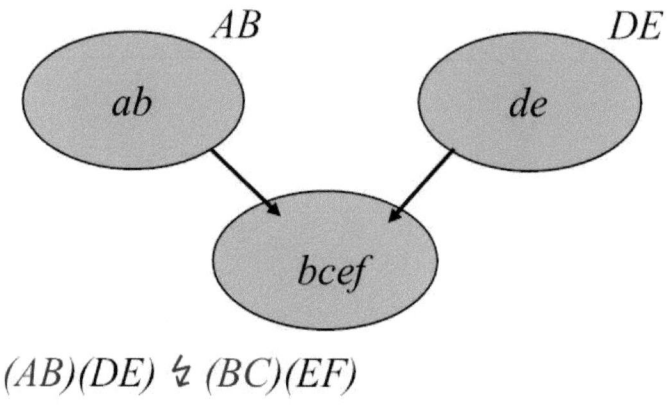

$$(AB)(DE) \natural (BC)(EF)$$

Bild 10

Wie in *Bild 10* dargestellt, funktioniert das Gleiche, wenn die Metapher aus zwei Agenten *AB* und *DE* gebildet wird, indem bestimmte, mit ihnen assoziierte Eigenschaften *b* und *e* auf den Agenten *BCEF* mit den Eigenschaften *b, c, e* und *f* übertragen werden. Beachten Sie, dass diese Methode zu Bezeichnungen führen kann, die mit den bezeichnenden Agenten auf den ersten Blick überhaupt nichts zu tun haben. Für diese Art von absoluten Metaphern wäre die "Laufkatze" ein Beispiel, ein technisches Transportgerät, das aber nicht läuft, sondern rollt und auch keine Katze ist. Eine kleine Anmerkung: Tatsächlich werden hier nicht zwei Agenten zu einem dritten verbunden, sondern eine Eigenschaft "laufen" *ab* und ein Agent "Katze" *DE* zur

"Laufkatze". Beachten Sie weiterhin, dass "Katze" und "laufen" nicht im Widerspruch zueinanderstehen, wohl aber "Katze" und "laufen" zum eigentlichen technischen Gerät "Laufkatze". Somit entsteht die Laufkatze aus der Ähnlichkeit des Laufens ab mit dem Rollen bc und der Ähnlichkeit der Katze DE mit dem Wagen EF.

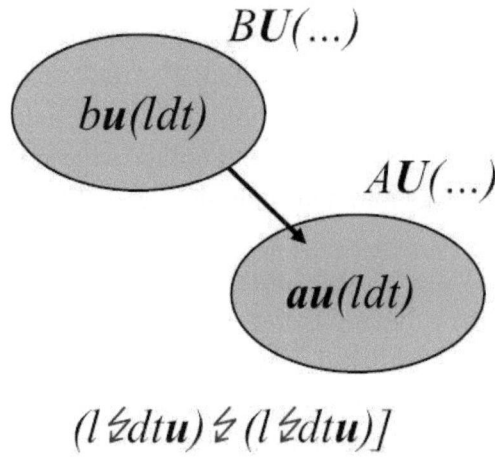

Bild 11

Bei Metaphern sind alle Gemeinsamkeiten begrifflich formulierbar oder können aus den Agenten vorstellungsmäßig generiert werden, so wie "birnenförmig" aus "Birne" oder die "Erleuchtung", im "Licht der Wahrheit". Abstrakte poetische Konstruktionen enthalten hingegen vollkommen unerfassbare Gemeinsamkeiten, denen sie sich dennoch zu nähern versuchen. Im Gedicht von Robert Frost aus dem letzten Vortrag ist es die geheimnisvolle Gemeinsamkeit u, die der "Wald" BU und der "Schlaf" AU

teilen. In *Bild 11* ist gezeigt, wie der "Wald" dem "Schlaf" zugeordnet wird, jedoch ohne die unerfassbare Gemeinsamkeit *u* begrifflich nennen oder sich vorstellen zu können. Glücklicherweise macht sich Robert Frost die Mühe, sie mit anderen, teilweise widersprüchlichen Gemeinsamkeiten zu umschreiben, "lieblich" *l*, "dunkel" *d* und "tief" *t*, welche den Rahmen von *u* abstecken und sie gleichzeitig verbergen. Würden sich diese Gemeinsamkeiten nicht widersprechen und zwingend in einem bestimmten Agenten zusammenkommen, z.B. als "dunkel", "tief" und "feucht" in einer "Höhle", wäre das "höhlige" begrifflich und anschaulich sofort greifbar. Der "Schlaf" wäre dann exakt eine "Höhle", was ihm natürlich nicht gerecht wird.

Bei einem mystischen Entspruch geht es darum, etwas für den Menschen Unvorstellbares, Unbegreifbares und Unerklärbares zu formulieren, etwas, das zwar mit Begriffen arbeitet, die jedoch in ihrem Zusammenwirken nie einen unwidersprüchlichen Sinn in den BEVOR ergeben, jedenfalls so lange nicht, bis der Widerspruch z.B. durch die Wissenschaft in der praktischen Realität sinnhaft wird. Anders gesagt: Die mystischen Entsprüche verbinden *per definitionem* unvereinbare Gegensätze, bei denen sich Gemeinsamkeiten oder Agenten zu etwas Unbegreifbarem, Unerklärbarem oder Unvorstellbarem zusammensetzen oder auftrennen. Das limenistische Extrembeispiel hierfür wäre, dass zwei Dinge absolut identisch sind, obwohl sie zwei sind. Dies ist nicht möglich, da in der Limenistik zwei Agenten niemals absolut gleich sind, d.h. nur die Gemeinsamkeiten teilen, die sie untereinander teilen. Mystik erklärt solche Widersprüche jedoch für wahr, zumindest

262

auf der mystischen Ebene, letztendlich um den Menschen dazu zu bringen, Anstrengungen zu unternehmen, den Widerspruch praktisch-real sinnhaft zu machen, wogegen sich die Mystik wiederum wehrt. Falls sie damit erfolgreich ist, vermittelt der Widerspruch zumindest die Gewissheit, dass es eine Welt jenseits unserer BEVOR, d.h. jenseits unserer Vorurteile gibt. Mystische Entsprüche werden gewöhnlich scharf und drastisch formuliert, also mit klareren Begriffszuweisungen als bei der Poesie, da jedes unbedachte Wort den Widerspruch in die BEVOR- oder gar die praktisch-reale Ebene werfen könnte.

Widersprüche erheischen immer deren Versinnhaftung im Denken des Menschen. Diese Motivation kann viele Gesichter haben. Auf der einen Seite steht die Berechenbarkeit der Welt. Darin übt sich der Mensch beim Umgang mit harten, mystischen Entsprüchen, selbst wenn er sie in seinen BEVOR nicht versinnhaften und die BEVOR dadurch nicht auf sie erweitern kann. Aber es gibt auch andere Gründe. Wer sich z.B. etwas so Unbegreifbares wie einen mystischen Entspruch nähern kann, ist selbstverständlich näher bei einem so unbegreifbaren Wesen wie Gott als jemand, der dies nicht tun kann. Somit besteht eine starke Motivation, mystische Entsprüche überhaupt zu generieren. Die Herausforderung liegt dabei nicht in der Umschreibung einer unbeschreiblichen Gemeinsamkeit, wie bei der Poesie, sondern darin, als unvereinbar generierte Gegensätze zu formulieren und selbst für die Abwehr der praktisch-realen wie der absurden Versinnhaftungsversuche zu sorgen, d.h. die Sinnhaftigkeit der Aussage auf der mystischen Ebene zu verteidigen.

Nehmen wir noch einmal Schrödingers Katze. Im ersten Schritt wird der mystische Entspruch formuliert: "Eine Katze ist, verborgen in einer Kiste, gleichzeitig tot und lebendig." Im zweiten Schritt verteidigt er sich gegen seine Versinnhaftung auf der praktisch-realen Ebene. Hierfür könnten Leben und Tod z.B. als zwei Seiten einer Medaille betrachtet werden. Dieser Versuch der Versinnhaftung wäre jedoch zu vage. Im nächsten Schritt erfolgt eine quantitative Diskussion: Vielleicht könnte man jeden Zustand der Katze als Überlagerung von "tot" und "lebendig" ansehen. So wird z.B. aus 10% tot und 90% lebendig der Zustand, in dem sich die Katze nach einer leckeren Mahlzeit befindet, und eine Überlagerung von 10% lebendig und 90% tot würde den Zustand ergeben, wenn die Katze fast verhungert wäre. Sicherlich schafft es der mystische Entspruch, diesen Angriff als zu profan abzuschmettern. Erst die Quantenmechanik begründet, dass gegensätzliche Zustände sich tatsächlich überlagern können, dass durch das Öffnen der Kiste der Zustand der Katze zu einem einzigen kollabiert - entweder tot oder lebendig - und zwar mit einer Wahrscheinlichkeit von je fünfzig Prozent. Beachten Sie bitte, meine Damen und Herren, dass diese Überlagerung natürlich nicht für Katzen, sondern nur für kleinste, wechselwirkungsfreie Teilchen Bestand hat.

Bild 12 zeigt einen mystischen Entspruch. Für die Gemeinsamkeiten *a* und *b* kann man beispielsweise "Existenz" und "Nichtexistenz" annehmen, für die Agenten *A* und *B* entsprechend "etwas im existierenden Zustand" und

264

"das Gleiche im nichtexistierenden Zustand", beispielsweise eine "existierende Katze" und "eine nichtexistierende Katze". Aber genauso gut wären "Feuer" und "Wasser", "Schiff" und "Auto" oder "blau" und "rot" als Entsätze innerhalb des mystischen Entspruchs möglich. Freilich müssen diese eigentlich unmöglichen Überlagerungen (oder Trennungen) entsprechend verteidigt werden. Der Widerspruch von Feuer und Wasser verliert seine Mystik, wenn man eine Wasseroberfläche mit Benzin benetzt und anzündet, ein Amphibienfahrzeug aus Auto und Boot baut, ein Hemd blau-rot kariert oder ein quantenmechanisches Experiment mit einer Katze durchführt.

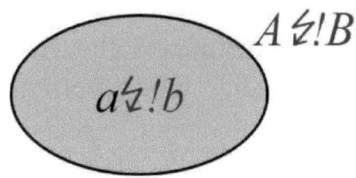

Bild 12

Am Ende meines Vortrages, meine Damen und Herren, möchte ich die Systematisierung der Widersprüche in einem gedanklichen Bild zusammenfassen. Stellen Sie sich einen Agenten vor, z.B. das Auto. Wie wir bereits erfahren haben, handelt es sich dabei um ein System, in dem die Komponenten aufeinander angewiesen sind, damit sie zusammen als Auto funktionieren. Bremse und Gaspedal bilden auf den ersten Blick einen antagonistisch-logischen Widerspruch, der im Straßenverkehr hoffentlich durch den Sieg der Bremse gelöst wird. Nach längerem Nachdenken erkennt man jedoch, dass wir es mit einer dialektischen

265

Gegenseitigkeit zu tun haben. Man könnte das Auto daher metaphorisch als "Bremsbeschleuniger" bezeichnen, im Gegensatz zum selbstfahrenden "Automobil". Bei Letzterem handelt es sich im Übrigen um eine Sprengmetapher, denn der Gegensatz "selbst" und "fahren" ist in einem herkömmlichen Automobil gar nicht gegeben. Das zukünftige "selbstfahrende Auto" wird so zu einer doppelten Sprengmetapher. Aber ist poetisch gesehen irgendetwas im "Bremsbeschleuniger" versteckt, wenn man von der allzu technischen Bedeutung als Verbindung aus Bremse und Beschleuniger oder gar als Vorrichtung zum schnelleren Bremsen absieht? "Voller Vorfreude starrte sie ins Wasser, bereit zum Sprung. Doch die Oberfläche schien wie von einem meterdicken Eispanzer bedeckt", "Gerade als er den erträumten Job annehmen wollte, schaffte er es nicht, zum Telefon zu greifen", wären Formulierungen, die, ähnlich wie "Bremsbeschleuniger" das Gefühl dieses besonderen Zögerns ausdrückt, indem sie den dafür notwendigen Widerspruch generiert.

Meine sehr geehrten Damen und Herren!
Ich danke Ihnen für Ihre Aufmerksamkeit.

266

Donnerstag

Mystik und Physik

Meine sehr geehrten Damen und Herren! Ich hoffe, sie haben unseren Konferenzausflug zum Park Tiefurt genossen und in der Nacht gut geschlafen, sodass Sie mit aufmerksamer Munterkeit den folgenden Vorträgen lauschen können. Am heutigen Tag werden wir uns von der Philosophie wegbewegen und uns mit der Mystik in der Wissenschaft, genauer, in der Physik beschäftigen. Ja, Sie dürfen ruhig staunen. Mystische Entsprüche gibt es auch in der Naturwissenschaft, wobei es sich hauptsächlich um begrifflich-anschauliche Widersprüche handelt. Ihr Zwang, im Widerspruch zu den BEVOR zu stehen, resultiert nicht aus menschlichem Willen, sondern aus der Tatsache, dass die reale Welt größtenteils nicht als Phänomene beobachtbar oder gar in den BEVOR vollständig versinnhaftbar ist. Mittels Paradoxien kann der Wissenschaftler BEVOR Unvorstellbares formulieren und daraus wiederum empirisch Beobachtbares ableiten, um es entweder als Spinnerei zu widerlegen oder unter Beibehaltung der Gegensätze als Entsätze in der praktischen Realität sinnhaft zu machen. Dabei handelt es sich keinesfalls um ein bloßes Trial-and-Error-Verfahren[38], vielmehr ergeben sich die mystischen Entsprüche aus mathematischen Formeln, die Gemeinsamkeiten und Modellagenten in ein unbegreifbares und unanschauliches Verhältnis setzen,

---

[38]Das Trial-and-Error-Verfahren beruht auf dem Ausprobieren verschiedener Lösungsmöglichkeiten und deren Überprüfung anhand des Resultats. Das Verfahren ist je aufwendiger, je mehr Möglichkeiten infrage kommen.

das sich über die Logik jener Formeln gleichzeitig gegen eine Abweisung als Bullshit verteidigt.

Meine Damen und Herren!
Wir werden am heutigen Donnerstag durch die Geschichte der Physik wandern. Die folgenden Ausführungen basieren auf dem Kurs von Joseph M. Gaßner, "Urknall, Weltall und das Leben. Von Aristoteles zur Stringtheorie", den man auf *Youtube* anschauen kann [88]. Mit seiner Hilfe werden wir mystische Entsprüche zutage fördern, die in der praktischen Realität der Wissenschaft objektiv sinnhaft wurden, auch wenn sie am Ende nicht völlig begreiflich oder vorstellbar sind. Beginnen möchte ich mit einem Konzept aus der Antike: der Atomtheorie.

Die Atomtheorie besagt, dass Materie aus sehr kleinen Bestandteilen aufgebaut ist, die selbst nicht mehr teilbar sind. Die Theorie nahm bereits in der Antike Fahrt auf. Vertreter der sogenannten "Atomistik" waren Leukipp und Demokrit, griechische Philosophen, die im fünften und vierten Jahrhundert vor Christus lebten. Weiterentwickelt wurde die Atomtheorie von Robert Boyle (4.2.1627 - 10.1.1692), einem irischen Forscher, dem es gelang, Luft zu komprimieren, also zusammenzudrücken, und deren Volumen auf diese Weise zu verkleinern. Damit war klar, dass Luft aus kleinen Teilchen und viel leerem Raum dazwischen besteht. Die Atomtheorie beendete die Idee einer unendlich weiterführenden Zerlegbarkeit von Materie, wobei man sich die Größe eines Atoms im Bereich von 10^{-11} bis 10^{-10} Metern nicht gut vorstellen kann. Man schaffte mit den Atomen jedoch einen neuen Widerspruch, der in

269

der Annahme bestand, dass Materie mit bestimmten Eigenschaften, wie Konsistenz, Farbe, Geruch zwar aus Atomen besteht, diese Atome aber keinesfalls jene Eigenschaften besitzen. Eine Vermutung lautete: Die Materie würde durch deren Größe und Anordnung gestaltet, was in etwa dem heutigen Wissenstand entspricht. Um zu erfassen, wie etwas aus Teilen bestehen kann, von denen keines die Eigenschaften dieses Etwas besitzt, begibt man sich jedoch in ein Mysterium, das erst über entsprechende chemische Formeln plausibel wird.

Dmitri Mendelejew (8.2.1834 - 2.2.1907), ein russischer Chemiker, führte das sogenannte Periodensystem der chemischen Elemente ein, indem er erkannte, dass jene Elemente immer wiederkehrende Eigenschaften haben. Beispielsweise gibt es sogenannte Edelgase, die mit keinem anderen Element chemisch reagieren, dagegen existieren ganze Gruppen von Elementen, sogenannte Alkali- und die Erdalkalimetalle, die sehr stark reaktiv sind. Magnesium verbrennt sogar unter Wasser, wobei es den Sauerstoff aus den H_2O-Molekülen abspaltet. Später konnte man das Rätsel um diese Periodizität lösen, indem man zeigte, dass Elemente mit ähnlicher Konfiguration der Elektronen in ihren Atomen ähnliche chemische und physikalische Eigenschaften besitzen.

Mit dieser Aussage nehme ich bereits die Antwort auf die nächste Frage voraus: Sind Atome wirklich unteilbar? Wissenschaftler wie Wilhelm Conrad Röntgen (27.3.1845 - 10.2.1923), Ernest Rutherford aus Neuseeland (30.8.1871 - 19.11.1937) und Nils Bohr aus Dänemark

(7.10.1885 - 18.11.1962) wiesen nach, dass Atome nicht unteilbar sind, sondern eine innere Struktur besitzen, d.h. aus negativ geladenen Elektronen und einem gleichartig positiv geladenen Atomkern bestehen. Der Atomkern sitzt im Zentrum des Atoms und die Elektronen bewegen sich auf stabilen Bahnen, ähnlich den Planeten im Sonnensystem. Mit dieser Analogie ist das Mysterium der Atome aber nicht vollständig versinnhaftet, denn die Elektronenbahnen sind merkwürdig "verschmiert", da sich die Elektronen mit unterschiedlicher Wahrscheinlichkeit in mehreren Punkten des Raumes gleichzeitig befinden.

Meine Damen und Herren!
Eine weitere mystische Theorie in der Physik ist die Relativitätstheorie, die vor allem mit dem Namen von Albert Einstein (14.3.1879 - 18.4.1955) verbunden ist. Die spezielle Relativitätstheorie besagt, dass sich in bewegten Systemen, die sich gegenüber einem Bezugspunkt der Lichtgeschwindigkeit[39] nähern, aus Sicht dieses Bezugspunktes Zeitabläufe dehnen, Längen verkürzen und sich Massen vergrößern. Dass sich die Zeit dehnen kann, weiß jeder, der einmal einem langweiligen Vortrag zuhören musste. Fahrstrecken verkürzen sich, wenn man im Auto einen unterhaltsamen Radiosender hört. Dass an einem Tag dasselbe Gewicht schwerer auf den Schultern lastet als an einem anderen, ist ebenfalls einsichtig. Aber taugen diese Analogien, um die Relativitätstheorie zu verstehen?

Die erwähnten relativistischen Effekte sind "Abwehrreaktionen", obwohl der Natur natürlich keine teleologischen

---

[39]Die Lichtgeschwindigkeit beträgt 299.792.458 m/s.

Interessen unterstellt werden dürfen. Besser gesagt: Außer dem Licht darf kein Teilchen die Lichtgeschwindigkeit erreichen und die Geschwindigkeit des Lichts muss überall konstant bleiben. Doch wie bleibt die Lichtgeschwindigkeit für unterschiedlich schnell bewegte Beobachter gleich? Nun, durch einen Eingriff in Raum und Zeit. Die Geschwindigkeit v ist die zurückgelegte Strecke dividiert durch die Zeit, die dafür benötigt wird. Bewegt sich ein schnelles Objekt in einem ebenfalls schnell bewegten System, so verkürzt sich die überwundene Strecke im bewegten System hinsichtlich des ruhenden Systems um den Lorentz-Faktor $\sqrt{1 - v^2/c^2}$ und die Zeit, die das Objekt für die Überwindung der Strecke benötigt, verlängert sich um $1/\sqrt{1 - v^2/c^2}$ (Zeitdilatation). Konsequenz des Korrekturfaktors: Trotz der relativen Bewegung eines Systems können sich die Körper in jenem System für einen außenstehenden Beobachter nie schneller als mit Lichtgeschwindigkeit bewegen. Der Lorentz-Faktor sorgt ebenfalls dafür, dass die Geschwindigkeit c des Lichts, welches bezüglich beider Systeme z.B. aus der gleichen Taschenlampe kommt, überall den gleichen Wert hat, egal wie unterschiedlich ihre Geschwindigkeit ist. Weiterhin folgt aus der Impulserhaltung - schließlich müssen in jedem System die gleichen Naturgesetze gelten -, dass die kinetische Energie ebenfalls korrigiert werden muss, wodurch die Masse des Körpers bei Annäherung an die Lichtgeschwindigkeit zu wachsen scheint. Tatsächlich steigt die Energie, die notwendig ist, den Körper weiter zu beschleunigen. Nahe der Lichtgeschwindigkeit wird sie unendlich groß. Außerdem ergibt sich aus der Gesamtenergie die berühmte Formel $E = mc^2$ (Energie ist Masse mal Quadrat der

Lichtgeschwindigkeit), alles aus rein mathematischer Konsequenz.

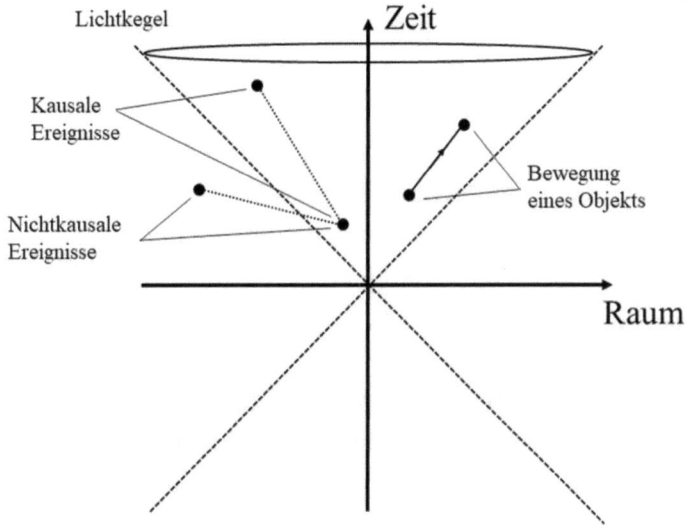

Bild 13: Darstellung der relativistischen Raumzeit. Ein Objekt, dass sich räumlich nicht bewegt, bewegt sich dennoch in der Zeit, also entlang der y-Achse. Der "Lichtkegel" entspricht der Ausbreitung einer Lichtwelle, aus einer Punktquelle kommend, in Zeit und Raum, d.h., der Durchmesser des Kegels auf der "Raum"-Achse entspricht dem Durchmesser der Ausbreitung des Lichts im Raum nach einer bestimmten Zeit. Bewegungen von Objekten und kausale Ereignisse liegen immer innerhalb des Kegels.

Die Spezielle Relativitätstheorie, insbesondere die Unüberschreitbarkeit der Lichtgeschwindigkeit, hat weitere

273

Konsequenzen. So ist die zeitliche Abfolge von Meilensteinen der Bewegung realer Körper immer langsamer als ein Lichtstrahl sie verbinden würde. Ereignisse, die zeitlich näher aneinander liegen als ein Lichtstrahl sie verbindet, sind definitiv nicht kausal, denn auch Informationen können nicht schneller als das Licht übertragen werden. Ich bitte Sie, hierzu einen Blick auf *Bild 13* zu werfen. Die Länge Δs einer Linie in der sogenannten Raumzeit berechnet sich nicht gemäß dem Satz des Pythagoras, wie das in Koordinatensystemen normalerweise der Fall ist, sondern anhand einer Hyperbelgleichung aus zeitlichem $c\Delta t$ und räumlichen Abstand Δr: $\Delta s^2 = \Delta r^2 - c^2\Delta t^2$.

Einstein erweiterte seine Spezielle Relativitätstheorie von bewegten Systemen auf Gravitationsfelder. Aber was haben rasende Teilchen mit Schwerkraft zu tun? In der Allgemeinen Relativitätstheorie wird beschrieben, dass ein beschleunigter Fahrstuhl hinsichtlich aller physikalischen Gesetze einem Gravitationsfeld gleich ist. Warum? Erinnern Sie sich an ihre letzte Fahrt im Fahrstuhl und wie schwer oder leicht Sie sich plötzlich fühlten, als er nach oben oder unten losfuhr? Ein Mensch in einem Fahrstuhl ohne Fenster würde nicht sagen können, ob sich der Fahrstuhl beschleunigt nach oben bewegt oder ob er einfach nur auf einem Planeten mit höherer Schwerkraft, beispielsweise dem Neptun, stehen würde. Zwischen einem Gravitationsfeld und einem Fahrstuhl, der an einer Schnur kreisförmig um einen Mittelpunkt geschleudert wird, besteht ebenfalls Äquivalenz. Einen ähnlichen Effekt erlebt man, wenn man mit dem Auto um eine Kurve fährt. Beispielsweise wirkt bei einer Linkskurve eine Kraft, die Körper im Auto nach rechts drückt. Da es keinen Unterschied zwischen einem rotierenden und einem geradlinig beschleunigten System gegenüber einem Gravitationsfeld gibt, existiert keine Längenkontraktion in eine bestimmte Richtung, schließlich erfolgt diese im Fall der geradlinigen Beschleunigung axial und im Fall der Rotation radial. Jedoch ergibt sich in allen beschleunigten Systemen Zeitdilatation, also auch in einem Gravitationsfeld.

Jede Kommunikation zwischen einem bewegten System und dem ruhenden Beobachter - daher auch zwischen einem Beobachter innerhalb und einem anderen außerhalb eines Gravitationsfeldes - erfolgt letztendlich über Lichtstrahlen. Ein Lichtteilchen, ein sogenanntes Photon, das in einem Gravitationsfeld nach unten fliegt, gewinnt kinetische Energie. Fliegt es nach oben, verliert es kinetische Energie. Da sich seine Geschwindigkeit nicht verändern kann, erhöht oder verringert sich seine innere Energie in Form von Masse, was von einer entsprechenden Zunahme bzw. Abnahme der Lichtfrequenz, also einer Blau- oder Rotverschiebung der Lichtfarbe begleitet wird. Die Frequenz v eines Lichtstrahls, der von einem Ort im Gravitationsfeld mit dem Abstand r zum Zentrum ins All gesendet wird, verringert sich entsprechend: $v_\infty = \sqrt{1 - 2GM/c^2 r} \cdot v$, mit G=Gravitationskonstante, M=Masse des Planeten, r=Abstand vom Zentrum des Gravitationsfeldes. $2GM/c^2$ ist der sogenannte Schwarzschildradius, also der Radius, den ein Planet der Masse M haben muss, damit das Licht nicht mehr aus seinem Gravitationsfeld entwischen kann. r kann den Schwarzschild-

Radius also nicht erreichen, wenn der Radius des Sterns größer ist. Eine geringere Frequenz bedeutet eine langsamere Schwingung der das Licht erzeugenden elektromagnetischen Ladungen. Somit sind die Prozesse nahe dem Gravitationszentrum für einen äußeren Beobachter um den Faktor $\Delta t = \Delta t_\infty / \sqrt{1 - 2GM/c^2 r}$ verlangsamt, schließlich hat das bei ihm ankommende Licht eine geringere Frequenz als das im Gravitationsfeld erzeugte. Umgekehrt sind die Prozesse außerhalb des Gravitationsfeldes für einen Beobachter nahe dem Gravitationszentrum beschleunigt. Das Wort "sind" bedeutet tatsächlich "Sein", d.h. Realität. Die Zeit im Gravitationsfeld erscheint dem äußeren Beobachter nicht nur verlangsamt, sie ist es tatsächlich.

Im starken Gravitationsfeld werden Lichtstrahlen gekrümmt, was als Krümmung von Raum und Zeit selbst interpretiert werden kann, denn alle Dinge unterliegen der Schwerkraft gleichermaßen. Sie bewegen sich daher in Gravitationsfeldern auf geodätischen Raumzeit-Linien und nicht geradlinig mit gleicher Geschwindigkeit. Die Raumzeitkrümmung dient dem Licht wiederum nur dazu, im Gravitationsfeld seine Geschwindigkeit zu behalten, was aus der Fahrstuhl-Analogie folgt. In Gravitationsfeldern kugelförmiger Sterne haben Linien in der Raumzeit daher die Länge: $\Delta s^2 = \Delta r^2 / (1 - 2GM/c^2 r) - c^2 \Delta t^2 (1 - 2GM/c^2 r)$. Diesen Spezialfall nennt man Schwarzschild-Metrik. Würde sich der Radius r dem Schwarzschildradius annähern, so würden Bewegungen mit immer weniger eigener Zeit hineinpassen, Uhren würden langsamer gehen als außerhalb des Gravitationsfeldes, was der erwähnten Verlangsamung entspricht. Gleichzeitig würden immer größere Dinge im Vergleich zum gravitationsfreien Raum hineinpassen. So ist der Radius einer Sphäre um eine Masse größer als man aus dem Umfang der Sphäre erwarten würde.

Besonders starke Gravitationsfelder gehen von sogenannten Schwarzen Löchern aus, deren Schwerkraft nicht einmal das Licht entkommen lässt. Der Schwarzschildradius bzw. Ereignishorizont - gemessen vom Zentrum des Schwarzen Loches - definiert die äußere Sphäre, in der das Licht gefangen gehalten wird. Schwarze Löcher können aus einem kollabierenden Stern entstehen, nachdem sein Wasserstoffvorrat aufgebraucht ist und die wärmespendende Verbrennung zu Helium zum Erliegen kommt. Doch nur, wenn der Durchmesser des Sterns nach seinem Kollaps kleiner ist als der Schwarzschildradius, entsteht ein Schwarzes Loch. Das geschieht nur bei sehr massereichen Sternen. Für unsere Sonne beträgt der Schwarzschildradius etwa drei Kilometer, doch ihre Masse wird nicht ausreichen, ihn bei ihrem Kollaps zu unterschreiten. Somit besteht keine Gefahr, dass sie zu einem Schwarzen Loch wird. Man ist sich allerdings sicher, dass sich im Zentrum unserer Milchstraße ein Schwarzes Loch mit einer Größe von vier Millionen Sonnenmassen befindet [89], um das alle Sonnensysteme unserer Galaxis kreisen.

Doch was passiert am Schwarzschildradius eines solchen kollabierten Riesenplaneten? Wie verändern sich Zeit und Raum? Was ist mit der Vorstellbarkeit solcher Effekte?

Tatsächlich sind die Raumzeit-Effekte am Schwarzschildradius so stark, dass für einen entfernten Beobachter die Zeit stehenbleibt. Ein Raumschiff, das gerade am Schwarzschildradius ankommt, bewegt sich für ihn nicht weiter. Es verharrt am Schwarzschildradius, während das gleiche Schiff für den Captain auf der Brücke binnen Kurzem vom Schwarzen Loch verschluckt wird. Für einen äußeren Beobachter vergeht die Zeit am Schwarzschildradius nicht. Ein ziemliches Mysterium, nicht wahr? Doch so steht es in den Formeln der Allgemeinen Relativitätstheorie. Dabei ist der Widerspruch zwischen dem ewigen Verharren eines Raumschiffs am Ereignishorizont und seinem schnellen Sturz ins Zentrum des Schwarzen Loches, den die Astronauten an Bord durchmachen müssen, nur der Anfang. Raum und Zeit im Schwarzen Loch ist eine wirkliche Herausforderung für die Vorstellung.

Was im Inneren des Schwarzen Loches geschieht, ist hochgradig spekulativ. Raum und Zeit sollen hier ihre Rollen tauschen. Die Raumrichtung jeder Bewegung liegt in Richtung der Mitte fest, wie auch ihr Richtungssinn, also genauso, wie die Zeitrichtung im normalen Raum. Der Ereignishorizont ist nun kein Ort mehr, sondern ein Moment in der Vergangenheit eines Astronauten, welcher in das Schwarze Loch hineinfällt. Die Singularität im Zentrum des Schwarzen Loches ist ein Ereignis, auf das jener Astronaut zusteuert, ohne Möglichkeit zur Umkehr [90]. Am besten gefällt mir folgendes Bild: Die Zeit besteht aus Ereignissen, die im Schwarzen Loch hinsichtlich ihrer Beobachtung zeitlich zusammenfallen. Wenn wir nämlich in das Schwarze Loch stürzen, kommen uns die Lichtstrahlen von den Ereignissen seit seiner Entstehung entgegen. Gleichzeitig erreichen uns die Photonen von außerhalb, da sie schneller nach innen fallen als wir. Man sieht hinter sich das gesamte Universum als einen Punkt über dem "Trichter", durch den man in das Schwarze Loch fiel.

Meine Damen und Herren!
Die Relativitätstheorie ist nicht die einzige Umwälzung, die das 20. Jahrhundert mit sich brachte. Das zweite große Mysterium ist die Quantentheorie, deren Effekte sich noch viel stärker unserer begrifflichen und Vorstellungsmöglichkeiten entziehen. Als Vater der Quantentheorie gilt Max Planck (23.4.1858 - 4.10.1947). Weitere Wissenschaftler auf dem Gebiet der Quantenmechanik waren Erwin Schrödinger, Louis de Broglie (15.8.1892 - 19.3.1987) und Werner Heisenberg (5.12.1901 - 1.2.1976). Max Planck erkannte, dass Körper elektromagnetische Strahlungsenergie - also Wärme, sichtbares Licht oder Röntgenstrahlung - nur als Vielfache von kleinen "Portionen", den sogenannten "Energiequanten" abgeben können. Deren Energie hängt proportional von der Strahlungsfrequenz ab. Der Proportionalitätsfaktor ist das berühmte Planck'sche Wirkungsquantum, eine sehr kleine, aber universelle Konstante[40].

Nun, meine Damen und Herren, sie werden sagen: Dass etwas zu gleichen Portionen abgepackt ist, hat doch nichts

---

[40]Die Formel für die Energiequantelung lautet: $E=h\nu$, wobei E die Energie und ν die Frequenz der elektromagnetischen Strahlung darstellt. Das Wirkungsquantum beträgt $h=6.62607015 \cdot 10^{-34}\,Js$.

Mystisches. In jedem Supermarkt kann man das beobachten. Damit haben sie natürlich recht. Mystisch werden diese minimal kleinen Energiequanten erst, wenn man sie als Partikel, als reale Teilchen betrachtet und gleichzeitig als Welle. Ein Lichtstrahl ist einerseits eine elektromagnetische Welle, bei der elektrische und magnetische Felder gegeneinander schwingen und sich dabei im Raum ausbreiten. Beispielsweise schwingt das Licht in der Farbe Blau mit einer Wellenlänge von etwa 460 Nanometern, in der Farbe Rot dagegen mit 610 Nanometern.

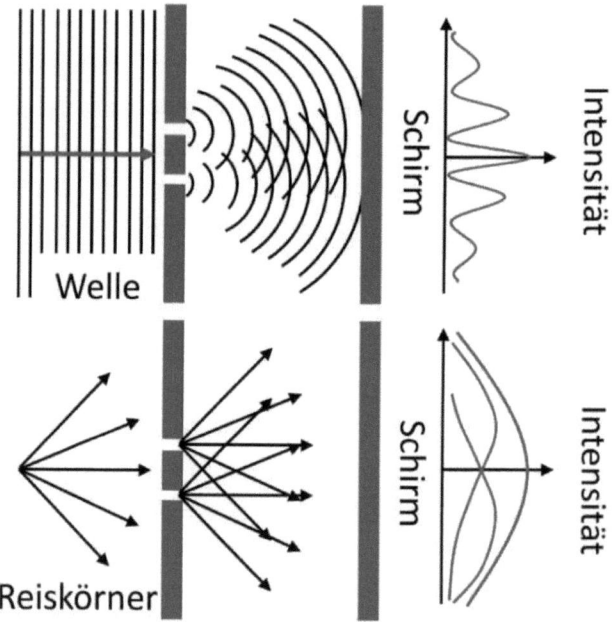

Bild 14: Doppelspaltexperiment

Andererseits ist das Licht ein Strahl von Teilchen, die mit Lichtgeschwindigkeit fliegen. Diese kleinen Geschosse

<u>280</u>

können sogar Elektronen aus festen Stoffen herausschlagen und diese Stoffe dadurch ionisieren. Dennoch verhalten sie sich auch als Welle und unterliegen den für Wellen typischen Effekten wie Beugung und vor allem Interferenz. Interferenz bedeutet, dass sich zwei Wellen überlagern, d.h., sie kommen am selben Ort zusammen, und je nachdem, ob die Wellenberge der einen Welle mit den Wellenbergen oder den Wellentälern der anderen zusammenfallen, ergibt sich eine Gesamtwelle mit einer Amplitude, die der Summe der Amplituden aus beiden Wellen entspricht, oder deren Amplitude null ist. Im ersten Fall spricht man von Verstärkung, im zweiten von Auslöschung.

Beim sogenannten Doppelspaltexperiment läuft eine Welle mit einer bestimmten Frequenz auf eine Wand zu, die sie nicht durchdringen kann, d.h., an der sie reflektiert wird. Allerdings ist diese Wand mit zwei dünnen Schlitzen versehen. Auf *Bild 14* ist die Situation gezeigt. Am besten, man stellt sich eine Wasserwelle vor, die gegen das Holzbrett eines Bootshauses läuft. Befinden sich die schmalen Spalten auf der Höhe der Wasseroberfläche, so kann die Wasserwelle sie durchdringen, allerdings verändert sie sich beim Durchgang. Diese Veränderung kann man so beschreiben, dass die Spalten selbst zu neuen Punktquellen für zwei Wellen werden, die sich nun, unabhängig von der anfänglichen Form, als Kreiswellen ausbreiten. Überlagern sich die Kreiswellen aus zwei nah beieinanderliegenden Spalten, kommt es hinter dem Brett zur Interferenz, d.h. in bestimmte Richtungen läuft eine verstärkte Welle, in andere Richtungen löscht sich die Welle aus. Das Maximum der Verstärkung liegt in der Richtung senkrecht zum Brett, beginnend genau zwischen den beiden Spalten. Thomas Young (13.6.1773 - 10.5.1829), ein englischer Augenarzt und Physiker, führte dieses Experiment als erster mit Licht durch und konnte anhand der Interferenzmuster hinter dem Doppelspalt nachweisen, dass Licht Wellencharakter besitzt.

Das Mystische am Licht ist jedoch, dass es sowohl Wellen- als auch Teilchencharakter aufweist, zwei Eigenschaften, die in unserer Anschauung nicht zusammenfallen können. Wenn ein Lichtstrahl durch einen Doppelspalt fällt, müssen sich die Lichtteilchen durch eine magische Wechselwirkung so untereinander abstimmen, dass die Verteilung der Intensität des Lichtes hinter dem Spalt genau den Gesetzen der Interferenz entspricht, die für Teilchen im herkömmlichen Sinn eigentlich nicht gilt. Das Interferenzmuster kommt übrigens nur dann zustande, wenn die Lichtteilchen ununterscheidbar sind. Im Welle-Teilchen-Modell durchfliegen alle Teilchen gleichzeitig beide Spalten. Das heißt, man kann nicht festlegen, welches Lichtteilchen durch welchen Spalt fliegt, ansonsten würde sich das Muster in das für wellenfreie Partikel verwandeln, beispielsweise für Reiskörner aus einer Reiskanone: Zwei addierte Glockenkurven mit ihren jeweiligen Maxima hinter den jeweiligen Spalten.

Meine Damen und Herren!
Beachten Sie bitte, dass nicht nur Lichtteilchen ein solches Verhalten zeigen, sondern auch andere kleinste Teilchen,

beispielsweise Elektronen. Deren sogenannte De-Broglie-Wellenlänge beträgt bei einer Beschleunigungsspannung von einhundert Volt etwa 0.12 Nanometer. Deshalb verhalten sich beschleunigte Elektronen wie Licht, d.h. sie werden an Objekten gebeugt. Elektronenstrahlen lassen sich daher für Mikroskopie nutzen, wobei sie aufgrund ihrer kleineren Wellenlänge im Vergleich zu Licht eine höhere räumliche Auflösung der untersuchten Oberflächenstrukturen ermöglichen.

Doch kommen wir zu der Unbestimmtheit quantenmechanischer Vorgänge zurück. Man könnte behaupten, dass die Unzulänglichkeit der Theorien oder des Experimentators verhindert, das Verhalten kleinster Materieteilchen exakt vorauszusagen. Nun, selbst in der klassischen Mechanik ist das Verhalten von wechselwirkenden Körpern nicht scharf determiniert. Klassische Bewegungen in Systemen mit vielen Körpern sind häufig nur durch Wahrscheinlichkeiten beschreibbar oder sie verlaufen sogar chaotisch. Dementsprechend besagt die "Kopenhagener Deutung" der Quantenmechanik, dass quantenmechanische Vorgänge grundsätzlich nur durch Wahrscheinlichkeiten bestimmt sind, was bedeutet, dass es unterschiedliche Wahrscheinlichkeiten für die Lichtteilchen gibt, hinter dem Doppelspalt in bestimmte Richtungen weiterzufliegen. Diese Wahrscheinlichkeit ergibt sich pro Richtungswinkel wiederum aus der Mathematik der Interferenz. Genau gesagt ist diese Antreffwahrscheinlichkeit der Lichtteilchen das Quadrat der Wellenfunktion der sich überlagernden Wellen aus den beiden Spalten.

Die Kopenhagener Deutung verleitet allerdings dazu, dem Mysterium des Welle-Teilchen-Dualismus einen sehr profanen Sinn zu verleihen, indem man einfach sagt, die Wellenfunktion ihres in Zeit und Raum schwingenden Selbst sei nur ein mathematisches Hilfsmittel, um ihre Wahrscheinlichkeitsverteilung zu berechnen. Dabei hat die Betrachtung von quantenmechanischen Objekten als Teilchen UND als Welle mit allen ihren physikalischen Eigenschaften durchaus seine Berechtigung. Man kann ein Teilchen nämlich als einzelnes "Wellenpaket" verstehen, also als eine Welle, die auf einer begrenzten Länge nur ein paar Schwingungen ausführt, wobei sich dieses Paket "im Ganzen" vorwärtsbewegt.

Das bekannteste Problem, das sich aus der Kopenhagener Deutung ergibt, ist Schrödingers Katze. Ausgangspunkt hierfür ist erneut die Frage, durch welchen Spalt ein quantenmechanisches Teilchen im Doppelspaltexperiment gegangen ist. Tatsächlich müssen wir hier nur ein Teilchen betrachten und die Wahrscheinlichkeit des Durchganges mit je 50% pro Spalt ansetzen. Somit befände sich das Teilchen beim Durchgang in einem gemischten Zustand, der zu 50% aus dem einen und zu 50% aus dem anderen Spaltdurchgang besteht. Was nun, wenn bei dem Durchgang durch den einen Spalt ein Giftgas freigesetzt würde, das eine Katze tötet, die für den Experimentator unsichtbar in einer Kiste hockt? Geht das Teilchen jedoch durch den anderen Spalt, würde kein Gift freigesetzt und die Katze bliebe am Leben. In dieser Betrachtung wäre die Katze - solange ihr Zustand nicht überprüft wird - beim Durchgang des Teilchens durch den Doppelspalt gleichzeitig tot und lebendig, mit einer Wahrscheinlichkeit von jeweils 50%. Erwin Schrödinger wollte durch dieses paradoxe Gedankenexperiment die Quantenmechanik weg von der Kopenhagener Deutung hin zum Verständnis der Materie als Teilchenwelle lenken. Allerdings gelang ihm das nicht, denn die Sinnhaftung des Paradoxons liegt im Kollaps der Wellenfunktion für große Körper, deren Bestandteile ständig aneinanderstoßen und die "gleichzeitigen" entgegengesetzten Zustände dadurch sofort in nur einen möglichen überführen. Für kleinste quantenmechanische Teilchen gibt es den überlagerten Zustand aus "tot" (Durchgang durch den einen Spalt) und "lebendig" (Durchgang durch den andern Spalt) allerdings sehr wohl. Nun, Welle, Teilchen, Wellenpaket, Wahrscheinlichkeitswelle, das sind nur Hilfsmittel zum Verständnis. Tatsächlich haben wir hier ein Beispiel für das Gelingen partieller mystischer Sinnhaftung durch die Sprache der Formeln und ihr gleichzeitiges Scheitern im anschaulichen Denken. Allerdings sinnhaftet sich die Mystik des Welle-Teilchen-Dualismus durch seine wissenschaftliche Erklärung, die durchaus zutreffenden Wege in die Vorstellbarkeit und die eindeutige mathematische Begrifflichkeit zum großen Teil in der praktischen Realität.

Meine Damen und Herren!
Ein weiteres Mysterium ist die sogenannte "Bose-Einstein-Kondensation", bei der sich zwei quantenmechanische Objekte gleichzeitig am selben Ort befinden. Beginnen wir mit den kleinsten Elementarteilchen, die wir kennen: den Elektronen. Elektronen sind sogenannte Fermionen und daher unterliegen sie dem Pauli-Verbot. Dieses

Verbot reflektiert das limenistische Prinzip, dass es keine zwei Agenten geben kann, die absolut identisch sind. Tatsächlich können die Fermionen nicht in allen ihren Eigenschaften übereinstimmen. Es muss immer mindestens einen Unterschied geben, beispielsweise die Richtung ihres Spins, einer Kreiselbewegung, die ihr magnetisches Moment hervorruft. Zwei Elektronen mit ungleichem Spin können in allen anderen quantenmechanischen Eigenschaften gleich sein und sich insbesondere auf den gleichen "Schalen" um einen Atomkern befinden.

Das ist aber nur die halbe Aussage der Limenistik. Laut ihr kollabieren zwei absolut identische Objekte in Raum und Zeit zu einem einzigen. In der Quantenmechanik gibt es einen Effekt, der etwas Ähnliches beschreibt: die Bose-Einstein-Kondensation. Für Fermionen ist ein solcher Kollaps aufgrund des Pauli-Verbots nicht erlaubt. Für sogenannte Bosonen hingegen schon. Kühlt man Bosonen auf sehr tiefe Temperaturen ab, bilden sie irgendwann eine einzige kohärente Wellenfunktion, also ein einziges Teilchen. Das Experiment zum Nachweis des Bose-Einstein-Kondensats, welches viele Jahrzehnte reine Theorie war, gelang erst im Jahr 1995 durch die Physiker Eric A. Cornell (*1961), Carl E. Wieman (*1951) und Wolfgang Ketterle (*1957), die im Jahr 2001 den Nobelpreis erhielten.

Meine sehr verehrten Damen und Herren!
Das letzte Mysterium der Quantenmechanik, das ich Ihnen nahebringen möchte, ist die Heisenbergsche Unbestimmtheitsrelation. Wir hatten ja beim Doppelspaltexperiment bereits gesagt, dass es unbekannt ist, durch welche

der beiden Spalten ein Teilchen getreten ist. Seine Position war also unbestimmt. Sie werden es mir vielleicht nicht glauben, aber diese Unbestimmtheit lässt sich berechnen, wofür die Betrachtung eines einzelnen Spalts ausreicht. Hat der Spalt eine bestimmte Breite, so definiert diese Breite, wie stark sich der Strahl hinter dem Spalt auffächert, d.h., wie groß der Winkel ist, innerhalb dessen die Teilchen hinter dem Spalt abgestrahlt werden. Je schmaler der Spalt, desto breiter der Fächer. Dieses Verhalten ist für Wellen typisch, die an einem Spalt gebeugt werden. Für einen Wellen-Teilchenstrahl bedeutet es, dass die Unbestimmtheit des Winkels des Teilchenimpulses beim Verlassen des Spalts zunimmt, je schmaler dieser Spalt ist. Doch je schmaler er ist, desto genauer ist die Position des Teilchens beim Verlassen des Spalts bestimmt. Genau das ist der Inhalt der Heisenbergschen Unbestimmtheitsrelation: Je genauer der Ort eines Teilchens bestimmt wird, desto ungenauer ist sein Impuls bestimmt. Das heißt, ist der Impuls eines Teilchens mit absoluter Genauigkeit festgelegt, kann es sich quasi überall befinden. Ist der Ort des Teilchens festgelegt, kann es jeden Impuls haben.

Ein weiteres Unbestimmtheitspärchen sind Energie und Zeit. Deren Unbestimmtheit kann man wie folgt interpretieren: Je genauer die Energie eines Teilchens bestimmt werden soll, desto länger muss man nachmessen. Eine andere Interpretation lautet: Die Energie eines Teilchens ist unscharf, wenn man die Zeit genau bestimmt, zu der es einen gegebenen Ort passiert. Die Unschärfe der Energie E führt dazu, dass für einen sehr kurzen Zeitraum, gemäß der Formel $E = mc^2$, paarweise Teilchen aus dem Nichts entstehen können. Beispielsweise können ein Elektron und - aus Symmetriegründen - sein Antiteilchen, ein Positron, aus dem Nichts auftauchen und anschließend wieder verschwinden: eine *creatio ex nihilo*, genannt: Quantenfluktuation.

Meine Damen und Herren!
Lassen sie mich die Mystik der physikalischen Wissenschaft anhand der Heisenbergschen Unbestimmtheitsrelation zusammenfassen: Um präzise Vorhersagen zu treffen, muss man physikalische Effekte begrifflich darstellen. Das gelingt in der Sprache der Mathematik. Einen so einfachen Zusammenhang wie die Unbestimmtheitsrelation: "Die Unschärfe des Ortes multipliziert mit der Unschärfe des Impulses eines Teilchens liegt in der Größenordnung des Planck'schen Wirkungsquantums", lässt sich natürlich auch in jene Worte fassen. Allerdings kommt es zu einem begrifflichen Widerspruch, denn nicht alles, was in der Formel steckt, kann durch die Begriffe ausgedrückt werden. Allein schon die Bestimmung, was denn eine Ortsunschärfe genau bedeutet, bereitet Probleme. Mit der Anschauung der Unbestimmtheitsrelation wird es noch schwieriger. Wie soll man sich die räumliche Verschmierung eines Objektes vorstellen? Das Foto eines Pferdes bei langer Belichtungszeit könnte hier vielleicht helfen. Doch selbst mit solchen Hilfsmitteln erfasst man die Effekte keinesfalls vollständig. Das ist auch nicht möglich, weil sie sich auf sehr kleinen Skalen abspielen, die ein Mensch in der Vorstellung niemals auflösen kann. Wenn er es doch schafft, dann nur, wenn er sie in die ihn bekannten Ver-

hältnisse vergrößert, wo allerdings andere Gesetze herrschen. Sie sehen, im Verständnis physikalischer Prozesse, begrifflicher oder anschaulicher Erfassung, fehlt immer etwas. Es gibt sogar Effekte, die sich durch ein mathematisches Modell allein nicht beschreiben lassen, sodass sogar zwischen der Formel und dem beschriebenen Geschehen eine Lücke besteht, die nur durch ein zusätzliches, dem ersten widersprechendes Konzept gefüllt werden kann. Der Welle-Teilchen-Dualismus des Lichts kann beispielsweise nicht in eine gemeinsame quantenmechanische Formel gefasst werden, es sei denn, man begibt sich in die Theorie der Quantenelektrodynamik. Hier wird das Licht als Feld verstanden, das sich verschiedenartig ausprägen kann - so wie Gott als Vater und Sohn in der Trinitätslehre[41].

---

[41] Die Trinität aus Vater; Sohn und Heiligem Geist ist auch in der Philosophie ein einträgliches Gedankenbild. Für G. W. F. Hegel bildete sie die Grundlage seiner Philosophie des Geistes. Laut Hegel ist die Trinität die Totalität aus Vater und Sohn, wobei letzterer dem ersteren durch Identitätsvermittlung identisch ist, somit einen "zweiten" Vater darstellt, wodurch die Totalität selbst zum "dritten" Vater wird. Mitunter wird die Identitätsvermittlung, also das Vater=Sohn-Sein bzw. die Foucaultsche Macht jener Vermittlung als "vierter" Vater vom "dritten", also der Vater=Sohn seienden bzw. diskursiven Totalität, unterschieden [vgl. 91]. Für den "absoluten Geist" Hegels ist es kein Problem, sich in dieser positiv/identitären Konstellation (Vater=Sohn=Heiliger Geist I=Heiliger Geist II) seiner eigenen Selbstbewusstheit zu versichern. Alle endlichen Geister benötigen dafür den "Anderen". Sie benötigen ihre Negation im "Anderen" als Zwischenschritt totalitärer Gegenteile, um sich selbst im "Anderen" zu erkennen. Die Selbsterkenntnis endlicher Geister über die Negation der Negation macht bei Hegel die grundlegende Dynamik der Welt aus, indem ihr Logikpfeil zu einem Veränderungspfeil wird, wodurch sich die Welt erst zu einem räumlich-zeitlichen Volumen aufbläst. In der

Mit einem allerletzten Beispiel, meine Damen und Herren, möchte ich Ihnen zeigen, dass die Physik sowohl der Mystik zuneigt, aber auch der Poesie. Nehmen wir noch einmal die Unbestimmtheitsrelation und übertragen sie auf den Menschen. Ist es nicht so, dass, je stärker man die Liebe festhalten will, egal ob als Gefühl oder in Form einer konkreten Person, desto eher verliert man sie? Sie sehen, hier habe ich etwas, das unerklärbar ist, weil es widersprüchlich ist, mit einem ähnlichen Widerspruch ins Verhältnis gesetzt. Der zweite Widerspruch zwischen dem Festhalten der Liebe und deren Zerstörung durch eben jenes Festhalten-Wollen ist freilich anschaulicher als der zwischen Ortsbestimmung und Impulsbestimmung. Aber zwischen beiden fehlt etwas, dass zwar real ist, sich aber nicht durch Begriffe herauskitzeln lässt. Durch den metaphorischen Vergleich steigt die Anschaulichkeit des quantenmechanischen Effekts jedoch deutlich an.

Meine sehr geehrten Damen und Herren!
Ich danke Ihnen für Ihre Aufmerksamkeit.

Limenistik erkennt sich der Vater im Sohn in seinen Gemeinsamkeiten mit ihm, angefangen von direkten Gemeinsamkeiten (z.B. Aussehen) bis hin zum individuellen Teilen von Untergemeinsamkeiten eines gemeinsamen *ZIG*, ähnlich der Arbeitsteilung bei der gemeinsamen Produktion. Die Selbsterkenntnis des Vaters geschieht bei gleichzeitigem Unterscheiden von seinem Sohn, das ihn erst zum "Anderen" machen. Seine Selbst-Bewusstheit ist die Bewusstheit, selbst in die jeweilige Gemeinsamkeit transzendiert zu sein. Gleichzeitig sollte der Vater die selbstÄhnlichkeit der Welt, ihre Rückkopplungen und Fraktale, in dem ihm nicht-gleichen und nicht-unterschiedlichen Sohn ebenfalls erkennen.

Was der Materialismus nicht erfassen kann

Meine Damen und Herren!
Die Ausführungen meines Vorredners haben gezeigt, dass das Training durch das Denken in mystischen Entsprüchen die Akzeptanz begrifflich kaum erfassbarer, erklärbarer oder schwer vorstellbarer, dennoch realer Phänomene verstärkt. Trotzdem wurde Mystik nach der Aufklärung kaum mit Naturwissenschaften assoziiert. Naturwissenschaftler "beschlabberten" sich nicht damit. Vor der Entwicklung der Quantenmechanik und der Chaostheorie waren sie von einer geradezu dogmatischen Mechanistik durchdrungen. In dieser Vorstellung funktioniert die Welt nach quasi-mechanischen Gesetzen, sodass jedes Ereignis eindeutig vorausberechnet werden kann. Der Zufall sei nur das Produkt nichtvorhandenen Wissens und würde verschwinden, wenn man dieses Wissen errungen hätte. Diese Herangehensweise versperrte allerdings den Blick auf wesentliche Aspekte jenseits mechanischer Zahlenakrobatik: Sogar Qualitäten als solche wurden als objektive Eigenschaft der Natur abgelehnt. Alles, was wir sehen, sei Ausdruck einer Quantität [vgl. 92, Vorlesung 8]. Es gibt keine Verwandtschaft zwischen Wesensaspekten der menschlichen Seele und der Natur (Sympathie, Antipathie, Liebe, usw.). Allgemeiner gesprochen. Die Welt ist nicht beseelt. Die Natur besitzt keine Intelligenz, kein Geschlecht, keine Gefühle, keinen Willen, keinen Sinn und Zweck. Sie leidet nicht, ist nicht glücklich, weint nicht, lacht nicht. Alle Gefühle seien aus der Natur zu verbannen. Begriffe wie "hydrophob" für "wasserabweisend" oder "hydrophil" für "wasseranzie-

hend" wären in diesem Verständnis nicht korrekt oder lediglich tote Metaphern, weil sie die Begriffe "Angst" und "Liebe" beinhalten. Die SelbstÄhnlichkeit des Universums vom Atom bis zu einer Gesellschaft wird negiert. Sie sehen die Gefahr dieser Betrachtungsweise, meine Damen und Herren, wenn Sie über die maschinelle Behandlung von Tieren in großen Schlachthöfen nachdenken.

René Descartes, der Begründer dieses Denkens, betrachtete die Welt als eine Ansammlung von Maschinen, deren Zahnräder nur aufgrund unmittelbarer Ursache-Wirkungs-Beziehungen ineinandergreifen. Zwar sahen seine Anhänger, die Cartesianer, im Menschen nicht nur einen dinglichen Körper, eine "*res extensa*", sondern auch eine "*res cogitans*", also ein denkendes Objekt. Jedoch seien beide Sphären voneinander strikt getrennt. Gegenüber den bisherigen kirchlichen Auffassungen handelte es sich bei Descartes Philosophie um eine Revolution des Denkens, die einige Gegenbewegung beim katholischen Klerus hervorrief. Um seinem Unwillen zu entgehen, ließen die Cartesianer Wunder prinzipiell zu, also das Eingreifen Gottes jenseits der Naturgesetze, die er selbst geschaffen hat [vgl. 92, Vorlesung 8]. Diese Auffassung steht nahe an der kreationistischen Lehre, das Universum sei ein von Gott geschaffenes Uhrwerk und er sei der Uhrmacher, der sie nur hin und wieder reparieren müsse.

Die Aufteilung in die physische *res extensa* und die geistige *res cogitans* wäre ein hervorragender Ausgangspunkt dafür gewesen, die Wechselwirkung der beiden Sphären und die Ähnlichkeiten zwischen Bewusstsein, Gefühlen und angeblich gefühlfreier Welt zu untersuchen. Doch die *res extensa* wurde immer mehr zu einem Synonym für das Erklärbare - schließlich kann man sie sehen, anfassen und in mechanische Gesetze gießen - während die *res cogitans* eher für das Unerklärbare stand, also für das Mysterium. Im Weiteren erfolgte ihre Entmystifizierung, indem man entweder biologische Prozesse für die jeweiligen Gefühle und Gedanken verantwortlich machte oder indem man ein eigenes, körperfreies Wissenschaftsfeld für den Geist entwickelte. Entweder man sah den Geist als Sklaven einer körperlichen Mechanik - im schlimmsten Fall einer vermeintlichen biologistischen Vorprägung - oder man koppelte ihn komplett vom Körper ab und unterwarf ihm eigenen, nicht weniger mechanischen Gesetzen. Verständnis, warum der Geist so und nicht anders funktioniert, suchte man ebenfalls in der Annahme einer ökonomischen und nutzorientierten Ausrichtung des Sozialverhaltens inklusive der Liebe: Ist meine Seele Sklavin der jeweiligen Produktionsverhältnisse? Welchen ökonomischen Nutzen bringt mir diese oder jene Beziehung? Wobei hier nicht unbedingt Geld oder Besitz im Vordergrund stehen. Es geht häufig um die Frage, wie viel Liebe ich zurückbekomme, wenn ich diese oder jede Menge Zuneigung in einen Menschen investiere.

Meine Damen und Herren!
Vielleicht kann man dieser Argumentation ein stückweit folgen, allerdings gibt es einen gewaltigen Knackpunkt: Auf mechanistische, biologistische oder ökonomistische Weise kann das ethische Verhalten der Menschen bis hin zur selbstlosen Aufopferung nicht erklärt und auch nicht

für ihn motiviert werden. Selbst die Aufklärung, welche die Vernunft in den Vordergrund der menschlichen Motivation stellte, schaffte es nicht, die Ethik zufriedenstellend zu begründen. Die empathische Herangehensweise an die Ethik, von der Sie ja schon viel gehört haben, löst das Problem ebenfalls nicht, denn Empathie kann für Gutes oder Schlechtes gegenüber dem anderen eingesetzt werden. Allerdings ist die Fähigkeit zur Empathie die Basis jedes ethischen Verhaltens.

Dennoch ist der mechanistisch ausgerichtete Materialismus heute weltweit dominant. Ein Mensch wird bezüglich seines offensichtlichen Verhaltens beurteilt, weniger relevant sind die Worte des Menschen und noch weniger seine freien Gedanken. William Hoye hat diesen Befund durch die Ablehnung des Zitates "Es gibt nichts Gutes, außer man tut es" von Erich Kästner (23.2.1899 - 29.7.1974) auf den Punkt gebracht [1, Vorlesung 10].

Ich weiß, dass Herr Frank selbst ein Verfechter des Materialismus ist, und eher das Verhalten der Menschen als ethisch bewertbar ansieht als dessen innere Einstellung. Ich möchte dem jedoch widersprechen. Sicher kann ein Mensch noch so hehre Intentionen haben, wenn er daraus falsche Taten ableitet. Doch was, wenn wir uns ausschließlich auf das Materielle konzentrieren und dadurch völlig vergessen, dass es vor jeder Tat eine Reflexion geben muss? Ja, ich würde sogar behaupten, dass bloßes Handeln ohne eine tiefe Rückbesinnung letztendlich die Moral zerstören wird. Am Horizont dieses Szenarios stehen oft ein Führer oder eine Partei, welche den Menschen in Ermangelung eigener Moral sagt, was sie denn Gutes zu tun haben und was nicht.

Nun, Sie werden einwenden, dass es unmöglich ist, die Gedanken und wahren Intentionen seines Gegenübers zu erraten, um sein Verhalten zu beurteilen. Stattdessen sollte man sich auf allgemeine Gesetzmäßigkeiten der Humanbiologie oder sozialer Interaktion fokussieren, denn sie würden die Ursachen des jeweiligen Verhaltens verraten. Und damit sitzen Sie genau dem Missverständnis auf, das durch das mechanistische Weltbild erzeugt wird. Die allgemeinen Gesetzmäßigkeiten zu Verhaltensweisen gibt es zwar, es gibt auch allgemeine Richtlinien für ethisches Verhalten, die aus den Gemeinsamkeiten der Mitglieder der jeweiligen Gruppe resultieren, aber zwischen ihnen und völliger Kontingenz befindet sich das ganze Universum geistiger Individualität, die sich - zwar unter Berücksichtigung spezifischer - jenseits allgemeiner Gemeinsamkeiten in den individuellen Denkweisen der Menschen ausdrückt. Das gilt auch allgemein: Die Agenten verfangen sich hin und wieder in ihren Gemeinsamkeiten. Allerdings transzendieren sie sie auch - durch Zufall, fremden oder eigenen Willen - freilich ohne ständig Verträge darüber abzuschließen. Selbst die Wirkung der Schwerkraft kann mithilfe eines Flugzeugs transzendiert werden. Die mechanistische Herangehensweise spiegelt den Menschen hingegen nicht nur vor, ihr Verhalten lasse sich - wie die mechanischen Gesetze der Physik - vorausberechnen (obwohl auch das nicht geht), sondern die Gesetze des Verhaltens seien allgemeingültig und nur jene allgemeingültigen Gesetze würden es bestimmen.

Meine Damen und Herren!

Das Modell eines Gottes lässt die Menschen daran glauben, dass es ein Wesen gibt, dass die hinter den Taten stehende individuelle Intention genau erkennen und dadurch bewerten kann. Dabei spielen die Moralgrundsätze eigentlich kaum eine Rolle. Die Lehrsätze über das Gute können sich nur auf ein paar relevante Gemeinsamkeiten der Menschen beziehen. Der Hauptteil der Ethik entsteht aus der Selbstreflexion hin zum Guten. Die Bewertung des Menschen wird im Gottesmodell zur Bewertung der Selbstreflexion an sich. Gott ist derjenige, der hinter unsere Taten und sogar hinter unsere Intention blicken kann, um zu sehen, ob eine Selbstreflexion hin zum Guten stattgefunden hat. Die Belohnung für die moralische Selbstreflexion ist - im übertragenen Sinn - die Erlösung, die Bestrafung für deren Mangel ist das moralische Fegefeuer. Die Erlösung entspricht der Überzeugung, dass Gott unsere guten Intentionen sehen kann, die Strafe besteht darin, dass er sich nicht dafür interessiert, weil wir uns der Selbstreflexion eben nicht ausgiebig hingegeben haben.

Ich möchte hierfür das Beispiel des Geschenks anführen, das von William Hoye genannt wurde [92]. Ein Geschenk kann völlig daneben sein, aber wenn der Beschenkte nachvollziehen kann, dass gute Gedanken und Intentionen des Schenkenden dahinterstehen, kann er sich dennoch darüber freuen. Die unmittelbare Empirie bedeutet hier, dass das Geschenk vom Beschenkten niemals benutzt wird, somit seine Existenz negiert wir. Dennoch kann der Beschenkte das Geschenk - in einer mittelbaren Empirie hinsichtlich seiner Gefühle - als ethisch gut ihm gegenüber betrachten.

Die Frage ist nun, welches Modell in einer areligiösen Gesellschaft geeignet wäre, die Selbstreflexion hin zum Guten zu erzeugen. Tatsächlich kann man sich nicht auf eine transzendente Motivation zur Selbstreflexion kaprizieren, denn ohne Gott gibt es keine höhere Instanz, die sie beurteilen und mit Strafen bzw. Belohnungen belegen könnte. Es gibt also nur die Möglichkeit einer immanenten Motivation. Gesellschaftliche Zwänge wirken allerdings immer nur eine Stufe unter der Selbstreflexion, nämlich auf dem Niveau der Selbstkontrolle, ob ein bestimmtes Ziel erfüllt oder bestimmte Grundsätze eingehalten wurden. Dabei hat man den Eindruck, dass die Menschen solche Grundsätze gern annehmen, nicht nur, weil sie sich dadurch zu den besseren zählen und von den "bösen" abgrenzen können, sondern auch, weil die Einhaltung klar formulierter Grundsätze leichter fällt als die Selbstreflexion hin zum Guten. Doch warum ist das so? Ganz einfach. Die jeweiligen Gründe für das durch die Selbstreflexion beurteilte zukünftige oder vergangene Verhalten werden durch jene Selbstreflexion erst aufgedeckt. Man muss sich mit ihnen beschäftigen, sie hinterfragen, statt sie blind umzusetzen. Das ist anstrengender als Befehle auszuführen. Die fehlende Motivation zur Selbstreflexion in einer areligiösen Gesellschaft bei gleichzeitiger Repression auf feststehende moralische Grundsätze führt allerdings zum Abbau

297

Ersterer und - da es faktisch keinen einheitlichen, vollständigen Satz fester moralischer Grundsätze gibt - zu einer Verhärtung unterschiedlicher Wertesphären.

Welche besseren Möglichkeiten gibt es, meine Damen und Herren, als ein niedergeschriebenes Gesetzesblatt? Man könnte die moralischen Werte eher reflexiv formulieren, wie beispielsweise den kategorischen Imperativ: "Handle so, dass die Motive deines Willens jederzeit Grundlage allgemeiner Gesetzgebung sein können". Oder den moderneren Grundsatz: "Handle und rede so, dass Du Mitglieder anderer Gruppen nicht in ihren Gefühlen verletzt". Das Problem des fehlenden Schiedsrichters ist bei solchen reflexiven Werten allerdings viel eklatanter als bei konkret feststehenden Grundsätzen. Denn diese Werte beziehen sich auf Grundsätze, die von der Gesellschaft kommen und allgemeingültig sein sollen, aber niemandem bekannt sind. Im schlimmsten Fall bleibt man bei dem, was man für sich selbst für richtig hält.

Wenn es also keinen Gott gibt, der beurteilen kann, ob und wie wir anhand innerer, individueller Reflexion, um das Richtige zu tun, die konkrete Tatmotivation erlangen, muss diese Rolle jemand anderes übernehmen. Es darf nicht derjenige Wissenschaftler sein, der nach allgemeinen Erkenntnissen strebt, der möglichst breite, zusammenhängende Gemeinsamkeiten erkennen will, sondern eher derjenige Wissenschaftler, der die Eigenschaften eines einzelnen Objektes erforscht. Eine Art bester Freund, der gleichzeitig ein völlig Fremder ist.

Der Widerspruch zwischen dem Freund eines bestimmten Individuums, der viele Gemeinsamkeiten mit ihm teilt oder jene zumindest einzuschätzen weiß, und einer völlig unbekannten Person, erzeugt eine innere Motivation, jenen Widerspruch zu versinnhaften. Diese Motivation ist, meiner Meinung nach, die Ursache für das Aufkommen von Empathie und im Weiteren für Ethik. Aber das ist noch nicht alles. Der völlig Fremde befreit uns von der Selbstkontrolle auf ein bestimmtes Meinungsspektrum oder feste moralische Regeln hin. Er ermöglicht uns die Selbstreflexion als solche, für die viele verschiedene Möglichkeiten zur Verfügung stehen müssen. Es dürfen keine Vorgaben für die Selbstreflexion existieren, so wie das bei einem Gespräch mit jenem vollkommen Unbekannten der Fall wäre. Ein völlig Unbekannter würde die Selbstreflexion als solche fördern, im Gegensatz zu einem gut Bekannten, der zumeist konkrete Empfehlungen parat hat. Ein guter Bekannter, der weiß, wie man "tickt", kann die Selbstreflexion des Individuums allerdings viel besser begleiten. Er ist es, der sich in die Gedankenwelt des Selbstreflektierenden einfühlen kann. Er ist es, der das Abdriften der Person weg von sich selbst verhindert, schließlich darf das Resultat der Selbstreflexion keine Lüge sein. Und er ist es, der dem Individuum das Gefühl gibt, dass seine Intentionen verstanden werden.

Der Widerspruch zwischen völliger Fremdheit und absoluter Innigkeit ist zunächst nur im Mystischen sinnhaft, also in Gott. Aber kann man ihn auch im Praktischen versinnhaften und Gott dadurch ersetzen? Ohne den möglichst gleichzeitigen Umgang mit besten Freunden und völlig Unbekannten wird das kaum möglich sein. Heutzutage nimmt die Dichte der sich nahestehenden und auch der sich völlig fremden Personen allerdings stetig ab. Die Konsequenz hieraus ist, dass kein Mensch von einem anderen Menschen hinsichtlich seiner Gedanken und Intentionen wirklich beurteilt werden kann, niemand den eigenen inneren Kosmos mittels einer unabhängigen, individuellen Instanz reflektiert und deshalb vermeintlich universelle Meinungen, Gesetze und Statistiken heranziehen muss, die dem Individuum als solchem jedoch eher fremd bleiben müssen. Die Selbstreflexion findet in ihrer tiefsten Tiefe nämlich die eigene vertraute Fremdheit, die Gleichheit und Unterschiedlichkeit mit sich selbst, welche die Quelle des Guten in ihr ist, wenn sie die Welt spiegelt.

Wie steht es mit unserem Rechtssystem, werden Sie einwenden. Weltliche Gerichte sind gute Gründe für Selbstreflexion, aber sie findet meist nur dann statt, wenn man sich wissentlich nahe an der Illegalität bewegt, die Bedrohung durch eine Gefängnisstrafe also präsent ist. Die Selbstreflexion ist dann weniger auf das Gute und Richtige ausgerichtet als auf die bilanztechnische Abwägung zwischen dem Nutzen des geplanten Coups und dem Risiko einer Bestrafung. Kommt es schließlich zu einem gerichtlichen Prozess, wird nur selten die Selbstreflexion als solche, sondern die Tat unter gewissen äußeren oder körperlich/geistigen Umständen bewertet. Die Tendenz geht zu einem Katalog: diese Tat + diese Vorstrafen → diese Strafe → dieser Erfolg bei der Wiedereingliederung in die Gesellschaft. Ich entschuldige mich für die Polemik. Natürlich gibt es bei Gericht die Unterscheidung zwischen

Vorsatz - also freiem Willen, Fahrlässigkeit und erzwungenen Taten. Doch Gerichte sind keine Freunde, welche bewerten möchten, ob die Tat auf einen im Rahmen des Willens zum Richtigen selbstreflektierenden Gedankengang zurückgehen. Gerichte sind auch keine "Unbekannten", die uns breite Möglichkeiten für die Selbstreflexion zur Verfügung stellen.

Jeder Mensch braucht also Wesen, die gleichzeitig absolut vertraut und absolut fremd sind. Viele Großstadtneurotiker sehen solche Wesen gern in teuren Psychotherapeuten. Allerdings herrscht hier ein finanzielles Abhängigkeitsverhältnis, sodass die Selbstreflexion nicht frei von sekundären Interessen ist, wie das sowohl bei einem Freund als auch bei einem völlig Unbekannten der Fall wäre. Besser wäre es, Freundschaftsverhältnisse zu pflegen und gleichzeitig nach möglichst vielen neuen Erfahrungen zu suchen. Die Ethik, meine Damen und Herren, ist die Selbstreflexion hin zum Guten. Die Motivation und die Fähigkeit hierfür resultieren aus dem Widerspruch zwischen fremd und vertraut, der wiederum ohne den anderen, auf den sich die Ethik richtet, nicht existieren würde.

Doch auch mit der Methodik zur Selbstreflexion als innere Voraussetzung ethischen Handelns bleibt es noch immer in der Verantwortung des Einzelnen, sie anzuwenden. Allerdings ist eine materialistisch-mechanistische Ausrichtung der Gesellschaft nicht dazu geeignet, geistige Selbstreflexion um ihrer selbst willen zu befördern. Eine solche Gesellschaft schreit nach allgemeinen Prinzipien oder quantisierbaren Zielen. Sie negiert nicht nur die Kontingenz, sondern auch das individuelle innere Sein der Menschen, die individuelle Bindung oder die Abwesenheit jeder Bindung mit anderen. Und sie negiert die Mystik. Dabei ist es das mystische Phänomen des vertrauten Fremden, das ethische Selbstreflexion erst möglich macht. Ohne jene Mystik würde es keine Selbstreflexion hin zum Guten geben, denn nur durch sie wird sie möglich und letztendlich motiviert, so wie alles Nachdenken durch Widersprüche motiviert wird.

Meine Damen und Herren!
Ende des 17./Anfang des 18. Jahrhunderts, als die Aufklärung bereits in vollem Gang war, zog eine massive Bewegung gegen das mechanistische Weltbild und den Zwang zur Rationalität herauf: die Romantik. Romantiker suchten eine Alternative zur kalten Rationalität, die nach dem Willen der europäischen Aufklärer die Welt beherrschen und alle Aspekte des Menschseins erklären sollte. Um in das Thema der Romantik einzusteigen, möchte ich sie mit der Poesie vergleichen. Poesie versucht, Dinge, die durch unsere BEVOR nicht erfasst werden, in poetischen Bildern dennoch für uns zutage zu fördern. Dies betrifft hauptsächlich den Bereich menschlicher Gefühle, ist aber nicht darauf beschränkt, denn es gibt durchaus poetische Bilder in den Naturwissenschaften. Die Romantik ist spezifischer als die Poesie. Sie kapriziert sich auf das Teilgebiet des Nicht-Rationalen, des Nicht-Exakten, Schwebenden. Den Unterschied zwischen Rationalität, Menschlichkeit und Romantik kann man sich anhand von verschiedenen Er-

klärungen für die Entstehung moderner staatlicher Ordnungen vor Augen führen. Eine rational-mechanistische Vorstellung würde behaupten, staatliche Ordnungen wären nur für die Effektivierung von Ökonomie entstanden. Eine menschlich-empathische Vorstellung begründet die Entstehung moderner Staaten hingegen aus der vermeintlichen, historisch gereiften Einsicht, für ein glücklicheres Leben aller einen Staatsapparat mit den entsprechenden Wohlfahrtsleistungen zu errichten. Romantisch wird die letztere Vorstellung dann, wenn die rational-mechanische Komponente völlig ausgeblendet wird, selbst wenn Teile von ihr zwingend in jenen Apparat gehören. Die organische Idee eines Staates z.B. würde nicht primär auf das funktionale Zusammenwirken der Staatsorgane abheben, sondern auf deren Zusammengehörigkeitsgefühl.

Sie sehen, dass die Ausrichtung der Romantik auf den gefühlsschwebenden Teilbereich der Welt nicht der einzige Unterschied zur Poesie ist. Laut der Romantik stellt die objektive Vernunft eine Denkrichtung dar, die keinen direkten Bezug des Menschen zur Natur inklusive seiner eigenen erlaubt, oder besser, die nichts Menschliches in der Natur voraussetzt. Die Romantik versuchte daher, das Praktisch-Reale um das ihr fehlende und dennoch vorhandene Universum zu erweitern. Sie versuchte nicht, schwer zugängliche Aspekte jenseits der BEVOR zu visualisieren, sondern das Praktisch-Reale der Menschen quasi mit Romantik aufzuladen, auch wenn es sich dabei um den Gegenentwurf des Rationalen handelt. Nehmen wir ein poetisches Bild, das eine Stimmung oder ein tiefes Gefühl darstellt, beispielsweise Sehnsucht. Sehnsucht ist noch nicht erklärbar, schon gar nicht rational, und liegt deshalb teilweise außerhalb unserer BEVOR. Die Poesie würde versuchen, die Sehnsucht den Menschen als solche nahezubringen, während die Romantik nicht auf die Sehnsucht, sondern auf die praktisch-reale Wahrheit dieser Sehnsucht abzielt.

Das primäre Schlachtfeld der Romantiker ist die Zurückdrängung des Rationalen von seinem Alleinanspruch auf praktisch-reale Wahrheit. Doch was ist so schlecht an rationalen Gesetzen? War das Nicht-Rationale nicht ein Irrweg menschlicher Unzulänglichkeit? Nun, wir kennen die Antwort bereits: Das Rationale wird über kurz oder lang zum Mythos, also zur Fantasie. Es soll irgendetwas legitimieren, was es aufgrund seiner begrenzten Gültigkeit nicht kann. Umgekehrt entwickelt sich Rationalität immer aus Mythos, also aus Fantasie, die irgendetwas erklären möchte, in der jedoch eine mystische Komponente verbleibt. Wir alle kennen die Welt des Traumes und wissen, dass es dort Zusammenhänge gibt, die uns zwar einleuchten, somit in der Traumwelt sinnhaft sind. Sobald wir aufwachen, stellen sie sich jedoch als der größte Blödsinn heraus. Trotzdem denken wir über besondere Träume noch lange nach. Und wir stellen uns die Frage, die der Traumwelt ihre mystische Komponente gibt: Könnte es nicht vielleicht doch so sein? Die Mystik des Mythos besitzt allerdings ein Spiegelbild, die mystische Komponente, die in der praktischen Realität verborgen ist: Könnte es nicht ganz anders sein?

Die Romantik setzt sich - wie die Poesie - stark mit der Mystik auseinander. Der mystische Aspekt der Poesie liegt in ihrem Anspruch, uns etwas von jenseits der BEVOR näherzubringen, es aber explizit dort zu belassen. Die Sinnhaftung in den BEVOR bleibt daher *per definitionem* unvollständig. Die Romantik hat deswegen einen mystischen Aspekt, weil sie es schafft, vermeintlich rein menschliche Aspekte in die Natur zu übertragen, und zwar so, dass man ihr das abkauft. Obwohl die Romantiker versuchten, das Nicht-Rationale im Praktisch-Realen als praktisch-real zu versinnhaften, nutzten sie hierfür meist keine praktisch-realen Methoden. Der Trick bestand darin, die Versinnhaftung in irgendeiner Welt zur Versinnhaftung im Praktisch-Realen zu erklären. So konnten sie ihr Anliegen im Mythos, der Fantasie transportieren, bis hin zur Mythisierung der Rationalität selbst. Die innere Mystik der Romantik half ihnen dabei, ihre Bilder in den Gehirnen festzunageln, wofür sie den Widerspruch zwischen menschlicher Gefühlswelt und realen Objekten in deren gemeinsamer Darstellung sogar steigerten.

Die Programmatik der Romantiker wird im Gedicht "Wenn nicht mehr Zahlen und Figuren ..." von Novalis ausgedrückt:

Wenn nicht mehr Zahlen und Figuren
Sind Schlüssel aller Kreaturen,
Wenn die, so singen oder küssen,
Mehr als die Tiefgelehrten wissen,
Wenn sich die Welt ins freie Leben,
Und in die Welt wird zurück begeben,

Wenn dann sich wieder Licht und Schatten
Zu echter Klarheit werden gatten
Und man in Märchen und Gedichten
Erkennt die ew'gen Weltgeschichten,
Dann fliegt vor einem geheimen Wort
Das ganze verkehrte Wesen fort. [entstanden 1800]

Ich denke, der Satz "*Und man in Märchen und Gedichten Erkennt die ew'gen Weltgeschichten*", drückt den Anspruch von Mythen auf Wahrheit im Rahmen der Romantik deutlich aus. Indem wir uns nun detaillierter mit ihr befassen, möchte ich Sie mit einem weiteren Widerspruch überraschen: Die Romantik stellt, laut Walter Ötsch [93, Vorlesung 10] sowohl eine Kritik als auch eine Weiterführung zu Descartes Philosophie dar. Warum? Kritik ist sie dahingehend, dass die Idee eines ausschließlich mechanischen Daseins abgelehnt wird. Weiterführung ist sie hinsichtlich der Eigenständigkeit der menschlichen Gefühle und Gedanken. Die Romantiker zogen den Menschen mit seinen Empfindungen und Vorstellungen noch tiefer in sein Inneres hinein, als Descartes es tat. Darüber hinaus schrieben sie seiner Seele eine unendliche innere Tiefe zu, beinahe einen grundlosen Grund wie bei Meister Eckhart (1260 - 1328), der aber nicht mit Nichts, sondern mit einer unendlichen Fülle an Ideen und Fantasien ausgefüllt ist. "Der Mensch besitzt einen ganzen Kosmos in seiner Innenwelt" [93, Vorlesung 10], was ihm gegenüber den rationalen Zwängen jede Menge Freiheit verschafft.

Im Menscheninneren lauert der Abgrund [vgl. 93, Vorlesung 10], das Schöne, aber auch das Gefährliche. Es hat

306

allerdings kein System, keinen Zweck und keine Struktur. Dem Romantiker steht der Reichtum des Inneren offen, und er vermag jenen Reichtum nach außen zu bringen, das romantische Genie kann dies in ganz besonderem Maße. "Die formlose, tiefe Seele hat ihre Entsprechung in einer formlosen, tiefen, unendlichen Natur." [93, Vorlesung 10] Diese Natur ist nicht durch straffe Naturgesetze determiniert, sondern durch Empfinden und Liebe. Natur ist menschlich, was sich dadurch beweisen lässt, dass Naturstimmungen, auch solche, die in Romanen oder auf Bildern gezeigt werden, besondere Stimmungen in den Menschen erzeugen. Jemand, der z.B. eine beklemmende Atmosphäre bildlich darstellen kann, ist diesbezüglich ein Genie und die Beklemmung ist die menschliche Substanz jener Szene. In diesem Verständnis können romantische Metapher gebildet werden. Statt "Glühbirne" haben wir es in der romantischen Welt z.B. mit einem "Weltschmerz" zu tun, der für die romantische Seele als Metapher Sinn macht, in der medizinischen Welt jedoch kaum verständlich ist. Man könnte auch sagen, derjenige, der Weltschmerz empfindet, ist bereits Teil der romantischen Welt.

Mit dem "Nach-Außen-Bringen", dem "In-Die-Welt-Bringen" des menschlichen Inneren überwindet die Romantik Descartes. Dafür steht insbesondere das Schweben und das Vage - bis hin zum Unendlichen. In [94] hat Rüdiger Safranski (*1.1.1945) bezugnehmend auf Friedrich Schelling (27.1.1775 - 20.8.1854) beschrieben, wie das Unendliche im Alltäglichen gefunden werden kann. Schelling nannte dieses Verfahren "Ironie". Dabei ist nicht das gemeint, was wir heute unter dem Begriff Ironie verstehen.

Ein Beispiel: Der konkret bestimmte und daher begrenzte Satz: "Das ist ein Haus", wird zu etwas Unbestimmtem, Schwebendem und in seinen Möglichkeiten Unendlichem, wenn man ihn in ironisch ausspricht: "Angeblich ist das ein Haus." In allem Vagen ist auch ein Geheimnis versteckt, das aufgrund der Vagheit nicht enthüllt werden kann, somit mystisch ist, es sei denn, die Vagheit wird konkret innerhalb eines bestimmten Bereichs. Doch selbst einen solchen Bereich von festen Möglichkeiten würde die Romantik noch zu sich rechnen, da sie das Rationale immer mit Bestimmtheiten und nicht mit Möglichkeiten assoziiert. Ein diesbezügliches Beispiel für Ironie ist der Begriff "Topologie der Angst". Der Begriff weicht sowohl den der "Topologie" als auch den der "Angst" hin zu etwas Unkonkretem, Interpretationsheischenden auf. Das Verständnis oder die Vorstellung von Topologie als eine Art Oberflächenstruktur der Angst ist hier kaum zu erreichen, stattdessen verschwimmt sie. Die "Glühbirne" hingegen ist in der romantischen Welt der Ironie ein Widerspruch, der nicht versinnhaftet werden kann. Sie ist konkret erfassbar und erfüllt die Bedingung der impliziten Unendlichkeit daher nicht.

Die Romantik verarbeitet religiöse, geografisch exotische, aber auch märchenhafte Motive, um dem Rationalen zu entfliehen, allerdings auch politisch extreme und Verschwörungstheorien. Da es sich bei der romantischen um eine für den Menschen notwendige Welt handelt, die sich aus seinem Inneren aber nicht unbedingt auf die äußere übertragen lässt, kann sie zu gefährlichen politischen Verwerfungen führen. Gerade die antinapoleonischen Befreiungskriege propagierten das deutsche Nationalgefühl inklusive der Verklärung der Begriffe Volk, Vaterland und Staat bis ins Religiöse bei gleichzeitigem Hass auf den Feind. Rüdiger Safranski wies darauf hin, dass sich der Nationalsozialismus - neben seiner Ideologie - nicht nur aus Pseudowissenschaften und Technikbegeisterung speiste, sondern auch aus der Romantik [95], obwohl bestimmte Kräfte innerhalb der Romantik durchaus versuchten, den fanatischen Nationalismus mithilfe alternativer Erzählungen in Schach zu halten. Dazu gehörte Novalis' und Friedrich Schillers (10.11.1759 - 9.5.1805) Idee, jenseits alles Politischen eine deutsche Kulturnation zu erschaffen. Sie reichte bis zum Geheimen Deutschland Stefan Georges (12.7.1868 - 4.12.1933) und Ernst Kantorowiczs (3.5.1895 - 9.9.1963), war allerdings nicht in der Lage, den Nationalismus einzudämmen [96]. Dies war auch nicht zu erwarten, da insbesondere die Traumwelt des George-Kreises auf eine romantisierte deutsche Heldenvergangenheit rekurrierte, gepaart mit einer vehementen Ablehnung der politischen Mitte.

Kehrt wieder kluge und gewandte väter!
Auch euer gift und dolch ist bessre sitte
Als die der gleichheit-lobenden verräter.
Kein schlimmrer feind der völker als DIE mitte! [97]

Meine sehr geehrten Damen und Herren!
An dieser Stelle sind wir bei der Transzendenz angelangt, die wir bereits im Rahmen der limenistischen Grundlagen besprochen haben. Betrachten Sie die Transzendenz aus

der rationalen Welt in die romantische als die Transzendenz eines Agenten, der sich währenddessen von den für die eine Welt typischen Gemeinsamkeiten freimacht und die typischen Gemeinsamkeiten der anderen Welt annimmt. Dabei bleibt er möglichst er selbst, was aufgrund des Austauschs der Gemeinsamkeiten aber nicht garantiert ist. Umgekehrt ist es möglich, dass jemand der aus der romantischen Sphäre beispielsweise in die Politische transzendiert, bewusst oder unbewusst integrierte Gemeinsamkeiten mit sich schleppt. Rüdiger Safranski [94] führte als eines der krassesten Beispiele hierfür Heinrich von Kleist an (10.10.1777 - 21.11.1811). Kleist führte seine romantische Gefühlswelt in die Politik ein, wobei ihn besonders die starken, kochenden, oft lustvoll-grausamen Gefühle interessierten. Seine rhetorischen Fähigkeiten zur Gefühlserweckung gebrauchte er, um die Deutschen gegen die napoleonischen Truppen aufzuhetzen. Er nutzte die politische Lage, um in antifranzösischen Vernichtungsfantasien zu schwelgen. Safranski erinnert daran, dass Kleist dazu aufforderte, im Hass auf die Franzosen nicht nach dem Grund zu suchen, sondern nur nach der Intensität der Hingabe. Kleist argumentierte zwar politisch, aber nur als Mittel zum Zweck, wobei er häufig ins Lächerliche und Absurde abdriftete.

Meine sehr geehrten Damen und Herren!
Nach diesen düsteren Gedanken möchte ich Ihnen ein freundlicheres Beispiel für romantische Entsprüche nahebringen - wobei die Romantik selten etwas hervorgebracht hat, das NUR freundlich ist.

Hörst du nicht die Bäume rauschen
Draußen durch die stille Rund?
Lockts dich nicht, hinabzulauschen
Von dem Söller in den Grund,
Wo die vielen Bäche gehen
Wunderbar im Mondenschein

Und die stillen Schlösser sehen
In den Fluß vom hohen Stein?
Kennst du noch die irren Lieder
Aus der alten, schönen Zeit?
Sie erwachen alle wieder
Nachts in Waldeseinsamkeit,
Wenn die Bäume träumend lauschen
Und der Flieder duftet schwül
Und im Fluß die Nixen rauschen–
Komm herab, hier ists so kühl. [1834]

Joseph von Eichendorffs (10.3.1788 - 26.11.1857) Gedicht "Lockung" beinhaltet so gut wie alle romantischen
Bilder: den Wald, den tiefen Grund, die Nacht und den
Mond, Schlösser und Ruinen, Traum, Flüsse und Bäche
(in anderen Gedichten auch Seen und Meere) sowie Mär-
chengestalten. Aber ich will auf etwas anderes hinaus: Die
Tiefe des Flusses und ihre Kühle stellt in der rationalen
Welt der Physik keinen Widerspruch dar. Die Verlockung
der Nixen sind hingegen sehr wohl ein Widerspruch, vor
allem, wenn man die Kühle als Tod versteht. Im Praktisch-
Realen rationaler Prägung stellt der Tod keine Verlockung
dar, außer, man leidet unter starken Schmerzen. Aber in
einer romantischen Welt, in der der Tod keine Dunkelheit

verheißt, sondern eine Rückkehr in die eigene, seelische Tiefe, sind die Worte der Nixen durchaus verlockend. Ähnlich wie in Robert Frosts Gedicht, das Sie bereits kennen, steht auch hier der Wald für den Tod, allerdings gepaart mit der Tiefe des Flusses. Bei Letzterer handelt es sich um eine Metapher, die man neben der Kühle eine Leiche über das Verständnis als Ertrinken direkt mit dem Tod verbinden kann, die jedoch im poetischen Sinne eine weitere, nicht durch die BEVOR fassbare Eigenschaft des Todes beinhaltet: die bereits erwähnte Ruhe in sich selbst.

Meine sehr geehrten Damen und Herren!
Mit unserem nächsten Thema wollen wir uns einem Gebiet widmen, in dem sich ebenfalls zahlreiche Widersprüche verstecken, von denen sich viele nur mystisch versinnhaften lassen: die Aphorismen. Was sind Aphorismen? Laut Duden lautet ihre Definition: "Prägnant-geistreicher, in sich geschlossener Sinnspruch in Prosa, der eine Erkenntnis, Erfahrung, Lebensweisheit vermittelt" [98]. Das klingt so, als ob Aphorismen im Alltag keine große Rolle spielen würden und eher im Künstlerischen beheimatet sind. Tatsächlich verwenden wir sie häufiger, als uns das bewusst ist. Beispielsweise sind viele Sprichwörter Aphorismen, aber auch viele philosophische Weisheiten. Nehmen sie die Aussage Wladimir Iljitsch Lenins (22.4.1870 - 21.1.1924): "Ehe wir uns einigen, und um uns zu einigen, müssen wir uns zunächst entschieden und bestimmt voneinander abgrenzen." [99] Dieser Sinnspruch ist in sich geschlossen und vermittelt eine klar formulierte Behauptung, die man als Lebensweisheit bezeichnen kann. Es handelt sich eindeutig um einen Aphorismus. Ich scheue

312

mich jedoch, ihn als Erkenntnis zu bezeichnen. Er kommt aufgrund seiner Formulierung in kurzen, imperativen Aussagesätzen zwar als gesichert herüber, allerdings steckt kein Beweis für die Behauptung darin.

Neben der Unbewiesenheit gibt es noch eine Eigenschaft, die in der Definition des Duden nicht erfasst ist. Viele Aphorismen beinhalten BEVOR-Widersprüche, die sie jedoch über die Formulierung als Erkenntnis praktisch-real zu legitimieren suchen. Dabei muss man dem Autor unterstellen und deshalb zugutehalten, dass der Widerspruch für ihn ganz klar sinnhaft ist. Tatsächlich ist es aber dem Leser überlassen, zu entscheiden, ob er im Praktisch-Realen trotz widersprüchlicher Formulierung sinnhaft ist oder nicht. Nimmt man Lenins Ausspruch wörtlich, treten zwei limenistische Widersprüche darin auf:

(i) Die limenistische Ähnlichkeit besagt, dass keine zwei Objekte identisch sein können, sie teilen lediglich Gemeinsamkeiten untereinander, aber nicht exakt die gleichen. Und kommen neue Gemeinsamkeiten hinzu, so muss man sich darüber klar sein, dass sie keinesfalls dazu führen, DASS die beiden Agenten identisch werden, sondern dass sie vorhandenen Gemeinsamkeiten sogar entgegenlaufen können.
(ii) Die Abgrenzung kann als Transzendenz in eine neue Gemeinsamkeit interpretiert werden. Es ist aus limenistischer Sicht völlig egal, wie viele Gemeinsamkeiten es zwischen den sich vereinigenden Agenten bereits gibt. Wichtig ist, dass mit den neuen Gemeinsamkeiten - neben der Identität - keine absolute Verschiedenheit hergestellt wird.

313

Eine vollkommene Abgrenzung und eine vollkommene Vereinigung sind nicht möglich. Von diesem, in der mystischen Welt der marxistischen Dialektik versinnhafteten Widerspruch - einfach durch die Vereinigung der Gegensätze ohne irgendeinen Versuch der Aufhebung - geht eine entsprechende Faszination aus. Lenins Ausspruch ist jedoch eher so zu interpretieren, dass man sich bei einer gemeinsamen Aktion darüber klar sein muss, dass nur die gemeinsame Aktion die primäre Gemeinsamkeit ist, und keine andere. Lenin hatte dabei Themen im Sinn, die er den anderen sozialdemokratischen Strömungen vorgeben wollte. In und über die der Zeitung "Iskra" schreibt er: "Sonst wäre unsere Einigung nur eine Fiktion, die die vorhandene Zerfahrenheit verhüllt und ihre radikale Beseitigung behindert. Es ist also begreiflich, dass wir nicht die Absicht haben, unser Blatt zu einem einfachen Sammelplatz der verschiedenartigen Anschauungen zu machen. Wir werden es, im Gegenteil, im Geiste einer streng festgelegten Richtung führen. Diese Richtung kann durch das eine Wort: Marxismus gekennzeichnet werden ..." [99]

Meine Damen und Herren!
Der, meiner Meinung nach, größte Autor von Aphorismen war allerdings nicht Lenin, sondern Friedrich Nietzsche. Laut Herbert Theierl [100] lag Nietzsches Intention in der Suche nach einer neuen Mystik. "Er wollte aus der Enge seines Bewusstseins ... ausbrechen und in einem mystisch erweiterten Selbst, dem 'dionysischen Zustand', Erleuchtung und 'Erlösung' finden." Um dies zu erreichen, wendet er Methoden an, die bereits von Friedrich Schelling im

314

Rahmen der Ironie vorgeschlagen wurden: Die Destabilisierung des Bewusstseins, "ihm alles nehmen, was ihm als Verankerung dient", vor allem die Moral, "weil er im Gewissen eine der Hauptstützen des reflektierenden Bewusstseins erkannte", und die "Wahrheit, weil sich in ihr das Bewusstsein seiner selbst am Objekt versichert." [100] Erst durch diesen "Untergang" sei es möglich, das Neue zu erfahren. Die von Nietzsche verwendeten Begriffe dienten jedoch kaum der Erkenntnis der Dinge, sondern als Turngeräte der Mystik, die er - zumindest in ihrer christlichen Form - eigentlich kritisierte. Doch selbst seine Erlösungslehre von der "Ewigen Wiederkunft des Gleichen" entspräche im Wesentlichen religiöser Mystik [100].

Tatsächlich ist Nietzsche hin und hergerissen zwischen dem Mystizismus des Widerspruchs und der "wahren Wahrheit", an der er mindestens genauso hängt, wie er die dogmatische Wahrheit ablehnt. Sein aphoristischer Stil verbindet Mystik und Wahrheit, da seine Aphorismen häufig Metaphern sind, deren Widersprüche sie zuerst in die mystische Sphäre geschleudert haben - an die sie noch die Erinnerung in sich tragen - jedoch im selben Zug in der praktisch-realen Welt versinnhaftet und dadurch aus der mystischen herausgerissen werden. Einer von Nietzsches berühmtesten Aphorismen lautet: "Und wenn du lange in einen Abgrund blickst, blickt der Abgrund auch in dich hinein." [18, Viertes Hauptstück, § 146]. Allerdings ist dies nur eine verkürzte Variante. In vollem Umfang lautet er: "Wer mit Ungeheuern kämpft, mag zusehn, dass er nicht dabei zum Ungeheuer wird. Und wenn du lange in einen Abgrund blickst, blickt der Abgrund auch in dich hinein." Nietzsche drückt aus, dass das Böse im Kampf mit dem Bösen in den zuvor guten Kämpfer einsickern kann. Somit ist dieser Widerspruch letztendlich praktisch-real versinnhaftet.

Meine Damen und Herren!
Lassen Sie mich einige weitere Beispiele für widersprüchliche Aphorismen aus Nietzsches Schatz zitieren:

"Die Lehre von der Gleichheit!... Aber es gibt gar kein giftigeres Gift: Denn sie scheint von der Gerechtigkeit selbst gepredigt, während sie das Ende der Gerechtigkeit ist ... Den Gleichen Gleiches, den Ungleichen Ungleiches - das wäre die wahre Rede der Gerechtigkeit: und, was daraus folgt, Ungleiches niemals gleich machen." [101, Streifzüge eines Unzeitgemäßen, 48] Dieser Aphorismus beinhaltet einen Widerspruch im Sinne einer Tautologie, der sich nur mithilfe von Nietzsches Annahme einer fundamentalen Unterschiedlichkeit der Menschen und seinem daraus resultierenden Verständnis von Gerechtigkeit erklären lässt: "Wie Platon versteht Nietzsche eine gerechte politische Ordnung als eine Ordnung, die der natürlichen Ungleichheit entspricht, sodass die Rechte und die Pflichten proportional zum ungleichen Wert oder Rang und zu den ungleichen Qualitäten der Menschen zugeteilt werden." [102]

Der Aphorismus "Was sagt dein Gewissen? - Du sollst der werden, der du bist." [103, 270] besitzt eine "echte" Mys-

316

tik, da man ja nicht werden kann, wer man schon ist. Allerdings lässt er sich als Imperativ für eine Entwicklung verstehen, die letztendlich eine Selbstfindung darstellt. Dennoch ist das Selbst ein Geheimnis und es ist durchaus möglich, dass sich mancher von ihm entfernt, wenn er die falschen Methoden ergreift, sich ihm zu nähern.

"Begehren - das heißt mir schon: mich verloren haben." [104, Dritter Teil. Von der Seligkeit wider Willen] Auch dieser Aphorismus ist zunächst widersprüchlich, wird aber praktisch sinnhaft, wenn man sich vorstellt, dass man sich dem Begehrten voll und ganz ergibt.

"Was aus Liebe getan wird, geschieht immer jenseits von Gut und Böse." [18, Viertes Hauptstück, § 153] Der Widerspruch hier besteht in der scheinbaren Unmöglichkeit, dass sich etwas "jenseits von Gut und Böse" befindet. Die Liebe versinnhaftet jenen Gegensatz jedoch.

"Es ist unmenschlich, da zu segnen, wo einem geflucht wird." [18, Viertes Hauptstück, § 181] widerspricht dem biblischen Gebot, die "andere Wange" hinzuhalten. Verzichtet man auf dieses Gebot, macht der Spruch praktisch-real absolut Sinn und stellt somit innerlich keinen Widerspruch mehr dar.

Meine Damen und Herren!
Zum Schluss möchte ich ihnen einen Widerspruch vortragen, der vor allem in Nietzsches eigener Welt ein Entspruch ist. Es geht um die antike Welt der Griechen und ihrer Götter. Nietzsche folgte in seinen Betrachtungen

317

dem Orpheus-Mythos bzw. der "Orphik", einer monotheistischen, mystisch-religiösen Glaubens- und Denkrichtung mit einer Seelen- und Jenseitslehre [106, S. 21], die bereits im 6.-5. Jahrhundert vor Christus entstand und unter zahlreichen Künstlern der Moderne wieder populär wurde. Bei Nietzsche findet sich der Bezug zur Orphik bereits in seinem Erstlingswerk: "Die Geburt der Tragödie" [105]. Laut Johanna Janina S. Aulich [106] führte er in jenem Werk erstmals die Begriffe "apollinisch" und "dionysisch" ein, ein Widerspruch, der auf die Feindschaft der Götter Dionysos und Apollon zurückgeht, die zusammen jedoch ein Gleichgewicht erzeugen. Apollinisch bedeutet Traumgeborenheit, illusionär und visionär, dionysisch hingegen rauschhaft, naturhaft und den ganzen Körper ergreifend. Apollinisch bringt Nietzsche eher mit der bildenden Kunst, dionysisch mit der Musik in Verbindung. Sehr häufig wird apollinisch mit rational gleichgesetzt, aber das ist nicht richtig. Apollinisches muss nicht rational sein, es entstammt einem Traum, steht der dionysisch verwirbelten Masse allerdings mit klaren, bewussten Strukturen gegenüber. Traditionell war die Orphik mit dem Dionysos-Kult verbunden. Orpheus, der evtl. zunächst als Missionar [106, S. 12] des Dionysos-Kults tätig war, starb bei dem Versuch des Ausgleichs zwischen den beiden Kräften, weshalb Nietzsche die Lehre über den Wettstreit und Ausgleich der beiden auch als Orphik bezeichnete [106, S. 59].

Der apollinisch-dionysische Widerspruch wird von Nietzsche als kunstgebärend betrachtet. Er ist eine dialektische Gegenseitigkeit, deren Sinnhaftigkeit jedoch kaum verstanden wird, allenfalls in der beschränkten Rational-

Rauschhaft-Dichotomie. Schon auf Nietzsche hagelte wegen der "Geburt der Tragödie" aus Fachkreisen jede Menge Kritik nieder. Tatsächlich war seine griechische Antike nicht historisch korrekt, sondern ein mythisches Reich, das dem der griechischen Götter - bestehend aus Olymp- und Naturgöttern - ähnlich war. In diesem Reich macht der Widerspruch zwischen Dionysischem und Apollonischen jedenfalls Sinn. Das Vergessen des Dionysos und damit seines Wettstreits mit Apollon wird in [106, s. 50 ff] auf die von Nietzsche vermutete geschichtliche Entwicklung der griechischen Tragödie zurückgeführt: Das Gleichgewicht zwischen Apollinischem und Dionysischem wurde durch Optimismus und geistige Rationalität - im Gegensatz zur naturverbundenen Triebhaftigkeit - gestört. Die Natur, das Sein, wurde in der Tragödie zugunsten des künstlichen Scheins immer mehr vernachlässigt. Der Satyrchor - welcher die Zuschauer mit sich riss [106, S. 61] - verschwand und mit ihr die Welt des Dionysisch-Apollonischen - am Ende die Tragödie selbst. Das illusionäre Apollinische allein konnte sie nicht aufrechterhalten [106, S. 52]. Dass Geschichten besser funktionieren, wenn sie - neben einem logisch fabulierten Faden - naturverbundene, sonst wenig berechenbare Figuren beinhalten, ist sicherlich einleuchtend.

Meine Damen und Herren!
Was bedeutet Romantik heute? Solange etwas in der praktisch-realen Welt nicht sinnhaft ist, muss es dem Bereich der Fantasie, des Bullshits oder der Mystik zugeordnet werden, wo es - im Gegensatz zu den praktisch-realen BE-

VOR - sinnhaft, also ein Entspruch ist. Wenn etwas in Widerspruch zu unseren momentanen BEVOR steht, dies durch systematisches Nachforschen jedoch versinnhaftet werden kann, handelte es sich um ein Mysterium. Wehrt sich dieses Mysterium gegen seine Versinnhaftung, so handelt es sich um einen mystischen Entspruch. Führt der Versuch der Versinnhaftung eines Mysteriums immer wieder in jenes zurück, bleibt der Widerspruch also erhalten, haben wir es mit der höchsten Form der Mystik zu tun.

Die Romantik versucht, das Innere des Menschen auf die Natur zu projizieren, beides identisch zu machen. Verstehen wir Natur und Innermenschliches als Widerspruch, haben wir es in der Romantik daher mit einer Unvereinbarkeit zu tun, die in der mystischen Welt jedoch verankert und dadurch sinnhaft gemacht werden kann. Die Aphorismen verwenden hierfür eine spezielle Methode, indem sie - zwischen Mystik und Dialektik changierend - praktischreale Wahrheiten verkünden, so wie es die Romantik generell mit dem Innermenschlichen versucht. Gleichzeitig macht die Romantik ihre Mystik in jeder ihrer Werke sichtbar, indem sie das Innermenschliche in Bildhafter Weise zur Natur selbst werden lässt. Die Romantik reiht sich somit ein in die Möglichkeiten, das Gegebene in einer eigenen Sinnhaftigkeit zu überwinden und dadurch dem Neuen auf die Spur zu kommen. Am Ende seines Buches [94] zieht Safranski das entsprechende Fazit, dass die Romantik mit ihrem Extremismus, ihrer spielerischen, überschwänglichen und zugleich abgründigen Art für die Fantasie und das innere Befinden der Menschen, für alles, was mit ihrer Kultur zusammenhängt, sehr wichtig war.

Allerdings müsse man sie als eine eigene Sphäre betrachten und sie keinesfalls in die rationale, kompromissbereite, eigentlich auf die Verminderung von Leid auszurichtende Sphäre der Politik eindringen lassen. Umgekehrt sollte man die Kunst nie mit Rationalität behelligen.

Ich danke Ihnen für die Aufmerksamkeit!

Freitag

Religiöse Mystik: Meister Eckhart und die Beginen

Meine sehr geehrten Damen und Herren!
Lassen Sie uns den Weg, den wir bisher zurückgelegt haben, noch einmal revuepassieren. Erinnern Sie sich an die absolute Metapher der Glühbirne? Die Glühbirne beschreibt etwas Anschauliches aus dem alltäglichen Gebrauch. Der Begriff ist eingängig und erfasst alles praktisch Nötige. Dennoch enthält er einen metaphorischen Widerspruch, denn eine Birne glüht nicht. Wir haben die Poesie kennengelernt, die vorhandene Phänomene umschreibt, welche durch die zur Verfügung stehenden Begriffe nicht direkt benannt werden können. Meist setzen sich poetische Bilder gleich aus mehreren Widersprüchen zusammen. Meine Vorrednerin hat Ihnen außerdem gezeigt, dass wissenschaftliche Erklärungen zu Widersprüchen mit der Anschauung und den bisher verwendeten Begriffen führen. Offenbar, meine Damen und Herren, können wir uns in unserer Welt ohne BEVOR-Widersprüche so gut wie überhaupt nicht bewegen. Unser Denken und unsere Kommunikation basieren nahezu ausschließlich auf Analogien, die zwar Gemeinsamkeiten mit dem Gemeinten aufweisen, aber immer auch Gegensätze zu jenem beinhalten.

Meine Damen und Herren!
Mystische Entsprüche zeichnen sich dadurch aus, dass sie mit der BEVOR-Welt auf Dauer unvereinbar sein sollen. Idealerweise soll es nicht den Hauch einer Möglichkeit geben, sie dort zu versinnhaften. Auf der mystischen Ebene sind die Gegensätze jedoch sinnhaft, also Entsätze, eben

weil sie auf der praktisch-realen schlüssig nicht vereinbar sind, nicht einmal im Fantasieanteil der BEVOR. Darin besteht ihr Sinn. Versuche, sie praktisch-real zu versinnhaften, scheitert bei mystischen Entsprüchen zumindest teilweise und führt im Idealfall immer wieder in sie hinein. Ein perfekter mystischer Entspruch erhält sich selbst. Sich mit ihm zu beschäftigen, bringt ihn immer wieder hervor, ohne dass er praktische Realität gewinnen könnte. Der Widerspruch wird immer wieder in die praktisch-reale Welt zurückgeworfen, wodurch der Zirkel von Neuem beginnt.

Ich weiß, Sie warten auf ein Beispiel. Wussten Sie, dass G.W.F. Hegel niemals Beispiele anführte? Er glaubte, sie würden die Logik seiner abstrakten Argumentation verwässern. Nun, ich bin nicht Hegel. Nehmen wir also eine meiner Lieblingsformulierungen: "Ich umhülle Dich und Du umhüllst mich." Dies ist offensichtlich eine unvereinbare Widersprüchlichkeit in der praktisch-realen Welt, und zwar ein räumlich-zeitlicher. Egal, was man unternimmt, man wird immer bei der profanen Lösung enden, dass "Du" und "Ich" identisch sein müssen. Eine andere Möglichkeit gibt es nicht. Aber was, wenn diese Option auf der praktisch-realen Ebene durch einen Trick ausgeschlossen wird? Dann führt jeder Versuch zur Sinnhaftung des Widerspruchs auf der praktisch-realen Ebene wieder in jenen Widerspruch. Ein etwas mathematischeres Beispiel ist: "Alle Zahlen sind einander gleich", was ganz klar unvereinbar mit unserer praktisch-realen Erfahrung ist. Doch man kann einen "Beweis" für diese Behauptung erbringen. Beispielsweise kann man die Formel "$5{\cdot}x=7{\cdot}x$" durch "x" teilen, und erhält "$5=7$". Wir haben hier den

324

Fehler gemacht, durch $x=0$ zu dividieren, was nicht erlaubt ist, zumindest nicht in unserer praktisch-realen Welt. Was aber, wenn es in der mystischen Welt keine Null gibt? Das wäre übrigens kein Fehler, vielmehr eine Festlegung für die mystische Ebene, so wie die Konstanz der Lichtgeschwindigkeit in unserer Welt auf einen bestimmten Wert festgelegt ist.

Mystische Entsprüche werden grundsätzlich unter der Prämisse formuliert, dass sie mit den momentanen Anschauungen, Erklärungen und Begriffen auf der BEVOR-Ebene, vor allem aber auf der praktisch-realen Ebene niemals vereinbar werden können. Das Besondere an mystischen Entsprüchen ist jedoch, dass sie nie an Faszination verlieren. Diese erwächst aus dem Widerspruch als solchem, der ein Geheimnis darstellt, das möglichst praktisch-reale Sinnhaftigkeit erheischt. Mysterien wollen in den BEVOR versinnhaftet werden, was meist auch gelingt. Mystische Entsprüche wehren sich jedoch dagegen, entweder, weil die Aufdeckung des Geheimnisses dem Menschen aus Mangel an BEVOR nicht möglich ist, oder weil sich das Geheimnis bei den Versinnhaftungsversuchen immer weiter verfestigt. Im letzteren Fall muss das Geheimnis hinter dem Geheimnis gelöst werden. Entsinnhaftung mystischer Entsprüche in den BEVOR kann mythisch erfolgen, z.B. durch zeitliche oder perspektivische Aufweichung: "Sie waren nur zu zweit, doch für die Feinde des Königs waren sie ein Heer von fünftausend." Befriedigender ist die Versinnhaftung im Praktisch-Realen, für die es drei Möglichkeiten gibt: Entweder man behauptet, der mystische Entspruch wäre ein Entspruch in der praktischen Realität. Das geschieht, wenn die Menschen in der Lage sind, dem Begründungsweg im Mystischen ein stückweit zu folgen, ihn dadurch für praktisch-reale Vernunft halten. Oder man ersinnt eine spekulative Argumentationskette, um sich dem mystischen Entspruch zu nähern. Diese kann auch ein Trick der Mystik sein, um den Widerspruch gegen seine Sinnhaftung in der praktisch-realen Welt zu verteidigen, nach dem Motto: Du hast zwar eine Analogie gefunden, aber sie beweist sich NUR als Analogie. Drittens kann der Widerspruch durch neue wissenschaftliche Erkenntnisse und überprüfbare Empirie tatsächlich praktisch-real versinnhaftet werden, zumindest in Form einer Erklärung. Voraussetzung dafür ist, dass er sich als nicht als strikt UND perfekt herausstellt. In jedem Fall bleibt ein Stück der Mystik erhalten, ansonsten wäre der Entspruch nur mysteriös. Ein Beispiel für alle Möglichkeiten: "Aufgrund eines Virus wurden die Kranken geheilt." Dieser Satz reicht von Mythos, über reine Einbildung, begründete Vermutung bis hin zu einer wissenschaftlichen Möglichkeit. Es bleibt noch die Möglichkeit, den mystischen Entspruch als Bullshit abzutun, was aber keine Sinnhaftung ist.

Im Rahmen einer völlig anderen Tendenz nehmen Menschen mystische Entsprüche als solche hin. Ihre Bereitschaft speist sich aus der Faszination, die von der wirklich anderen bzw. neuen Welt ausgeht, welche man mit dem mystischen Entspruch erschließt. Die Beschäftigung mit mystischen Entsprüchen lässt den Verstand auf neue Ebenen im eigenen, reflektierten Bewusstsein vordringen, denn sie kann völlig neue Denkmuster erzeugen. Daher ist der Umgang mit Mystik für viele Gläubige die einzige

Möglichkeit, sich Gott zu nähern, denn er ist ein einzigartiges Wesen, das unsere Welt zwar durchwirkt, aber ansonsten unbegreifbar, unerklärbar und unanschaubar transzendent ist, wie die Entsprüche der mystischen Welt.

Meine Damen und Herren!
Die christliche Theologie bietet zahlreiche Beispiele mystischer Entsprüche. Einer davon ist die Dreifaltigkeit, die aber eher ein Fraktal repräsentiert und durch die Beschreibung als solches verständlich wird[42]. Ein weiteres Paradoxon besagt: "Gott ist alles in allem und nichts von allem." [1, Vorlesung 6]. Dieser mystische Entspruch lässt sich über die Argumentation verteidigen: Gott sei nicht die konkrete Wirklichkeit einer bestimmten Person (also nichts von allem), sondern die Wirklichkeit überhaupt (also alles in allem, denn die Wirklichkeit als solche ist alles in allem). Auf diese Weise wird er sogar ein stückweit in der praktischen Realität versinnhaftet, wodurch er naturgemäß etwas von seinem mystischen Charakter einbüßt. Doch diese leichte Entgöttlichung ist hinnehmbar,

---

[42]Die "Dreifaltigkeit" oder "Trinität" besagt, dass Gott identisch mit drei Personen (Hypostasen) ist, die wesensein mit ihm sind. Die drei Personen werden je als Vater, Sohn und Heiligem Geist bezeichnet und mit den Bezeichneten auch direkt assoziiert. Gott ist im Verhältnis zu den drei Personen nichts Viertes, sondern sie selbst. Das akzeptierte Verständnis lehnt sich an das Evangelium des Johannes an, nach dem Gott als der Vater in einem geistigen Hauch das Wort, also seinen Sohn als sich selbst ausspricht. Erwähnenswert ist die Interpretation von Jacob Böhme. Nach seiner Drei-Prinzipien-Lehre ist der Vater die "Finsternis, der blinde Wille, das Feuer, der Ungrund", der Sohn ist das "Licht, in dem sich dieser Ungrund erkennt" und sich dadurch einhegen kann. Der Geist entspricht der Qualität der Welt als Abbild der "ewigen Weisheit." [107]

327

denn einerseits lässt sie die Gläubigen Gott ein wenig besser erkennen, außerdem ist die übrig gebliebene Mystik perfekt resistent.

Der größte christliche Mystiker, Meister Eckhart, hat mehrere mystische Entsprüche konstruiert, um die es im Weiteren gehen soll. Meister Eckhart war ein mittelalterlicher Dominikanermönch. Er studierte in Erfurt, Köln und Paris, wo er den akademischen Grad des Magisters erlangte. Er wirkte als Prior des Erfurter Dominikanerklosters und Vikar von Thüringen, Provinzial[43] der Ordensprovinz Sachsen, Generalvikar seines Ordens in Böhmen und später als Generalvikar in Straßburg. Er lehrte in Paris, Straßburg, Köln und Frankfurt. Trotz seiner gehobenen Position wurde er für seine Predigten von der Inquisition der Häresie angeklagt, allerdings verstarb er vor dem Ende des Verfahrens [108]. Meister Eckhart lebte in einer Zeit, in der die christliche Mystik eine Blüte erreichte, was nicht zuletzt an seinen zahlreichen Schülern lag. Die bekanntesten waren Johannes Tauler (1300 - 1361) und Heinrich Seuse (21.3.1295 - 25.1.1366). Eckhart verfasste zahlreiche Predigten auf Deutsch, von denen bisher 105 in editierter Form erschienen sind [109].

Meine Damen und Herren!
Meister Eckhart nutzte mystische Entsprüche, um dem Verhältnis zwischen der menschlichen Seele und Gott näherzukommen. Tatsächlich blieb ihm nur diese Vorgehensweise, denn sowohl die menschliche Seele als auch

---

[43]Ein Provinzial ist der Vorsteher einer Ordensprovinz.

Gott waren für ihn *per definitionem* unbegreifbar, unerklärbar und unvorstellbar. Bernard McGinn [110] erklärte, dass Meister Eckhart und seine Schüler, einem für den Dominikanerorden typischen neoplatonischen Verständnis folgend, die Natur Gottes apophatisch bzw. negativ beschrieben, also alle positiven Formulierungen vermieden. In der Alltagssprache kennt man diese Präferenz, beispielsweise, um Aussagen aus Höflichkeit ihre Schärfe zu nehmen. Statt "Sie ist dumm.", sagt man, "Sie ist nicht superklug."

Durch negative Formulierungen versuchte man insbesondere der Tatsache Rechnung zu tragen, dass man über Gott nichts Konkretes feststellen kann, allerhöchstens, dass man über ihn nichts Konkretes feststellen kann. McGinn gibt ein Beispiel aus einer von Meister Eckharts Predigten: "Was ist das letzte Ende? Es ist die verborgene Dunkelheit der ewigen Göttlichkeit. Sie ist unbekannt, sie war schon immer unbekannt und sie wird immer unbekannt sein. Gott bleibt dort in sich selbst unbekannt." [109, Predigt 22] Die negativen Schlüsselwörter sind: "dunkel", "verborgen", "unbekannt".

Heinrich Seuse schrieb im letzten Kapitel seiner Biografie "Vita" um 1362 über die göttliche Trinität, sie sei "die namenlose Nichtigkeit selbst, weil wir nichts darüber sagen können, was es ist oder wie es ist." Für Johannes Tauler ist "der Abgrund der göttlichen Dunkelheit nur sich selbst bekannt und allem anderen unbekannt." Hier kommt ein weiteres negatives Schlüsselwort hinzu, der "Grund" oder "Abgrund" als unendlich tiefer Grund. Man kann sagen,

329

dass negative Formulierungen eine hervorragende Strategie zur Erhöhung der Mystik sind, da sie für den Menschen schwerer zu fassen sind als positive. Das Wichtigste an der negativen Theologie ist jedoch der Widerspruch zwischen "Nichts" und "Etwas", die durch die negative Formulierung als identisch gesetzt werden. Das Nichts ist nicht etwa nichts, sondern etwas, nämlich das Nichts. Dadurch wird Gott erkennbar, denn da Gott nicht erkennbar ist, erkennt man ihn durch die Sache des Nichterkennens. Die negative Theologie versucht, Gott von einer unbekannten Unbekannten zu einer bekannten Unbekannten zu machen, zu einem Überraschungsgeschenk, dass man zwar nicht kennt, von dem man aber weiß, dass es sich in der Schachtel mit der Schleife befindet. Dadurch wird Gott jedoch zu etwas Endlichem, was nur durch einen Widerspruch ausgeglichen werden kann. Beispielsweise, indem das Geschenk die Leere in einer leeren Schachtel sei.

McGinn wies auf Meister Eckharts Ansicht hin, dass der "grundlose Grund" die versteckte Tiefe Gottes sei, jenseits aller positiver Zuweisungen, sogar jenseits der Namen der Personen in der Dreifaltigkeit. Gleichzeitig ist der grundlose Grund der Grund der menschlichen Seele. Für diesen Grund hatte Meister Eckhart mehrere Bezeichnungen: Seelenfünklein, Hut oder Licht des Geistes oder Burgstädtlein. Tatsächlich lasse er sich nicht bezeichnen [109, Predigt 2], weil er erhaben ist über alles Bezeichnete, alle Namen und Weisen, mit denen man etwas denkt oder tut. Er sei ledig und frei in sich selbst, eins und einfaltig. Der Grund sei die "Gottheit" - damit ist die oberste Seinsweise Gottes gemeint - somit nichts Anschauliches oder

330

gar Begreifbares: Der Grund sei etwas, das ist, das sogar eins ist, dadurch, dass es einfältig ist und nur es selbst, aber nur für sich zugänglich und für niemand anderen. Es ist so eigen, dass es sogar ohne eigene Weise und ohne Eigenheit bzw. Eigenschaft ist. Würde Gott selbst in seine Gottheit hineinschauen wollen, müsste er vorher alle seine Personen aus der Dreifaltigkeit ablegen. Der grundlose Grund, das Burgstädtlein, ist bar jeder Mittelbarkeit, aller Attribute, Formen und Personifikationen, steht als Gottheit somit noch über der Dreifaltigkeit. Der Grund kann dieses "Nichts" im Sinne von Attributfreiheit sein, indem er eins und einfältig und nur zugänglich für sich selbst ist. Umgekehrt ist das absolut einfältige für sich selbst Sein nur als Unstrukturiertheit, d.h. als Nichts, möglich. Durch seine Nichtigkeit ist der Grund absolut vollständig und frei, denn Unvollständigkeit und Unfreiheit geht immer zusammen mit Endlichkeit, mit konkreten Formen, Attributen und Personifikation. Als Nichts ist er jedoch unstrukturiert, somit eins und einfältig für sich selbst.

Meine Damen und Herren!
Meister Eckhart ist von der prinzipiellen Gleichheit und gleichzeitigen Vereinigung zwischen der menschlichen Seele und Gott überzeugt. Laut McGinn gibt es bei ihm keinen Unterschied zwischen dem grundlosen Grund als Metapher für Gott und für die Seele. Beide Gründe sind identisch, allerdings muss Gott nicht unbedingt mit der gesamten Seele eines Menschen identisch sein. Vielmehr ist der menschliche Grund auch Gottes Grund und Gottes Grund ist der menschliche Grund. Im grundlosen Grund gibt es keinen Unterschied zwischen Gott und der Seele.

331

Der Grund ist in Meister Eckharts Verständnis das unge-
schaffene Etwas in der Seele, wo doch die Ungeschaffenheit die exklusive Qualität Gottes ist. Der Grund ist die
Quelle aller gottgerechten Bewegungen, aber er selbst ist
nicht in Bewegung. McGinn nennt diesen grundlosen
Grund, also den Gottes und der Seele, die "Meister-Meta-
pher", aus der alles andere bei Eckhart hervorgehe.

Aus dem Prinzip vom Grund ohne Grund als das Nichts,
das die Gottheit ist, ergibt sich automatisch, dass die Seele
des Menschen zur Empfängnis der Gottheit vollkommen
leer sein muss. Um die Identität zwischen Seele und Gott
zu erreichen, muss ein Mensch alles Vorhandene verlassen, sogar seine Vorstellung von Gott selbst, und sich in
den grundlosen Grund des Nichts begeben. Sünde ist gar
das Festhalten an den persönlichen Eigenheiten. Man kann
dies durchaus als Gleichzeitigkeit von tot und lebendig
sein verstehen. Wenn alle Selbstbezogenheit aus der Seele
verschwindet, wenn sie zunichtewird, verschwindet auch
das Leben des Menschen, wobei durch dieses Verschwinden Gott dem Menschen die höchste Form des Lebens verleiht, nämlich sich selbst.

Meine Damen und Herren!
Gott erfüllt automatisch die Seele, wenn sie von ihm befreit wird. Seine sinnhafte Verankerung in ihr ist es, die sie
einklammern muss, damit er eins mit ihr wird. Ich denke,
Sie erkennen dieses Konzept wieder: Es ist das Konzept
der Phänomenologie. Durch die Einklammerung der Welt
um Gott erlangt man - phänomenologisch - das Verständnis Gottes, allerdings mit dem Widerspruch, dass man das

332

Bewusstsein von etwas, das man zum Zwecke der Unvereingenommenheit völlig von seiner eigenen Welt trennt, nicht mehr haben kann.

Allerdings erreicht man auch mit der phänomenologischen, somit einer rationalen Methode, keine Sinnhaftigkeit Gottes in der realen Welt, sondern nur in der mystischen. Tatsächlich ist ein reines Phänomen komplett ohne Sinn, und zwar in jeder Welt. Erst der Vergleich des Phänomens mit unserer praktisch-realen Welt macht klar, welche seiner Eigenschaften für uns dort sinnbehaftet sind und welche so widersprüchlich, dass sie nur auf mystischer Ebene Sinn machen. Andererseits scheinen Dinge besonders mystisch, wenn sie nahe an ihrer rationalen Erklärung stehen, allerdings noch ein Puzzleteil dafür fehlt. Wiederum umgekehrt kann jemand ein rationales Bild, beispielsweise eine komplizierte Maschine, für andere mystifizieren, indem er einen Teil davon ausblendet und ins Geheimnisvolle transferiert. Ein Roboter, der mit schnellen Bewegungen Halbleiterbahnen auf kleinen Chips produziert, erscheint als ein mystisches Wesen, wenn man seinen Zweck und seine prinzipielle Funktionsweise sowie den Grund für sein Funktionieren nicht kennt. Er reduziert sich zu jenem Geheimnis plus die Ästhetik seiner Arbeit, die plötzlich in den Vordergrund rückt. Theodor W. Adorno hatte die Ästhetisierung der Technik kritisiert, da sie dazu verleitet, sie universalisiert auf Gebieten anzuwenden, wo sie nicht gelten. Das beste und schrecklichste Beispiel ist die Anwendung des Darwinismus aus dem Tier- und Pflanzenreich auf die menschliche Gesellschaft, insbesondere Nationen.

Meine Damen und Herren!

Die göttliche Leere ist nach Meister Eckhart nicht alles, um sich Gott zu nähern. Der Mensch muss zwar eine Jungfrau sein, die aber eine fruchtbare Frau ist [109, Predigt 2], sodass Gott sich selbst als seinen Sohn in sie gebären kann. Meister Eckhart bezeichnete mit "Jungfrau" die Empfänglichkeit der Seele für Gott. Doch der Begriff "Frau" als Hülle, in der Gott Früchte tragen kann, ist ein besserer Begriff. Gott mache die Seele des Menschen groß genug, damit er darin geboren werden kann, damit er sich ihr geben kann, "so zu eigen, wie er sich selbst zu eigen ist" [109, Predigt 4]. Die Argumentation: Gottes Grund und der Seelengrund sind ein und dasselbe, also gebiert sich Gott in sich selbst, wenn der Seelengrund seine Früchte trägt. Ich denke, meine Damen und Herren, Sie werden mir zustimmen, dass man dieser bestechenden Logik gern folgt und das Abgeleitete somit als wahr betrachtet, nämlich den mystischen Entspruch der Identität von Gottes- und Seelengrund, der die Voraussetzung für die Argumentation war.

Meister Eckhart diskutierte die Gottesgeburt in der Seele speziell in Bezug auf Jesus. Jesus ist das Wort, in dem Gott sich selbst ausspricht, und Jesus spricht in unsere Seele sich selbst als jenes Wort aus. Redet dort bereits jemand anderes, wird Jesus darin nicht sprechen [109, Predigt 1]. Auch die Selbstbezogenheit, die eigenen Weisen und Ansichten müssen verschwinden, wie die Verkäufer, die Käufer und die Waren im Tempel, der unsere Seele ist. Wer Gott in einer bestimmten Weise sucht, der findet nur die

Weise. Wer Gott aber ohne Weise sucht, der "erfasst ihn, wie er in sich selbst ist." [109, Predigt 5b]. Wer ihn sucht auf seine oder seine Weise, der verfehlt ihn, wer ihn ohne Weise sucht, der findet ihn. Wenn nun Jesus in der Seele spricht, dann spricht er sich selbst. Das Wort, das sich selbst spricht, ist ebenfalls ein gängiger Entspruch in der christlichen Mystik, wie das Wissen, das sich selbst kennt. Es handelt sich um einen limenistischen Widerspruch, denn es stellt eine Gemeinsamkeit dar, die ihr eigener Agent ist, was nicht möglich ist, allein schon, weil Gemeinsamkeiten identisch kopierbar sind - Agenten nicht.

Aber kehren wir zu Meister Eckhart zurück. Dass Jesus sich selbst als das Wort Gottes, der sich mit jenem Wort selbst ausspricht, in unserer Seele ausspricht, ist nun jene beständige Geburt des Sohnes in der menschlichen Seele. Denn der Vater spricht nicht in einer anderen Person, sondern nur in seinem Wort. Jesus hingegen spricht in der Seele. Und wenn Jesus sich in einer Person spricht, verleiht er ihr dieselbe Natur, die er selbst hat. Und das, was Gott durch ihn gibt, ist das allerbeste, egal ob es Glück oder Schmerz ist [109, Predigt 4].

Mit der Gottesgeburt in der Seele kommt Meister Eckhart auf die Rolle Gottes als Vater zu sprechen [109, Predigt 4]. Die Aufgabe des Vaters sei es, ohne Unterlass seinen Sohn zu gebären. Nur das tut er und sonst nichts. Dadurch definiert er sich und dadurch bringt er sich selbst in die menschliche Seele als sein Wort, das er ist, in sich gesprochen und in uns gesprochen durch seinen Sohn. Deswegen sind wir der Sohn, sind in dem Sohn und der Sohn ist in

335

uns. Alles, was wir ihm antun, tun wir uns an und alles, was wir uns antun, tun wir ihm an [109, Predigt 4]. Wir sollen Gott deshalb nicht als etwas begreifen, das außerhalb von uns selbst ist, sondern als unser eigen, das trotzdem in ihm selbst ist [109, Predigt 6] (also in uns).

Meine Damen und Herren!
Der soeben beschriebene Widerspruch lässt sich als die Identität zwischen Gott und dem Menschen bzw. der Seele beschreiben, wobei sie beide doch eigentlich unterschiedlich sein sollten. Schließlich ist Gott ein Wesen, das weit über dem Menschen steht. Meister Eckhart brachte Licht in diesen Widerspruch, indem er sich folgende Frage stellte: Wie kann Gott ein einzigartiges Wesen sein, eins wie kein anderes, wenn wir ihm aber dennoch gleich sein sollen [109, Predigt 91]. Die teilweise praktisch-reale Sinnhaftung erzeugt er mit der Aussage, dass Gott in allem wohnt, das er geschaffen hat, als eine Kraft in jeder Bewegung. Es ist eine Kraft, die seiner Gottheit entspricht, die man daher nicht sieht, es sei denn mittelbar als etwas, an dem sie haftet, so wie man die Farbe Grün als solche nicht sehen kann, sondern nur auf einem grünen Ding.

Der für mich faszinierendste mystische Entspruch bei Meister Eckhart ist der des Wirkens und Schaffens aus dem grundlosen Grund heraus zurück in den Grund. Keine Angst! Wir werden uns diesem Satz Schritt für Schritt nähern. Zunächst fragte sich Eckhart, warum und wie ein Mensch seine Werke wirke [109, Predigt 5b]. Selbst wenn man sich vornähme, seine Werke für Gott, das eigene Seelenheil oder das Gute zu wirken, sei das zwar lobenswert,

336

aber nicht das Beste. Aus dem innersten Grunde der Seele sollen die Werke vielmehr gewirkt werden, ohne warum und ohne Bild, da jenes Bild immer das unzulängliche Bild durch einen Menschen ist und das Wirken Gottes blockiert. Es ist nur das Nichts, der grundlose Grund, der Gottes Wirken in einem Menschen wie in sich selbst ermöglicht.

Doch was ist dieses Wirken aus dem Nichts heraus? Nun, es ist nicht das Wirken um einer Sache oder gar um des Wirkens willen, sondern es kommt aus dem Willen, der sich von sich selbst abkehrt und dadurch absolut frei ist - sogar von sich selbst. Der gerechte Mensch ist von seinem eigenen Willen befreit, sogar von Gottes Willen, sodass er alles hinnimmt, was Gottes Wille ist [109, Predigt 6]. Er wirkt, weil er wirkt, er weiß, weil er weiß, er besitzt, weil er besitzt und er lebt, weil er lebt, nicht um etwas, oder des Wirkens, Wissens, Besitzens oder Lebens willen, sondern aus seinem innersten Grund heraus, ohne ein Warum, das beantwortet werden muss, ohne einen Willen, der befriedigt werden muss. Simone Weil (3.2.1909 - 24.8.1943) sprach sich für die Hingabe an das Gegenteil des eigenen Willens aus, an die aktive Aufmerksamkeit, an die Leere des maximalen Hungrig-Seins, für die Selbstauslieferung an die blinde Notwendigkeit, an das hieraus folgende Leid als einzigen irdischen Weg in die Liebe der göttlichen Liebe: deren leidvolle Abwesenheit. Durch den Verzicht auf die scheinbare Macht des Subjektseins übersteigt der Mensch die Kleinheit seiner Existenz, wodurch die Schale des natürlichen Teils der Seele gesprengt und der überna-

337

türliche Teil der Seele, die Gegenwart Gottes in ihr, entfaltet wird [vgl. 111, S. 145]. Der ist ein armer Mensch, somit ein seliger Mensch, weil er nichts will, nicht einmal, dass Gott in ihm wohne; weil er nichts weiß, auch nichts von Gott; und weil er nichts Gottbezogenes besitzt, schon gar keine Stätte für Gott und sein Wirken in der Seele, denn Gott ist selbst diese Stätte [vgl. 109, Predigt 52]. Gott ist ein überschwebendes Sein und eine überseiende Nichtheit [109, Predigt 83], denn Gott ist über allem Verstehen oder Besitzen. Der Mensch solle ihn nicht verstehen oder besitzen, sondern aus seiner menschlichen Seinigkeit entsinken und in Gottes Seinigkeit zerfließen.

Gott wirkt mit seinem Willen nur auf eine Weise: Der Vater gebiert seinen Sohn ohne Unterlass in sich selbst, also in der entleerten menschlichen Seele, wo Gottes Grund und der Seelengrund ein und derselbe Grund sind. Und der Mensch wird in ihn verwandelt, wie das Feuer das Holz in Feuer verwandelt [109, Predigt 6]. Der Mensch wird selbst zum Vater, da er ja eins mit ihm ist, und gebiert Gottes eingeborenen Sohn selbst. Der Vater ist der Anfang der einfaltigen Gottheit. Aus ihm geht das Wort hervor und bleibt trotzdem in ihm, genauso wie der Heilige Geist, der aus dem Vater und dem Wort ausfließt. Die beständige Geburt ist der Ausfluss des Guten aus dem Überfluss der Gutheit in Gott [109, Predigt 15]. Aber mit seinem Sohn gebiert er nicht nur das Gute, sondern alle Geschöpfe des Universums, auch den Menschen, so wie der Mensch mithilfe seiner Fantasie alle möglichen Geschöpfe in ihr hervorbringen kann.

Im Unterschied zum Menschen, der seine Ideen in eine andere Realität als seine Vorstellung bringen kann, verbleibt alles, was der Vater gebiert in ihm [109, Predigt 22]. Alle Kreaturen fließen aus ihm aus, da er sie erschafft, und bleiben dennoch im Vater. "Sein Gebären ist sein Innebleiben und sein Innebleiben ist ein Ausgebären" [109, Predigt 28]. Gott bleibt dabei das eine, das in sich selbst quillt. "Es ist eine wunderliche Sache, dass ein Ding ausfliesst und doch innen bleibt. Dass das Wort ausfließt und doch innen bleibt, das ist gar wunderbar; dass alle Kreaturen ausfließen und doch innen bleiben, das ist gar wunderbar; dass Gott gegeben hat und dass Gott gelobt hat zu geben, das ist gar wunderbar und ist unbegreiflich und unglaublich. Und das ist recht, und wäre es begreiflich und glaublich, so wäre es nicht recht. Gott ist in allen Dingen. Je mehr er in den Dingen ist, je mehr ist er aus den Dingen; je mehr er innen, je mehr er außen ist." [112]

Bernard McGinn beschreibt, wie Seuse und Tauler das Ausfließen aus dem grundlosen Grund präzisierten und weiterentwickelten. Für sie war der Grund die Quelle, aus der alles ausfließt und in sich zurückfließt. Das sei die Natur und die konkrete Seinsweise der Gottheit. Durch diese Beschreibung umgingen sie elegant den Verdacht, gnostische Emanation zu propagieren, denn ein Ausfließen in sich selbst ist keine Emanation. Das Ausfließen war für die Dominikaner vielmehr die grundlegende Bewegung im Universum, wie auch die Art und Weise der In-Gott-Emanation der drei trinitären Personen Gottes. Die innere Dynamik, das Blühen und Kochen der Trinität führt zu einem Überkochen in sich selbst. Dieser Mechanismus bringt das

Universum in sich selbst hervor. Ein ähnliches Verständnis betrifft die menschliche Seele: Gottes Grund ist auch der Grund der Seele und aus beiden gebiert sich der Vater durch die Geburt seines Sohnes als sich selbst in sie.

Meine Damen und Herren!
Der bekannteste Widerspruch des Christentums ist der, den Nächsten so zu lieben, wie man sich selbst liebt. Nun, dies klingt zunächst nicht wie ein Widerspruch, denn die Liebe ist unendlich und könnte doch alle Menschen umfassen. Ein Mensch kann theoretisch alle anderen Menschen lieben, so wie sich selbst oder so, wie er Gott liebt. Das Problem besteht darin, dass mit der Liebe zu jemandem ein Stück von uns selbst zu jenem Nächsten transportiert wird, wozu auch die Aufmerksamkeit gehört, und diese ist nicht in unendlich viele Teile aufteilbar. Entweder, der Mensch löst sich in so vielen anderen Menschen wie nur möglich auf, gibt sich also selbst auf, oder er betrachtet den "Nächsten" als etwas Abstraktes, was aber dazu führt, dass alle Nächsten einander identisch gemacht werden. Der Widerspruch besteht also darin, dass ein Mensch nur konkrete nächste Menschen lieben kann. Die Lösung des Problems findet man in der Liebe selbst, im Lieben, um zu lieben.

Meister Eckhart erinnerte daran, dass Christus die Menschen ermahnte, sich untereinander so zu lieben, wie er sie liebt. Drei Arten von Liebe habe der Herr [109, Predigt 75]: Zum einen hat er die Kreaturen geschaffen, um seine Güte in alle gleichermaßen zu gießen, da er sie mit ihnen zusammen genießen möchte. Gott habe den Menschen um

340

seinetwillen gemacht und sich selbst um des Menschen Willen [109, Predigt 91], nur um dessen Seele zu sich zu ziehen, damit er sie lieben darf, sich dadurch in sie auszugießen, so viel eine jede Kreatur von ihm aufzunehmen vermag. Ebenso soll der Mensch bereit sein, mittels seiner Liebe zu jenen, von sich aus gleichermaßen in alle Kreaturen zu fließen [109, Predigt 75]. Dieser Frieden mit der Welt ist aus der Vernunft ableitbar, die die natürliche "Sanftmut" des Menschen erkenntlich macht.

Das Licht der Sanftmut als inneres Licht wird jedoch überstrahlt von der zweiten Liebe, der Gnade. Sie rückt die natürliche, vernünftige Sanftmut aus dem Menschen heraus, zieht sie in sich hinein und strahlt mit ihr als die Gnade Gottes. Dieses Verständnis resultiert aus dem Prinzip "Gnade setzt Natur voraus und vollendet sie" des Thomas von Aquin. Die natürliche Liebe, die von einer gewissen persönlichen Vernunft, sogar von ein wenig Egoismus lebt, bringt das weit stärkere Licht der Gnade aus Gott heraus, lässt sich von ihr aufnehmen und durch jene Gnade erleuchten. Sie erkennt darin Gott und liebt ihn, wie er in sich selbst ist. Man versteht, wie Gott ausfließt in die Kreaturen mit dem Licht der Gnade und wie man sich mit seiner eigenen Vernunft diesem gnadenhaften Licht nähern kann, um darin aufzusteigen in jenes Licht, das Gott selbst ist [109, Predigt 75].

Die dritte Liebe ist die göttliche, d.h. die Liebe Gottes zu seinem Sohn, den er beständig gebiert. Diese Liebe ist der Heilige Geist, als das Verhältnis zwischen Gott und dem ausgesprochenen Wort, seinem Sohn, Teil der göttlichen

Trinität und die höchste Stufe der Liebe. Man könnte sagen, dass alle Geburtsanstrengungen des Vaters letztendlich dem Hervorbringen dieser Liebe dienen, denn diese Liebe macht den Vater zum Vater, den Sohn zum Sohn und Gott somit zu Gott. Der Vater liebt seinen Sohn, das Licht seiner eigenen Liebe in seinem väterlichen Herzen. Dieses göttliche Licht ist der Sohn selbst und es steht über der natürlichen und der gnadenhaften Liebe. Für den Menschen bedeutet dies, in dieses Licht hineinzuwachsen, damit er die Liebe des Vaters empfangen kann wie sein Sohn, zu dem er dadurch selbst wird, denn der Sohn bringt den Heiligen Geist mit sich, jene Liebe.

Und hier kommen wir zurück zum Entsinken des Menschen aus seiner eigenen Geistigkeit. Die Liebe gegenüber Gott ist Gottes Liebe zu uns. Gott liebt in die lautere Seele hinein, die er selbst ist. Um die Voraussetzung der Seele für diese Liebe zu erfüllen, die zur eigenen werden soll, soll man Gott lieben wie einen Nicht-Gott, einen Nicht-Geist, eine Nicht-Person, ein Nicht-Bild, wie ein lauteres reines, klares Eines, abgesondert von aller Zweiheit. "Und in diesem Einen sollen wir ewig versinken vom Etwas zum Nichts." [109, Predigt 83] Das Gleiche gilt gegenüber einer anderen Seele. Will man die höchste Form der Liebe zu ihr erlangen, somit die Liebe, den Heiligen Geist in ihr lieben, so wie Gott, der um dieser Liebe Willen beständig seinen Sohn gebiert, muss die Liebe bedingungslos sein, so bedingungslos, als ob es die eigene und die andere Seele nicht gäbe. Und die Liebe ist die Leiter, mit deren Hilfe man in den grundlosen Grund hinabsteigen kann, sogar in den eigenen, der jedoch immer Gottes Grund ist und somit der jedes anderen.

Sie sehen, dass das Problem der Zersplitterung der Seelen durch den grundlosen Grund gelöst wird. Man konzentriert sich auf das eigene Nichts, dass das Nichts in allen anderen Seelen ist, nicht auf die verschiedenen positiven Etwasse. Die Liebe ist das einzige positive Etwas, das nicht Nichts ist, welches wir mit Gott teilen, denn sie ist nichts anderes als der Heilige Geist. Sie unterscheidet sich daher fundamental von Wissen, Besitz oder Wirken im Sinne Gottes, welches wir um keines Warum wissen, besitzen oder wirken sollen, selbst nicht um des Wissens, Besitzens oder Wirkens selbst willen. Die Liebe ist in jeder Stufe identisch mit sich selbst und mit dem Heiligen Geist. Die Liebe zu lieben ist der Angelhaken, mit dem man den Heiligen Geist und mit ihm Gott in sich hineinzieht und sich selbst in Gott hinein. Der Grund in seinem Inneren ist grundlos, sodass der Vater seinen Sohn in ihn hineingebären kann und mit ihm die Liebe zwischen ihnen. Spüren wir diese Liebe, zeigt es uns Gottes unendlichen Grund in uns an. Diese Liebe ist es, die wir lieben müssen, denn nur an ihr ist Gott interessiert. Wegen ihr tut er nichts anderes, als beständig seinen Sohn zu gebären. Nun, ich gebe zu, dass die letzten Sätze von mir selbst stammen. Für Meister Eckhart wären sie wahrscheinlich zu positiv gewesen.

Meine Damen und Herren!
Während Meister Eckhart seine Mystik auf eine negative Gottesauffassung stützte, wurde die positive Mystik basierend auf der Liebe intensiv von den sogenannten Beginen

343

gepflegt. Beginen waren alleinstehende Frauen, christliche Laien, die dennoch nach einer vertieften christlichen Frömmigkeit suchten. Sie lebten in Gemeinschaften, beispielsweise auf sogenannten Beginenhöfen, und wurden von Meisterinnen geführt. Die Anfänge der Beginengemeinschaften lagen im 12./13. Jahrhundert, im 15. Jahrhundert verschwanden sie wieder. Zu ihren bekanntesten Vertreterinnen gehörten Hadewijch (13. Jahrhundert), Mechthild von Magdeburg (1207/10 - 1282/94) und Marguerite Porete (1250/60 - 1.5.1310). Die Mystik der Beginen basierte, überschneidend mit der Meister Eckharts, auf der Gleichheit zwischen Seele und Gott, die sich laut William Hoye [113] in der sogenannten Brautmystik äußerte. D.h., die Beginen sahen ihre Seelen als Bräute Jesu Christi an, was zu einem starken erotischen Einschlag in ihren Glauben führte.

Hadewijch beschäftigte sich mit der sogenannten "Minne", der intimen Gottesliebe, die selbst Gott ist. Wäre sie - Hadewijch - selbst Minne, würde sie die Minne mit Minne minnen, um der Minne willen. Dabei sei nicht das Glück, sondern die Hölle der höchste Ausdruck der Liebe aufgrund ihrer Gnadenlosigkeit und Pein. Das höchste Leben und das stärkste Wachsen ist das Dahinschwinden in den Qualen der Liebe. Die Liebe hat eine grundlose Natur und verzehrt alles, sie ist tief und finster. Sie sehen, meine Damen und Herren, dass ihre Liebe, die Gott ist, dem grundlosen Abgrund Meister Eckharts ähnlich wird. Man muss sie mit Hadewijch aber dennoch positiv sehen, da jene davon ausgeht, dass der Abgrund der Liebe durch Gott, also die Liebe selbst, gefüllt ist. Gott ist die Liebe und sie - Hadewijch - wird ihn besitzen, wenn sie selbst sich ihm in Liebe schenkt. Dann wird sie erfahren, was die Liebe ist, also wer Gott ist. Hadewijch schilderte ihr massives Verlangen, bei ihrem Geliebten zu weilen und ihn zu genießen, ganz wie er ist, und ihm zu gefallen, ihm Genugtuung zu verschaffen, in der Hoffnung, dass er ihr nichts vorenthalte. Gott trat in ihrer Anwesenheit vor den Altar und gab sich ihr selbst in Form seines Leibes, der Hostie, verschaffte ihr nach Herzenslust Befriedigung und sie wurden eins, ohne Unterschied. Nichts von ihr selbst blieb dabei übrig.

Mechthild von Magdeburg betrieb, laut William Hoye, eine erotische Mystik, die sich noch stärker an der sexuellen Sprache orientierte. Als Braut Jesu Christi ließ sie sich in ihrer Vorstellung von ihm küssen und auf dem Bett der Liebe lieben. Die Braut, also die menschliche Seele, tanzt mit Gott, der ihr die Musik singt, in die Liebe hinein, danach von der Liebe in die Erkenntnis und schließlich von der Erkenntnis in den Genuss. Hoye sagte über die Brautmystik Mechthilds, dass sie sich ihre Seele als nackte Braut vor Gott vorstellte, der sie auf dem Bett küssen und mit den Armen umfangen möchte, er als hoher Fürst und sie als kleine Dirne. Die Seele sieht sich von der Liebe, also von Gott, gejagt, gefangen und verwundet. Die Liebe, also Gott, bekennt gegenüber der Seele, dass er sie aus Lust jage, finge und binde. Als er, also die Liebe, sie verwundete, wurde die Seele eins mit ihr. Als sie sie schlug, bewies die Liebe der Seele ihre Gewalt. Von dieser Verwundung kann eine Seele jedoch nur gesunden, wenn sie denselben Mund küsst, der sie verwundet hat. Man kann erkennen, dass Mechthild von Magdeburg die Mystik der menschlichen Liebe als Analogie zu Gott beschrieben hat.

Marguerite Porete betrieb weder Liebes- noch Brautmystik, sondern beschäftigte sich mit Moral und Tugendhaftigkeit. Laut Hoye waren Tugendhaftigkeit und alle Tugenden für sie ein Zwang, unter dem die Seele leide. Doch bestimmte Seelen hätten die Tugendhaftigkeit an ihren Platz verwiesen und diktierten der Tugend, wie sie zu sein habe, denn diese Seelen seien Herrinnen über sie. Eine solche Seele braucht die Gaben Gottes nicht, vor allem keinen Trost. Denn ihre Aufmerksamkeit ist ganz auf Gott gerichtet und alles andere, insbesondere Moral, würde sie nur dabei stören. Das Gleiche gilt für die Vernunft. Diese Seelen sind die vernichteten Seelen. Sie empfinden keine Freude, denn ihre Natur ist getöteter Geist, ist abgestorben. Die vernichtete Seele ist nichts und sie ist alles. Aufgrund ihrer tiefen Erkenntnisfähigkeit sieht sie ihre eigene Bosheit, die so tief ist wie ein Abgrund ohne Boden. Dort findet sie sich selbst (als vernichtete Seele), ohne zu finden (denn sie ist ja vernichtet). Die vernichtete Seele wird von Gott angeschaut und sie sieht und liebt nichts als ihn. Diese Vereinigung versetzt die Seele in das Sein ohne Sein. Die Seele soll sich vernichten durch die Vernichtung ihre Eigenliebe und ihres eigenen Willens. Die vernichtete Seele ist dadurch frei, insbesondere frei von den christlichen Tugenden und der Heilslehre. Man erkennt, meine Damen und Herren, dass Porete und Eckhart sich sehr nahestehen. Die vernichtete Seele entspricht seiner armen Seele bzw. der ledigen Seele, die frei selbst vom Willen Gottes ist.

346

Die vernichtete Seele, so zitiert Hoye, achte auf nichts Weltliches, nicht auf Ehre, nicht auf Schmach, nicht auf Liebe oder Hass, Hölle oder Paradies. Eine solche Seele weiß alles und weiß nichts, sie will alles und will nichts. Die Seele, die nichts weiß und will, ist die vernichtete Seele, die Seele, die alles weiß und will, ist Gott. Ihr göttlicher Geliebter ist für sie der "Fernnahe". Er wirkt in ihr ohne sie. Die vernichtete Seele weiß nichts von Gott, ist frei von allen Geistesempfindungen oder Verlangen, denn ihr Wille ist tot. Die vernichtete Seele weiß nur, dass sie nichts weiß, und sie will nur, dass sie nichts will. Sie kann sich selbst nicht beurteilen. Das ist die vollkommenste Gabe Gottes.

Meine Damen und Herren!
Ich denke, durch die Beispiele ist noch klarer geworden, worauf die christliche Mystik beruht: Auf konstruierten, in der praktisch-realen Welt zunächst unvereinbaren Widersprüchen, die dadurch auf mystischer Ebene sinnhaft sind und in der praktisch-realen Welt trotz aller Anstrengung nicht versinnhaftet werden können. Der Grund für die Widerstandsfähigkeit des mystischen Entspruches ist, dass er nur dann der Wahrheit entspricht, wenn er sich den Wahrheiten aus den Niederungen des praktisch-realen Daseins entzieht. Die mystische Liebe ist sich selbst genug und dadurch losgelöst vom irdischen Dasein. Die Beginen machten sie mit plastischen Darstellungen nahezu vorstellbar, ohne dass sie einen wesentlichen irdischen Anteil erhielt. Ist dies gegeben, kann man mit der Liebe offenbar alles anstellen, sogar Irdisches. Ist dies nicht gegeben,

wird sie aus der praktisch-realen Versinnhaftung heraus-geschleudert. Gott, also die Liebe, kann nur auf der mysti-schen Ebene erfahrbar sein und schafft sich dort seinen ei-genen Vernunftrahmen. Dabei gründet der Reichtum der christlichen Mystik auf nur wenigen grundlegenden Wi-dersprüchen. Der wichtigste ist die Vereinigung von meh-reren Personen, die dadurch EINE sind, aber dennoch un-terschiedlich bleiben. Diesen Widerspruch gibt es in der Trinitätslehre, in der Christologie, also der Lehre vom ver-einigten menschlichen und göttlichen Wesen Jesu Christi, und in der Einheit von Seele, Gott und Liebe. Es ist die Aufteilung von Gott in Bestandteile, die er selbst ist.

Wie nähert man sich jedoch Gott, wenn man ihn nicht auf die eigene Verständnisebene holen kann? Lassen Sie uns die Metapher, die Poesie, die Wissenschaft und die religi-öse Mystik diesbezüglich vergleichen. Der Begriff "Glüh-lampe" eignet sich zwar für die Bezeichnung einer Glüh-birne. Er beinhaltet in sich keinen Widerspruch, steht al-lerdings in Widerspruch zum bezeichneten Objekt, da er es nicht gut erfasst, eigentlich noch schlechter als "Glüh-birne". D.h., die Bezeichnung als Glühlampe ist nicht die beste Lösung. Der Begriff "Wald" bildet in sich keinen Widerspruch und eignet sich einigermaßen zur Umschrei-bung des Schlafes, weil beide möglicherweise ein gemein-sames Gefühl vermitteln. Der Begriff "Welle" eignet sich halbwegs zur Bezeichnung von Licht. Er birgt in sich zwar keinen Widerspruch, allerdings zur Erscheinung des Lichts, da es jenes nicht ganz erfasst. Der Begriff des "Va-ters" weist auf den Teil von Gott hin, der uns offenbar werden kann. "Vater" birgt in sich keinen Widerspruch, allerdings ist das, was wir über Gott wissen können, damit ungenügend beschrieben.

All diese Begriffe stellen gute Analogien dar, allerdings nicht die bestmöglichen. Es handelt sich nämlich um innerlich vereinbare Analogien, die sich dem tatsächlich Gemeinten zwar annähern, es aber nicht so gut treffen wie innerlich widersprüchliche Analogien. Deswegen verwendet man den Begriff "Glühbirne", der in sich zwar widersprüchlicher ist als "Glühlampe", aber weniger begrifflich-anschauliche Widersprüche zum bezeichneten Objekt aufweist. Der "Wald" wird bei Robert Frosts Gedicht mit den widersprüchlichen Eigenschaften "lieblich", "dunkel" und "tief" ausgestattet, um sich poetisch der geheimnisvollen Eigenschaft des Schlafs zu nähern. Das Licht wird durch die unserer Anschauung widersprechenden Modelle einer Wellen- und einer Teilchenbewegung besser beschrieben als mit dem Wellenmodell allein, noch genauer mit dem Apparat mathematischer Formeln.

Gott nähern wir uns mit dem in sich widersprüchlichen Modell der Trinität aus Vater, Sohn und Heiligem Geist an. Die trinitarischen Personen können Gott allerdings nicht in der praktischen Realität versinnhaften. Sie werden sich nun fragen, wozu dann die ganze Suche nach Analogien zu Gott gut sein soll. Die Antwort ist ganz einfach: Durch die Metapher der Trinität ist es den Gläubigen möglich, sich mittels Vorstellungen und Begriffen aus der praktisch-realen Welt ihm so weit zu nähern, wie es möglich ist. Die innerlich widersprüchliche Analogie öffnet

349

ein größeres Tor in die mystische Welt als die innerliche vereinbare.

Gottes Fähigkeit zur Reproduktion des immer Gleichen, welches dennoch anders ist, ist ein weiterer grundlegender Widerspruch, der ebenfalls durch die Metapher des Vaters und des Sohnes versinnbildlicht wird. Die Idee, absolut rein zu sein und dadurch alles zu besitzen, wird durch die Armutsmetapher angenähert. Die Idee von der Ungeschaffenheit und der Unveränderbarkeit Gottes, der trotzdem in allem wohnt und es bewegt, wird durch die Vorstellung einer göttlichen Kraft angenähert. All diese Analogien öffnen Tunnel zu Gott, ohne seine Unbegreifbarkeit und Unvorstellbarkeit anzufechten. Gott bleibt auf der mystischen Ebene, und doch fühlen sich Gläubige ihm nahe. Beachten Sie, dass für christliche Mystiker jene mystische Welt irgendwann selbst zu einem Teil der praktisch-realen Welt, der für sie richtigen Welt wird. Der Entspruch in der mystischen Welt wird dadurch zum Entspruch in ihrer praktisch-realen Welt. Allerdings ist die neue praktisch reale Welt nur gedanklich und unvollständig greifbar, was dem Konzept der BEVOR widerspricht.

Zum Schluss möchte ich noch einen ketzerischen Gedanken äußern: Strukturalistisch könnt man sagen, dass der Mensch die Trinität genau so konstruiert hat, dass er sie durch die widersprüchliche Analogie von Vater, Sohn und Heiligem Geist so weit in seinen BEVOR abbilden kann, dass sie zwar einigermaßen fassbar, sich aber dennoch als

Mystik, als etwas Unbegreifbares und Unanschauliches erhält, das Gott ja eigentlich ist. An dieser Stelle bleiben nur noch zwei Alternativen übrig: glauben und nicht glauben.

Meine sehr geehrten Damen und Herren!
Ich danke Ihnen für Ihre Aufmerksamkeit.

Mystik im Kommunismus

Meine Damen und Herren!
Ich hoffe, Sie hatten während der Pause genügend Zeit,
den Vortrag meines Vorredners zu verarbeiten.

Auf jeden Fall haben Sie gesehen, dass die mystische Welt
in allem anders als unsere Welt ist. Sie ist immer auch eine
neue Welt. Deswegen trainieren mystische Entsprüche den
Menschen, sich dem bisher Unmöglichen zu nähern, beispielsweise in der Wissenschaft, aber auch in der Religion.
Wie meine Vorredner bereits erläuterten, geht die Faszination mystischer Entsprüche von Unvereinbarkeit ihrer
Gegensätze mit der praktisch-realen Ebene aus. Die Wissenschaft erklärt und manifestiert ihre mystische Entsprüche gleichzeitig, indem sie versucht, die Mathematik ihrer
Formeln in anschauliche Experimente zu übersetzen oder
Analogien aus den BEVOR zu Hilfe zu nehmen. In der
Religion ist die Sinnhaftigkeit bestimmter Aussagen, also
die Verteidigung gegen Angriffe aus dem Praktisch-Realen, auf Basis scholastischer Argumentation möglich, z.B.
indem sie von Gott als abstrakter Liebe ausgeht, welcher
man ausschließlich folgen müsse, weil sie nur sich selbst
hervorbringt, also Gott. Oder indem Gott und die Seele mit
einem Abgrund gleichgesetzt und daraus Schlussfolgerungen gezogen werden, die jene Annahme in einem Zirkelschluss stützen. Ich möchte anmerken, dass der Zirkelschluss als Methode der Erkenntnis durchaus seine Berechtigung hat. Wenn aus einer Voraussetzung ein Resultat folgt, dass die Voraussetzung erst möglich macht, kann
dies ebenfalls einen Beweis darstellen. Der Zirkelschluss:

"Sie ist reich, weil sie Geld hat", ist keiner. "Ihr Geld hat sie reich gemacht", ist hingegen ein Beweis für ihren Reichtum.

Die Übertragung der Aussagen aus der mystischen Welt eins zu eins in unsere praktisch-reale Welt ist nie möglich, da sie automatisch ihre Mystik verlieren würden. Vielmehr wird der Widerspruch in der Realwelt durch entsprechende Experimente oder Ableitungen versinnhaften, also logisch aufgelöst oder dialektisch aufgehoben, wodurch er - zumindest teilweise - aus dem Mystischen verschwindet. Das Problem ist, dass Widersprüche immer wieder instrumentalisiert werden, indem man sie in der praktisch-realen Welt einfach für sinnhaft erklärt. Die Leute glauben zu machen, zwei wäre gleich eins, würde einem Machthaber erlauben, alles durchzusetzen, was der Vernunft und der Logik widerspräche. Ideologien zur Unterdrückung und zur Gedankenkontrolle leben aber nicht nur von Repression, sondern auch von der Attraktivität mystischer Entsprüche. Dazu gehören die Thesen über menschliche Rassen und der Sozialdarwinismus, auf denen der Faschismus Anfang des 20. Jahrhunderts beruhte. Das bekannteste Beispiel soll uns an dieser Stelle genügen, die Blut-und-Boden-Ideologie. Sie "… betrachtet die Abstammung (das 'Blut') und den Boden (um ihm mittels Landwirtschaft die Nahrung zu entziehen sowie als Lebensraum) und somit gleichsam das Bauerntum alter Abstammung als die wesentliche Lebensgrundlage …" [114] Die Verbindung der mystischen Entsätze "Rasse", "Boden" und "bäuerliche Lebensweise" bildete den mystischen Entspruch, welcher der Verbindung der Begriffe eine gewisse Attraktivität

353

verlieh und sie gleichzeitig im Vernunftrahmen einer Pseudowissenschaft bzw. Pseudoreligion mythisch aneinanderkoppelte, wodurch sie auf deren Ebene scheinbar versinnhaftet wurden. Hierfür erklärte man die Ideologie des "Blut-und-Boden" aus der Geschichte heraus und kombinierte die Argumente mit der angstversprühenden Metapher des "Volk ohne Raum" sowie einer vermeintlichen Vereinfachung der Verhältnisse durch "Rassenreinheit". Der Effekt der Ideologie war verheerend. Sie steigerte die Spaltung zwischen Stadt und Land und steigerte Antisemitismus und Antiziganismus, indem die bäuerliche Heimatverbundenheit über die ihr angeblich entgegengesetzte technische Zivilisation und vermeintliche "Nomadenvölker" stellte [115].

Ich möchte an dieser Stelle aber nicht weiter auf den Faschismus eingehen. Es gibt nämlich eine Ideologie, die den Widerspruch quasi zu ihrer argumentativen Allroundwaffe gemacht hat. Sie verschwendet keine Anstrengungen mehr, um praktisch-real unsinnige Politik durch irgendeine Pseudo-Plausibilisierung zu legitimieren, sondern sie erklärt deren Widersprüchlichkeit selbst zum Indikator für ihre Wahrhaftigkeit und Nützlichkeit. Ich spreche natürlich von der kommunistischen Ideologie. Für ihre Zwecke nutzt sie die Hegelsche Dialektik. Nun, ich muss genauer sein. Tatsächlich basiert sie auf dem "dialektischen Materialismus", der hauptsächlich von Karl Marx, Friedrich Engels (28.11.1820 - 5.8.1895) und Wladimir Iljitsch Lenin entwickelt wurde. Marx stellte - laut eigener Aussage - die Hegelsche Dialektik "vom Kopf auf die Füße", indem er auf Hegels den Dingen innewohnenden

Geist verzichtete. Sein dialektischer Materialismus nimmt an, dass es niemals endende Widersprüche in der Materie des Universums gibt, die es durch ihren Kampf voranentwickeln, dabei jedoch objektiven Gesetzen unterliegen.

Diese materiellen Widersprüche wurden von den kommunistischen Theoretikern sogar zur einzigen Triebkraft der Entwicklung erhoben. Auch die Entwicklung des Denkens wird vom Materiellen vorangetrieben. Da die materielle Realität den "Takt" vorgibt, gerät jede menschliche Theorie irgendwann in Widerspruch zu jener Realität, was zu einer neuen Theorie führt. Lassen Sie mich das bisher Gesagte mithilfe der grundlegenden Entwicklungsgesetze des dialektischen Materialismus zusammenfassen, die mir noch aus der Schule bekannt sind:

1. Die Einheit und der Kampf der Gegensätze bzw. die Durchdringung der Gegensätze besagt, dass die Entwicklung eines Systems immer von sich bekämpfenden Widersprüchen vorangetrieben wird. Aufgrund der materiellen Gegebenheiten werden sich umweltschonende Autos gegen die alten Modelle irgendwann durchsetzen.
2. Die Negation der Negation, besagt, dass jede neue Entwicklungsstufe bestimmte Aspekte der vorhergehenden aufhebt, im Sinne von vernichten, andere aufhebt, im Sinne von aufbewahren, und so zu einer aufgehobenen im Sinne einer höheren Stufe kommt. Die permanente Negation im Sinner gleichzeitiger, gegenläufiger Entwicklungen wird "negiert" und in ein Gleichgeweicht der zuvor widersprüchlichen Gegensätze gebracht. Eine neue Theorie negiert ihre vorangegangenen Fehler und konserviert

Passendes, um sich idealerweise als bessere Beschreibung des Materiellen emporzuheben. Umweltschonende Autos werden zwar einen gänzlich neuen Antrieb besitzen, viele Komponenten werden von den alten Modellen jedoch übernommen werden.

3. Das Umschlagen von Quantität in Qualität besagt, dass die Entwicklung sprunghaft verläuft, und zwar von einer qualitativen Stufe zur nächsten, allerdings basierend auf der Veränderung von Quantitäten. Irgendwann schlägt die Veränderung der Quantität in eine neue Qualität um. Beispiele hierfür sind die Aggregatzustände des Wassers, die durch Temperaturveränderung eingestellt werden. Ein weiteres Beispiel sind die Formen des gesellschaftlichen Zusammenlebens in Abhängigkeit von der Produktivität bzw. der Möglichkeit von deren Erhöhung. Und natürlich darf unser Auto nicht fehlen: Irgendwann sind die quantitativen Schäden durch Verbrennungsmotoren so hoch, dass ein Sprung hin zu umweltschonenden Antrieben erfolgen wird.

Sowohl die Natur als auch die Gesellschaft unterliegen, laut der marxistischen Ideologie, diesen Grundgesetzen. Speziell der historische Materialismus geht davon aus, dass die Geschichte eine Geschichte von Klassenkämpfen ist. Die sklavenhalterische Produktionsweise war notwendig auf die Spaltung der Gesellschaft in Sklavenhalter und Sklaven angewiesen, die feudalistische Produktionsweise auf die Spaltung in Feudalherren und Bauern, die kapitalistische Produktionsweise auf die Spaltung in eine Arbeiterklasse und eine Kapitalistenklasse, wobei die letzteren Klassen immer die Ersteren ausbeut(et)en, sie von ihrem

Produkt und menschlicher Lebensweise entfremd(et)en. Allerdings geschieht das nicht aus persönlicher Bosheit, sondern um wirtschaftliche Produktivität und damit den Profit bei den Ausbeutern zu maximieren und so das System zu erhalten.

Entsprechend der marxistischen Geschichtslehre hat der Kapitalismus aufgrund seiner ökonomischen Überlegenheit den Feudalismus abgelöst - freilich erst, als durch neue Erfindungen die Voraussetzungen für die erhöhte Produktivität geschaffen wurden. Der Kapitalismus wird ebenfalls irgendwann ins Stocken geraten, weil durch Monopolisierung, Marktaufteilung und Profitorientierung als reiner Wertmaßstab viele neue Entwicklungen unterdrückt werden. Ein Beispiel für eine hieraus folgende Revolution ist die Entwicklung der Musik in den 1980er-Jahren. Zu einem Zeitpunkt, als der Markt von wenigen Plattenfirmen beherrscht wurde, führte die technische Entwicklung dazu, dass sich jeder, der wollte, einen Synthesizer kaufen und seine eigene Musik machen konnte. Allerdings konnte der Kapitalismus all diese Tendenzen bisher absorbieren, sodass sich ein ihm nachfolgendes, stabiles Gesellschaftsmodell noch nicht etablierte.

Im Rahmen der genannten materialistisch-dialektischen Gesetzmäßigkeiten werden Widersprüche - Hegel folgend - in antagonistische und dialektische eingeteilt. Im Rahmen einer Höherentwicklung werden antagonistische Gegensätze nicht erhalten, auch nicht in veränderter Form. Vielmehr wird einer der beiden Gegensätze vernichtet,

357

nämlich der "alte" gegenüber dem "neuen". Beispielsweise besiegt die Arbeiterklasse als die fortschrittlichere beim Übergang vom Kapitalismus in den Sozialismus die Klasse der Kapitalisten, so wie das Bürgertum, als die fortschrittlichere Klasse, die Feudalherren besiegt hat. Wohlgemerkt waren es nicht die Bauern, den jene waren Teil der alten Dialektik. Anders gesagt: Trotz der Ausbeutung handelte es sich bei Bauern und Feudalherren in gut funktionierenden Feudalsystemen um materialistisch-dialektische Gegenseitigkeiten. Erst in dem Moment, da die Struktur des Systems die weitere Entwicklung der Wirtschaft behindert, kommt es zur Überwindung der machthabenden Klasse und damit des Systems.

Das Hauptproblem der marxistischen Ideologie liegt darin, dass man von einer klassenlosen, antagoniefreien Gesellschaft als Ziel der gesellschaftlichen Entwicklung ausgeht, in der alle Widersprüche aufgehoben, also nur noch materialistisch-dialektische Gegenseitigkeiten sind. Diese Gesellschaft wäre ein funktionierendes Ökosystem, wie beispielsweise das aus Fleisch- und Pflanzenfresser, allerdings ohne jegliches vom Menschen dem Menschen zugefügte Leid. Die Infamie in der Argumentation marxistischer Diktaturen liegt darin, alle in ihr auftretenden Widersprüche zu eben jenen Gegenseitigkeiten zu erklären, oder zumindest zu unaufgehobenen Widersprüchen, die sich durch kurzes Ausdiskutieren innerhalb der Führungspartei aufheben lassen. Dies lässt sich am real existierenden Marxismus selbst erklären: Mao Tse-tung (26.12.1893 - 9.9.1976) - seit 1943 Vorsitzender des Zentralkomitees - hat die Kommunistische Partei Chinas zumindest formell einer rigorosen Selbstkritik unterworfen, in der Hoffnung, dass die dabei offengelegten Gegensätze zu ihrer dialektischen "Aufhebung" führen und den Marxismus auf immer höhere Stufen heben würden. Was aber, wenn der Widerspruch zwischen dem Ideologierahmen selbst und der empirischen Wahrheit besteht? Was, wenn dieser Widerspruch antagonistisch ist? Dann kann nur eine "Sinnhaftung" des Widerspruchs zuungunsten jener Bullshit-Ideologie den Menschen voranbringen, somit die Vernichtung des Kommunismus selbst.

Unter kommunistischen Machtumständen, gefüttert durch den dialektischen Materialismus, ist es allerdings nicht schwer, alle Widersprüche zur uns bekannten praktischen Realität, die der kommunistischen Unterdrückung zugutekommen, insbesondere diejenigen, von denen eine mystische Faszination ausgeht, als legitim zu erklären. Ich will nicht sagen, dass unsere praktisch-realen BEVOR grundsätzlich über jeden Zweifel erhaben sind, allerdings bedeutet die Nichtübereinstimmung mit ihnen nicht automatisch Wahrheit oder Fortschritt. Allerdings öffnet der berechtigte Zweifel an den praktisch-realen BEVOR und die Faszination des Mystischen der Verwandlung jener Widersprüche in vermeintlich praktisch-reale Entsprüche Tür und Tor.

Lassen Sie mich das erste Beispiel anführen. Die Zeile: "Die Partei, die Partei, die hat immer recht" aus dem "Lied der Partei" von Louis Fürnberg (1909–1957) produziert einen drastischen Widerspruch, streift dabei die Satire und ist nicht einmal mystisch. Tatsächlich hatte Fürnberg das

Lied zur eigenen Selbstdisziplinierung als Parteimitglied geschrieben. Diese Zeile wurde trotzdem von vielen Mitgliedern der kommunistischen Partei wörtlich genommen. Ein weiteres Beispiel: Die grundlegende Überzeugung kommunistischer Parteien ist: "Volk und Partei sind eins" [116]. Diese Aussage steht in mehrfachem Widerspruch zur praktischen Realität. Zum einen werden zwei verschiedene Gruppen zu einer Entität vereint und bleiben trotzdem verschieden. Dieser Widerspruch ist vielleicht noch metaphorisch sinnhaft, aber die Frage, nach wessen Willen denn das Volk leben würde, wenn Volk und Partei eins wären und dennoch verschieden, ist unauflösbar. Man behalf sich zwar mit erweiterten Mottos, beispielsweise "Die Partei führt das Volk und das Volk führt die Partei", die den Widerspruch jedoch nicht beseitigten. Schließlich wurde der Satz einfach zur Wahrheit erklärt, eben weil er widersprüchlich ist.

Der Missbrauch des Denkens in Widersprüchen und deren Instrumentalisierung für totalitäre Ideologien wurde am besten durch das Konzept des "Doppeldenk" erfasst, welches in George Orwells Roman "1984" [117] dargestellt wird. In seiner Dystopie entwirft Orwell (25.6.1903 - 21.1.1950) eine Welt, die politisch in mehrere Machtblöcke gespalten ist. England, das sich durch eine Revolution in einen sozialistischen Staat verwandelt hat, gehört zum Machtblock "Ozeanien" und wird von einer Zentralpartei geführt. Vorsitzender der Partei ist der sogenannte "Große Bruder". Durch die Technologie der "Teleschirme", überdimensionale Bildschirme, die überall, sogar in Privaträumen aufgestellt sind, kann jedermann überwacht werden.

Wie in Jeremy Benthams "Panoptikum" [118] weiß man aber nie genau, ob man überwacht wird, was die Überwachung umso effektiver macht. Aber der Teleschirm hat noch eine andere Funktion: die Ausstrahlung von Parteipropaganda in jeden Winkel des Landes.

Doppeldenk ist die Leitphilosophie des fiktiven, sozialistischen Englands und dem dialektischen Materialismus nachempfunden. Die wichtigste Gemeinsamkeit: Doppeldenk legitimiert Widersprüche als Existenzformen der praktischen Realität, obwohl es sich um Aussagen handelt, welche Logik und Vernunft widersprechen. Durch sie soll das Denkvermögen der Menschen manipuliert werden, um sie beidem zu entwöhnen. Bereits auf den ersten Seiten von "1984" wird ein bezeichnendes Beispiel für Doppeldenk gegeben, die drei Parolen der Partei:

Krieg ist Frieden!
Freiheit ist Sklaverei!
Unwissenheit ist Stärke!

In ähnlich verwirrender Weise, aber in verschleiernder Absicht, werden in "1984" die Ministerien benannt, die den Staatsapparat bilden. Das "Ministerium für Frieden" befasst sich mit dem Krieg, das "Ministerium für Liebe" steht für Verhöre und Folter, das "Ministerium für Überfülle" ist für die Mangelwirtschaft zuständig. Das wichtigste Ministerium ist jedoch das für Wahrheit, welches für alles Künstlerische, Mediale und für Erziehung, somit auch für die Propaganda zuständig ist.

Tatsächlich üben diese Parolen und Bezeichnungen eine mystische Anziehungskraft aus. Im Gegensatz zur "Blut-und-Boden-Ideologie" verzichtet die Partei in "1984" völlig auf pseudowissenschaftliche Erklärungen. Der praktisch-reale Widerspruch steht für sich selbst und weil er ein Widerspruch ist, sagt er die Wahrheit aus. Man hat es hier mit einem eins-zu-eins Transfer aus der Mystik in die praktische Realität zu tun. Aber warum funktioniert das? Ganz einfach: Aufgrund von Repression. Die Repression führt dazu, dass die Menschen die Widersprüche akzeptieren, ja sich sogar eigene Pseudologiken ausdenken, um sie sich zu erklären. Tatsächlich kann man die genannten Parolen mit einigen Verrenkungen dialektisch bzw. zeitlich aufheben. "Krieg ist Frieden" kann man so verstehen, dass man erst den Feind im Krieg besiegen müsse, bevor es Frieden geben kann. "Freiheit ist Sklaverei" kann bedeuten, dass zu viel Freiheit dazu verleitet, sich für das Falsche zu entscheiden. "Unwissenheit ist Stärke" könnte in ähnlicher Weise vermitteln, dass zu viel Information von den wichtigen Zielen ablenkt. Der Punkt ist, dass die durch das Gewaltregime erzwungene instrumentelle Vernunft den Menschen trainiert, sie auf alle möglichen Widersprüche anzuwenden, sodass man Aussagen legitimieren kann, die im Praktisch-Realen überhaupt nicht legitim sind. Dadurch holt man sie zwar aus dem Mystischen heraus, versinnhaftet sie aber keinesfalls in der Realität, sondern in der eigenen Erklärungsblase, deren Entstehung wiederum auf Repression zurückgeht.

Die labyrinthische Welt des Doppeldenk beschreibt Orwell durch eine Reflexion seines Haupthelden, Winston

Smith, während einer morgendlichen Gymnastikübung. Doppeldenk bedeute:
- Zu wissen und nicht zu wissen,
- Über absolute Wahrhaftigkeit zu verfügen, während man konstruierte Lügen erzählt,
- Gleichzeitig zwei einander ausschließende Ansichten zu vertreten und an beide zu glauben, obwohl man genau weiß, dass sie widersprüchlich sind,
- Logik gegen Logik auszuspielen,
- Moral abzulehnen, aber sie in Anspruch zu nehmen,
- Daran zu glauben, dass die Partei die Hüterin der Demokratie wäre, obwohl die Demokratie mit einer solchen Partei unmöglich ist,
- Dinge zu vergessen und sie zurückzuholen, wenn man sie braucht, um sie dann gleich wieder zu vergessen und dieses Verfahren auf das Verfahren selbst anzuwenden.

Doppeldenk sei ein Hypnoseakt, mit dem man bewusst die Unbewusstheit herbeiführt, um sich dieses Tricks sofort wieder unbewusst zu werden. Allein wenn man den Begriff Doppeldenk begreifen wolle, müsse man Doppeldenk anwenden.

Vor allem die vom Haupthelden aufgrund seiner Stellung durchgeführte nachträgliche Manipulation von alten Zeitungsmeldungen, um sie konform mit der momentanen Parteilinie zu machen, führt immer wieder zum Widerspruch zwischen erinnerter Vergangenheit und Gegenwart. Stellen Sie sich vor, meine Damen und Herren, eine kommunistische Regierung hätte die Geschichtsbücher so

363

gefälscht, dass die vom Marxismus-Leninismus vorausgesagte Abfolge von Urgesellschaft, Sklavenhaltergesellschaft, Feudalismus, Kapitalismus und Sozialismus in allen Ländern stattgefunden hatte. Dann wäre die marxistisch-leninistische Lehre von dieser Abfolge untermauert. Allerdings scheint es in "1984" so, als ob die Menschen sich gar nicht mehr richtig an die Vergangenheit erinnern können. Man möchte meinen, dass sie tatsächlich erst durch die nachträglichen Anweisungen der Partei entsteht, dass sie durch Propaganda in den Gehirnen der Menschen gebildet wird und nicht durch materielle Vorgänge. Dies entspricht einer kompletten Umkehrung der materialistischen Idee des Marxismus, obwohl die Ideologie, die zu dieser Einschätzung führt, eben jene marxistisch-materialistische Ideologie ist.

Meine Damen und Herren!
In der tatsächlichen sozialistischen Ideologie treten Widersprüche nicht unbedingt im gleichen Satz auf, so wie bei Orwell, allerdings widersprechen sich verschiedene Behauptungen aus der gleichen Quelle oft untereinander. Besonders der Leninismus birgt signifikante mystische oder Bullshit-Entsprüche [119]. In seiner Schrift: "Was tun?" [120] entwarf Lenin die Idee einer zentralistisch geführten Partei, ein Prinzip, das später als "Demokratischer Zentralismus" bezeichnet wurde. Im Wesentlichen bedeutet er, dass die Mitglieder der Partei deren Hierarchie durch Wahl bestimmen können, dass die oberen Ebenen aber gegenüber den unteren weisungsbefugt sind. Dieser Widerspruch ist weder dialektisch noch sonst wie aufzuheben und führt immer zur Allmacht der Parteispitze. Da

in den sozialistischen Staaten die Partei mit dem Staat identisch war, legte sich der Widerspruch zwischen Demokratie und zentralistischer Weisungsstruktur auch auf ihn, er wurde durch die imperative Bezeichnung "Demokratie" - beispielsweise in "Deutsche Demokratische Republik" - jedoch stets verschleiert. Walter Ulbricht (30.6.1893 - 1.8.1973) brachte diese Verschleierung ungeniert auf den Punkt: "Es muss demokratisch aussehen, aber wir müssen alles in der Hand haben." [121]

Lenin stellte die Demokratie einerseits positiv dar, allerdings selten und eher indirekt: "Demokratie für eine verschwindende Minderheit, Demokratie für die Reichen - so sieht der Demokratismus der kapitalistischen Gesellschaft aus." [122] Häufiger kritisierte Lenin die Demokratie: "Die demokratische Republik ist die denkbar beste politische Hülle des Kapitalismus". [122] Was den Staat als solchen betraf, so verteidigte er ihn gegen Anarchisten, obwohl er ihn im gleichen Atemzug ablehnte, zusammen mit der Demokratie: "Die Demokratie ist eine der Formen des Staates. Indes sind wir Marxisten Gegner jedes Staates." [123] "Solange es den Staat gibt, gibt es keine Freiheit." [124] Lenins Aussagen zum Staat variierten zwischen
(i) Sympathie: "Der Sozialismus ist nichts anderes als staatskapitalistisches Monopol, das zum Nutzen des ganzen Volkes angewandt wird und dadurch aufgehört hat, kapitalistisches Monopol zu sein." [125],
(ii) Ambivalenz: "Nach Marx ist der Staat ein Organ der Klassenherrschaft, ein Organ zur Unterdrückung der einen Klasse durch die andere." [122],

(iii) Ablehnung: "Die Aufhebung der Staatsmacht ist das Ziel, das sich die Sozialisten gestellt haben, unter ihnen und an ihrer Spitze Marx." [126]

Andererseits müssten die Kapitalisten durch die Diktatur des Proletariats niedergehalten werden, denn sie seien die Unterdrücker und wo es Unterdrückung gäbe, gäbe es keine Demokratie und keine Freiheit [122]. Lenin bezeichnete die gleiche Staatsform als proletarische oder revolutionäre Demokratie und an anderer Stelle als Diktatur des Proletariats [119]. Um Lenin ein wenig zu entlasten: Dass Recht nur sei, was der proletarischen Klasse nütze, oder dass die Freiheit so wertvoll sei, dass man sie nur portionsweise vergeben dürfe, hat er nie gesagt.

Eine weitere Quelle kommunistisch-ideologischer Sinnsprüche ist das kleine rote Buch "Worte des Vorsitzenden Mao Tse-tung" [127]. Auch Mao versuchte, Demokratie und Diktatur als sozialistische Parteiherrschaftsform und Staatsform unter einen Hut zu bringen. Für ihn sollte die "demokratische Volksdiktatur" zwei Methoden beinhalten: Einerseits die Methode der Diktatur, und zwar gegenüber dem Feind, bis er sich durch Arbeit in einen neuen Menschen verwandelt hat, andererseits die Methode der Demokratie gegenüber dem Volk, um es zwingend an den politischen Prozessen teilhaben zu lassen [128].

Das Denken in fixen Klassen erlaubt diese simple Freund-Feind-Herangehensweise, allerdings erscheint der "Feind" als etwas Beliebiges, von der Partei willkürlich Bestimmbares. In einem weiteren Zitat weichte Mao das Klassendenken hingegen auf: Die Widersprüche zwischen "uns" und "dem Feind" sind antagonistische Widersprüche. Die Widersprüche innerhalb der Arbeiter sind nicht-antagonistisch, die zwischen den ausbeutenden und den ausgebeuteten Klassen haben antagonistische und einen nicht-antagonistischen Aspekt [vgl. 129, S. 3].

Auch was die demokratische Teilhabe des Volkes an der Politik angeht, blieben Maos Aussagen widersprüchlich: "Die Staatsorgane müssen den demokratischen Zentralismus verwirklichen und sich auf die Volksmassen stützen, ihre Mitarbeiter müssen dem Volk dienen." [129, S. 8] Im günstigsten Verständnis bedeutet das "Sich stützen" und das "Dienen" der üblichen Definition demokratischer Herrschaft, die aus dem Volk, für das Volk und durch das Volk zu geschehen hat [130]. Im ungünstigsten Fall regiert eine vom Volk losgelöste Elite vermeintlich für das Volk und zwingt es, sie dabei zu unterstützen. Den Hinweis auf letzteren Fall gibt Maos Aussage: "Innerhalb des Volkes kann man ohne Freiheit ebenso wenig auskommen wie ohne Disziplin, ohne Demokratie ebenso wenig wie ohne Zentralismus. Eine derartige Einheit von Demokratie und Zentralismus, von Freiheit und Disziplin ist unser demokratischer Zentralismus. Unter diesem System erfreut sich das Volk weitgehender Demokratie und Freiheit, zugleich aber muss es sich auch in den Grenzen der sozialistischen Disziplin halten." [129, S. 10-11]. Dieser Widerspruch klingt deutlich nach Orwell: Freiheit ist Disziplin! Demokratie ist Zentralismus! Man erkennt hier, dass Mao diese Widersprüche unter der Überschrift "Dialektik" verkaufen wollte, d.h. als Gegenseitigkeiten, die das beste aller Systeme stabilisieren.

Was das Verhältnis von Parteimitgliedern und dem Volk anging, so galt für Mao: "Es ist notwendig, die Mängel im Volk zu kritisieren,... aber dabei müssen wir wirklich auf dem Standpunkt des Volkes stehen, und ... unsere Worte müssen von dem heißen Bestreben durchdrungen sein, das Volk zu schützen und zu erziehen..." [131] Aber gleichzeitig verlangte er, hierzu widersprüchlich: "Den Volksmassen wohnt eine unbegrenzte Schöpferkraft inne. Sie können sich organisieren und können an jedem Ort und in jeder Sparte, wo es ihnen möglich ist, ihre Kräfte zu entfalten, einen Vormarsch erzielen ..." [132] Somit wäre es für die Partei eigentlich gar nicht nötig, das Volk zu schützen oder zu erziehen, da es gut allein zurechtkommt.

Ein besonders attraktiver Gedanke bei Mao war der von der Führung der Parteimitglieder durch die Parteispitze, die wiederum durch die Parteimitglieder geführt wird, sowie die Führung der Massen durch die Partei, die wiederum durch die Massen geführt wird: Die korrekte Führung verlaufe immer "von den Massen zu den Massen". Die Partei sollte die unsystematischen und diffusen Ideen der Massen aufnehmen, sie durch Analyse konzentrieren und systematisieren. Danach sollte man zu den Massen gehen und ihnen die resultierenden Ideen so lange vorhalten und erklären, bis sie sie als ihre eigenen erkennen und in Taten umsetzen. Dies sollte immer und immer wieder geschehen, in einer endlosen Spirale, damit die Ideen immer korrekter, kräftiger und reicher würden [vgl. 133]. "Die Kommunisten müssen auch beim Lernen ein Vorbild sein: Sie sollten zu jeder Zeit sowohl die Lehrer der Massen als auch ihre Schüler sein."[134, S. 198]

Allerdings widersprach Mao diesem Prinzip in weiteren Aussagen, aus denen hervorgeht, dass die Erziehung des Volkes durch die Propaganda der Partei in den Vordergrund gestellt werden sollte und nicht umgekehrt: "Ein in den Massenbewegungen tätiger Kommunist muss ein Freund der Volksmassen sein ...; er muss als ihr unermüdlicher Lehrer auftreten ..." [134, S. 198]. Die Erziehungspolitik der Partei sollte jeden in die Lage versetzen, sich moralisch, intellektuell und körperlich zu einem Arbeiter mit sozialistischem Bewusstsein und sozialistischer Kultur zu entwickeln. [129, S. 44] Diese Argumentation zielte auf eine Gleichheit zwischen Partei und Volk ab, allerdings würde diese Gleichheit von der Spitze der Partei diktiert, einmal durch ihre Erziehungshoheit, das andere Mal durch ihre Weisungshoheit, was durch die mystische Faszination des Zirkels: "Die Partei führt die Menschen, von denen sie geführt wird", verschleiert wird.

Meine Damen und Herren!
Eines der wichtigsten kommunistischen Schlagworte ist der Begriff "progressiv", verbunden mit der Überzeugung, dass nur der Kommunismus progressiv sei. Mao schien diesem Versprechen nicht ganz zu trauen, da er den Menschen durch Propaganda lieber einreden lassen wollte, dass die Lebensverhältnisse der Menschen immer besser würden, als sie sich selbst ein Urteil bilden zu lassen: "Wir

müssen die Fortschritte in der Welt und die lichten Zukunftsperspektiven ständig unter dem Volk propagieren, damit es Siegeszuversicht gewinnt ..."[135]

In Maos rotem Buch stehen die logischen Widersprüche teilweise sogar untereinander, so im Abschnitt VI von [127]: "Alle Reaktionäre sind Papiertiger. Dem Aussehen nach sind sie furchterregend, aber in Wirklichkeit sind sie nicht gar so mächtig..." [136] Darauf folgt: "... Anderseits sind sie aber wiederum lebendige, eisenharte, wirkliche Tiger, die Menschen fressen können. Darauf müssen wir unser taktisches Denken gründen." [137]

Mao kritisierte den Liberalismus[44] scharf. Er attestierte den Liberalen, andere hinter ihrem Rücken verantwortungslos zu kritisieren, statt sich mit positiven Vorschlägen an die Organisation zu wenden. Außerdem würden sie jemandem die Meinung nicht offen ins Gesicht sagen, sondern hinter seinem Rücken klatschen. In der Versammlung würden sie nie das Wort ergreifen, sondern hinterher ins Blaue hineinschwatzen. Der Widerspruch: "Anderen persönlich die Meinung sagen" vs. "Sich mit der Kritik an ihm an die Organisation wenden" ist offensichtlich. Ein weiterer Widerspruch besteht zwischen Maos Anschuldigung, ein Liberaler würde seine Meinung aus Feigheit oder falscher Rücksicht nicht sagen, und dem Vorwurf, er würde

---

[44]Unter Liberalismus verstand Mao eher eine Untugend als eine Ideologie. Ihre Ursache verortet er in kleinbürgerlicher Erziehung, die Selbstsucht hervorbringe, wodurch persönliches Interesse vor die Interessen der Revolution gestellt würde. Liberale Einstellungen würden den Marxismus gefährden und hätten daher innerhalb der Partei keinen Platz.

die eigene Meinung allem voranstellen, an die Organisation nur Ansprüche stellen [138]. Ein weiterer Widerspruch ohne jegliche dialektische Qualität ergibt sich aus Maos Ansicht über das Verhältnis von Teil und Ganzem: Wenn ein Vorschlag vom Standpunkt eines Teils ausführbar ist, aber vom Standpunkt des Ganzen unausführbar, oder wenn er für den Teil unausführbar ist, für das Ganze aber ausführbar, müsse sich der Teil immer dem Ganzen fügen [vgl. 134, S. 201]. Ausführbarkeit durch die Mehrheit wird hier als Notwendigkeit verkauft.

Ein für die kommunistische Ideologie typischer pseudodialektischer Widerspruch ist, dass der Friede bewaffnet sein müsse: "... wenn man will, dass es keine Gewehre mehr geben soll, muss man das Gewehr in die Hand nehmen." [139] Friedliche, diplomatische Lösungen werden hier kategorisch ausgeschlossen. Die kommunistische Ideologie propagierte gleichzeitig, dass die Geschichte und die wechselseitige Ablösung der Gesellschaftssysteme menschenunabhängig eintreten würden: "Das sozialistische System wird letzten Endes an die Stelle des kapitalistischen Systems treten; das ist ein vom Willen der Menschen unabhängiges objektives Gesetz ..." [140], aber auch: "Das Volk und nur das Volk ist die Triebkraft, die die Weltgeschichte macht." [141]

Über das Sein im Sinne von "Werden" der Dinge, also auch der Menschen, schrieb Mao: "... Die Widersprüche, die den Dingen selbst innewohnen, sind die Grundursache ihrer Entwicklung, während der Zusammenhang und die

371

Wechselwirkung eines Dinges mit anderen Dingen sekundäre Ursachen darstellen." [142] Und gleichzeitig: "Das gesellschaftliche Sein der Menschen bestimmt ihr Denken. Sobald die richtigen Ideen, die die fortschrittliche Klasse repräsentieren, von den Massen beherrscht werden, werden sie zur materiellen Gewalt, welche die Gesellschaft und die Welt umgestaltet." [143] Der erste Satz klingt durchaus materialistisch-dialektisch: Widersprüche treiben die Entwicklung voran. Allerdings legte Mao diese Widersprüche allein ins Innere und nicht ins Äußere, was er im nächsten Zitat wieder umkehrt.

Meine Damen und Herren!
Die meisten dieser Losungen dienten, wie von Orwell treffend beschrieben, der Verwirrung menschlicher Denkkraft. Meiner Meinung nach sollten sie dem eingeschüchterten Menschen außerdem Möglichkeiten geben, für die jeweilige Politik selbstständig Gründe zu erdenken. Sie gaben einen vereinfachenden Rahmen zur Entwicklung der instrumentellen Vernunft für die Akzeptanz jener Politik vor. Hinzu kommt, dass jemand, der glaubte, diese Widersprüche dennoch praktisch-real versinnhaftet zu haben, sich all denjenigen, die vorgaben, sie nicht verstanden zu haben, überlegen fühlte. Allerdings gabt es jenseits dieser - am Ende - billigen Psychotricks einen Ausspruch Walter Ulbrichts aus dem Jahr 1957, der nahe an das mystische Ideal heranreicht. Er lautete: "Überholen, ohne einzuholen" [Ende der 1950er] und bezog sich auf die angeblich wissenschaftlich begründete wirtschaftliche Überlegenheit des Sozialismus. Man solle sich als Sozialist nicht etwa auf das Niveau der Kapitalisten begeben, könne sie

372

aber dennoch wirtschaftlich hinter sich lassen. Wie bei anderen mystischen Entsprüchen hat man es hier mit einer Konstruktion zu tun, die sich gegen die Versinnhaftung im Praktisch-Realen wehrt. Hierfür benutzt sie allerdings einen positiven Pseudo-Vernunftrahmen, nämlich die Idee von der Überlegenheit des Sozialismus und seiner gleichzeitigen Unvereinbarkeit mit dem Kapitalismus. Aufgrund dessen kann man der Parole bis zu einem gewissen Punkt folgen, bis sie sich schließlich selbst in die Luft sprengt. Somit haben wir es mit einer Sprengmetapher und nicht mit einem mystischen Entspruch zu tun.

Meine Damen und Herren,
Mit dieser Losung, der sicherlich größten Errungenschaft des Sozialismus in seinem siebzigjährigen Bestehen, soll das Kapitel politisch instrumentalisierter mystischer Entsprüche aber noch nicht abgeschlossen sein. In unserem letzten Vortrag erwartet sie ein Ausblick auf eine zukünftige Gesellschaft, die nur aufgrund mystischer Faszination überlebt.

Ich danke Ihnen für Ihre Aufmerksamkeit.

Die Zukunft der Mystik

Meine sehr geehrten Damen und Herren!

Mit der Frage, welche Rolle die Mystik in Zukunft spielen wird, sind wir beim letzten Vortrag angelangt. Diese Frage ist unmittelbar verknüpft mit der Möglichkeit, über die momentanen BEVOR hinauszukommen. Je nach politischer Ansicht sind die erreichbaren/überwindlichen Gemeinsamkeitensphären eines Individuums entweder von vornherein fixiert oder von seiner viel mächtigeren Umgebung bestimmt, hauptsächlich von der Gesellschaft und - im marxistischen Verständnis - von den Produktionsverhältnissen. Meine Vorrednerinnen und Vorredner haben sich mehrheitlich positiv über die Mystik und ihre Rolle bei der Vergrößerung jener Möglichkeiten geäußert, ihr sozusagen eine antitotalitäre Kraft zugeschrieben. Mithilfe der Mystik erreicht man gedanklich Bereiche, die sich weit außerhalb der eigenen BEVOR befinden. Im letzten Vortrag haben wir jedoch einige Beispiele gehört, wie die Faszination für das Mystische den Erfolg totalitärer Ideologien befördern kann.

Wird die Faszination von Widersprüchen auch heute noch instrumentalisiert? Die Antwort ist eindeutig: Ja. Heute steht ein ganzes Arsenal an Metaphern sowie mystischen Entsprüchen dafür zur Verfügung. Vor allem genutzt wird sie von der Werbung, die dafür sorgen will, dass die Menschen auf ein Produkt aufmerksam werden, damit es sich in ihren Gehirnen festsetzt. Allerdings wären Zigaretten mit Namen "Gesundrauch", außerdem "Leberschnaps" oder "Spaßspinat" für mystische Metaphern zu platt. Zwar würden sie sich dafür eignen, eine instrumentelle Vernunft für ihren Erwerb zu legitimieren, aber sie würden die Menschen nicht von sich aus fesseln. Dass ein bestimmtes Getränk Flügel verleiht, ist eine Metapher mit hohem mythischem Anteil und geringer Mystik. Es handelt sich einfach um die Erfüllung eines Wunschtraums. Mystisch sind Sätze, wie: "Ein Geschmack, der Sie verschlingt, wenn Sie unser Produkt verschlingen." Der Satz "Mann beißt Hund" legitimiert sich in einer mystischen Welt der umgekehrten Ursache-Wirkungs-Verhältnisse, welche er im Übrigen selbst erschafft. In jedem Fall verleitet seine Faszination zum Kauf der Zeitung mit der entsprechenden Schlagzeile.

Die Werbung belässt die Aussagen aber nicht im Mystischen, sondern versucht, sie über mythisch-wissenschaftliche Darstellungen als praktisch-reale Aussagen in die praktische Realität zu holen. Beispielsweise würde sie einen Wissenschaftler im weißen Kittel zeigen, der ein Sauggerät für besseren Haarwuchs anpreist. Die mystische Faszination überlagert sich dann mit der Annahme, man hätte eine hilfreiche Wahrheit erfahren. Bleibt die mystische Faszination jedoch erhalten, bedeutet dies entweder eine teilweise, im schlimmsten Fall nur eine gefühlte Sinnhaftung in der praktischen Realität. Die tatsächliche Sinnhaftung eines mystischen Entspruchs in der praktischen Realität entsinnhaftet jenen immer in der mystischen Welt und macht ihn rückwirkend zu einem nunmehr aufgeklärten Mysterium.

Von der Mystik geht permanent die Faszination des Geheimnisses aus. Die omnipräsente Werbung schafft es, sie

375

mit der Befriedigung aus praktisch-realen (angestrebten) Wahrheiten zu kombinieren. Was also, wenn mystische Entsprüche die Kommunikation in der Zukunft beherrschen, und wenn jene Kommunikation die mystische Faszination und gefühlt praktische Befriedigung in den Köpfen der Menschen lediglich reproduziert? Ist dies überhaupt möglich? Schließlich muss der Mensch irgendwann erkennen, was für ihn tatsächlich praktisch-real ist und was nicht. Die Limenistik geht normalerweise davon aus, dass sich die praktisch-reale Wahrheit über sogenannte Wahrheitsviren unter den Menschen verbreitet. Neue Ideen werden dabei zunächst abgebremst. Doch wenn sie sich als wahr und hilfreich erweisen, bleiben sie in den Gehirnen haften und bilden ihrerseits Bremsen für neuere Gedanken, die in Konkurrenz mit ihnen treten könnten. In Zeiten der Postmoderne, in der mehrere "Wahrheiten" - unabhängig von zwingenden Gemeinsamkeitenverknüpfungen - gleichzeitig zulässig sind, können konkurrierende Wahrheitsviren nebeneinander bestehen. Man bezeichnet dies häufig als Toleranz. Die so entstehenden Widersprüche sind allerdings keine mystischen Entsprüche. Sie werden nicht konstruiert, um im Praktisch-Realen widersprüchlich zu bleiben. Ihre Akzeptanz ist einfach nur eine Methode, um mit alternativen Gegebenheiten klarzukommen, welche den bisherigen Überzeugungen widersprechen, ohne sich mit ihnen auseinandersetzen zu müssen. Allerdings würde mit der voranschreitenden Akzeptanz postmoderner Widersprüche im Alltag auch die mystische Welt immer mehr an Volumen gewinnen und das tatsächlich Nutzbare schließlich zu einem großen Teil verdrängen. Am Ende bleibt eine vermeintlich praktisch-reale

376

Welt übrig, die im Wesentlichen aus mystischen Widersprüchen besteht.

Doch mit wie vielen Welten haben wir es überhaupt zu tun? Die frühen Theologen gingen von insgesamt drei Reichen aus: die dingliche Realität, die Vorstellungswelt des Menschen und Gottes Reich. Heutzutage gibt es noch mindestens drei weitere: die unvorstellbare Welt der Wissenschaft, die Informationswelt der Medien und natürlich die virtuelle Welt des Internets. Je stärker Gottes Reich aus den Gedanken der Menschen schwindet, umso mehr verbreitet sich die Mystik in den anderen Welten. Sehen Sie, meine Damen und Herren, die virtuelle Welt als etwas an, dass die mystische Welt des Glaubens in Zukunft ersetzen wird. Der Grund? In der virtuellen Welt können mystische Entsprüche visualisiert und dadurch zu Anschauungen werden. Die neue Kirche wird das Internet sein und es wird durch seine Anschaulichkeit auf die Realität der Dinge zurückwirken, bis ein Internet der Dinge unsere Faszination am Mystischen in der Realität befriedigen wird. Die mystischen Entsprüche werden durch das Internet der Dinge in die Realität Einzug halten, natürlich ohne dort wirklich praktisch-real werden zu können. Sie erinnern sich: Eine Massenvernichtungswaffe kann zwar real werden, aber niemals praktisch-real. Noch einmal die Frage: Wie würden Menschen in einer solchen Welt leben können? Ganz klar: Sie würden nicht mehr praktisch-real denken, also in keiner Art und Weise, die das Leben in der realen Welt ermöglicht. Also werden sie nur noch mithilfe von künstlicher Intelligenz überleben können, welche die unpraktische Realität gleichzeitig erzeugt.

377

Meine Damen und Herren!

Warum sollte jemand auf die Idee kommen, Widersprüche, die auf der mystischen Ebene aufgrund ihrer Widersprüchlichkeit sinnhaft sind, als solche in eine falsche praktische Wirklichkeit zu transferieren, anstatt sie mithilfe der Wissenschaft plausibel zu machen oder sie in der Mystik zu belassen? In Orwells Buch "1984" wird als Grund dafür die Macht beschrieben, welche die Partei über die Menschen ausüben will, allein um jener Macht willen. Nun, hier ist MEINE Antwort, und sie steht Orwells Erklärung direkt entgegen: Die Menschen wollen die Faszination des Mystischen. Sie wollen in einer mystischen Realität leben, am besten in perfekter Mystik. Der perfekte mystische Entspruch führt immer wieder zu sich selbst zurück und damit zu seiner Faszination. Allerdings handelt es sich hierbei nicht um einen bewussten Wunsch der Menschen, sondern um eine Falle. Die Faszination ist sozusagen das Rauschmittel, mit denen die Mystik uns von sich abhängig macht, gerade in der virtuellen Welt. Aber sollten wir das Internet aus unserem Leben verbannen, um nicht in diese Falle zu tappen?

Ich möchte noch einmal die grundsätzliche Argumentation wiederholen, die für die Mystik spricht, diesmal negativ ausgedrückt: Das Fehlen von Mystik im Leben der Menschen wäre ein klares Zeichen in Richtung fehlender Fantasie und Intuition für wissenschaftliche Innovation. Ohne Mystik fehlt der Werkzeugkasten für völlig überraschende Erkenntnisse, und die Gesellschaft wäre lediglich in der Lage, sich in ihrer momentanen Form zu reproduzieren, wobei sich jene Form über kurz oder lang als eine falsche herausstellen wird. Ich möchte die Mystik daher nicht bloß als "Falle", sondern als "Ausbruchsfalle" bezeichnen. Die Hoffnung, die ich mit dieser Metapher verbinde, ist die Sinnhaftung von Metaphern der virtuellen Welt nur in der virtuellen Welt, sodass ihr Ausbruch in die praktische Realität verhindert wird.

Nehmen Sie den Ausdruck "lebende Tote" als Bezeichnung für Zombies in Videospielen. Obwohl solche Spiele oder Filme sehr populär sind, glaubt niemand ernsthaft, dass es in der praktischen Realität lebende Tote gäbe, und wenn doch, dann nur aufgrund eines medizinischen Experiments oder am Tag des Jüngsten Gerichts (Beides findet wahrscheinlich zum selben Zeitpunkt statt). Trotzdem ist die Sinnhaftung des Widerspruchs in der heutigen Zeit so weit vorangeschritten, dass der Begriff der lebenden Toten beinahe zu einer toten Metapher geworden ist, d.h. ihrem Benutzer ist die Bedeutung der Einzelbegriffe vielleicht noch bewusst, der Widerspruch zwischen ihnen jedoch nicht mehr. Aber jetzt, meine Damen und Herren, kommt das Besondere: Die Sinnhaftung des Begriffs und damit seine Überführung in die Alltagssprache geschah trotz seiner Anschaulichkeit nicht in der praktisch-realen Welt, sondern in der virtuellen. Dabei hat die Anschauung in der virtuellen den Widerspruch zwar in die praktische Realität geholt und ihn sinnhaft gemacht, allerdings indem sie ihn zurück in die Welt der Fantasie schickte. Hieran erkennt man, dass die virtuelle Welt prinzipiell eine "Ausbruchsfalle" darstellen kann, d.h. aufgrund der Anschauung verfällt man dem mystischen Widerspruch in ihr, schafft es jedoch, ihn zurück in die Mystik zu verweisen. Verallgemeinert: Trotz ihrer Faszination gelten mystische Entsprüche, anschaulich erfahren in der virtuellen Welt, nur auf der Ebene der virtuellen Welt als sinnhaft, aber nicht auf der praktisch-realen, unabhängig davon, wie praktisch-real sie uns in der virtuellen erscheinen. Zombies verbleiben durch ihre praktisch-reale Versinnhaftung dort, wo sie hingehören, im Bereich der Mystik. Wenn die Hölle in der virtuellen Welt wahr würde, dann würde ihr Erscheinen in jener Welt sie nicht etwa in die praktische Realität der Menschen transportieren, sondern in der praktischen Realität würde klar, dass sie nur in der virtuellen Welt existiert. Der Punkt ist, dass die korrekte Versinnhaftung von Aussagen, egal in welcher Welt, letztendlich immer auch ihre Versinnhaftung in der praktisch-realen Welt ist, welche jeder Mensch immer anstreben sollte, um sich in ihr erhalten zu können. Dies, meine Damen und Herren, macht mir Hoffnung.

Ich danke Ihnen für Ihre Aufmerksamkeit.

380

Schlussbemerkung

Meine sehr geehrten Damen und Herren!
Wir haben eine wunderschöne und hoffentlich lehrreiche
Woche hier in Weimar verbracht. Ich denke, das Konzept,
uns selbst mehr Gelegenheit zum Diskutieren zu geben,
hat dieser Konferenz sehr gutgetan. Viele von uns sind in
lockeren Gesprächen zu völlig neuen Einsichten gekommen. Das gilt übrigens auch für mich. Gestern Abend habe
ich sehr lange mit einem Kollegen aus Griechenland de-
battiert. Es ging um die christliche Idee, "die andere
Wange" hinzuhalten. Sie wissen schon, Matthäus 5, Vers
39. Nach einigen Gläsern thüringischen Bieres habe ich
ihm ganz ehrlich gesagt, dass ich die Motivation hinter
dieser Formulierung für eine mystische Spielerei von Neu-
platonikern halte. Es geht einzig darum, einen Widerspruch zu konstruieren und diesen mittels pazifistischer
Argumente in der Mystik sinnhaft zu machen. Der Kollege
- ich hoffe, er ist noch hier - widersprach mir nicht direkt.
Stattdessen stellte er mir folgende Frage: "Wäre es nicht
wahrscheinlicher, dass eine pazifistische Einstellung eines
Gegners zur Beendigung der Feindseligkeiten ohne Verlust an Menschenleben führt? Selbst wenn der Gegner
nicht auf das Angebot des Christen einginge, so würde jener doch zumindest überleben, während bei einer Fortset-
zung des Kampfes die Verluste deutlich höher lägen." Wie
schön, meine Damen und Herren, dass man die christliche
Religion auch ganz anders, nämlich konsequent utilitaris-
tisch verstehen kann.

Nach diesen ketzerischen Worten möchte ich noch einmal auf das Thema unserer Konferenz zurückkommen: Gibt es eigentlich so etwas wie limenistische Mystik? Erinnern wir uns an den stärksten limenistischen Widerspruch: "Zwei Agenten, die keine einzige Gemeinsamkeit teilen, sind einander völlig gleich." Im Rahmen der limenistischen Philosophie lässt sich dieser Widerspruch nicht in die Realität integrieren. Will man ihn nicht abweisen, muss man sich fragen, ob es Analogien gibt, um sich ihm anzunähern. Nehmen wir an, der Vater gebäre seinen Sohn, dem er gleich ist. Hier haben wir es mit einem Fraktal zu tun, bei dem der Vater immer wieder sich selbst enthält, also auf unterschiedlichen Skalen selbstidentisch ist, ohne dass die Struktur homogen erscheint. Es besteht allerdings kein relevanter Unterschied zwischen Vater und Sohn. Was aber ist der relevanteste Unterschied zwischen Menschen? Natürlich das Geschlecht. Somit steht die Brautmystik, bei der die weibliche Seele dem männlichen Christus in ihrer Vereinigung gleich wird, näher an der limenistischen Mystik als die Trinität. Um die beiden Herangehensweisen zu kombinieren: Was, wenn Gott die Mutter wäre, die immer wieder ihren Sohn gebärt, dem sie gleich ist. Dann wäre auch der Sohn die Mutter und er könnte wiederum einen Sohn gebären, der eine Mutter wäre. Bevor Sie diesen Gedanken ablehnen, meine Damen und Herren, denken Sie etwas länger über das Vater-Sohn-Modell nach. Hat es sich, da es ein Fraktal darstellt, nicht als Analogie für Gott disqualifiziert? Schließlich ist es alles andere als unvereinbar widersprüchlich. Die Natur um uns herum ist voll von Fraktalen, sie sind in den Astverzweigungen der Bäume sichtbar, ebenso in unserem Blutkreislauf. Es gibt sie überall, sie sind nichts Besonderes. Wäre Gott also nicht eher dann Gott, wenn er eine Frau wäre, die ewig ihren Sohn gebiert, mit dem sie eins und einfältig ist?

Mit diesem Gedanken verabschiede ich mich und danke für Ihr Kommen, trotz der unberechenbaren Zeiten, in denen wir gerade leben. Die Organisation dieser Konferenz hat uns jedenfalls einiges abgerungen, das kann ich Ihnen sagen. Deshalb bitte ich Sie um einen herzlichen Applaus an das Team und natürlich an unsere überaus freundlichen Gastgeber.

Danke! Ich hoffe, dass es eine weitere Limenistik-Konferenz geben wird, allerdings sind wir uns diesbezüglich noch nicht sicher. Wenn wir uns zur Planung einer neuerlichen Veranstaltung durchringen können, dann wird sie sicherlich wieder an einem geschichtsträchtigen Ort stattfinden. Also! Nochmals Danke für Ihr Kommen und eine gute Heimfahrt. Ach ja, bitte legen Sie Ihre Namensschildchen in die Kiste neben der Tür, bevor Sie die Villa "Christiane" verlassen.

Literaturverzeichnis

1. William J. Hoye, Vorlesung: Eine Theologie für Ox und Esel, https://www.youtube.com/channel/UCL-bUjJXz6mmgW_hlRNNy4JQ, 16.4.2021-23.7.2021.
2. Martin Luther, "Von der Freiheit eines Christenmenschen", erster Absatz, 1520.
3. https://www.duden.de/rechtschreibung/Empire
4. Johann Wolfgang Goethe, "Zur Farbenlehre", Zenodot, 2016.
5. Mladen Dolar, "What's the Matter? On Matter and related Matters" in Russell Sbriglia (Hrsg.), Slavoj Zizek (Hrsg.), "Subject Lessons: Hegel, Lacan, and the Future of Materialism (Diaeresis)", Northwestern University Press, 2020.
6. Krzysztof Michalski, "Die Zerbrechlichkeit des Ganzen", in Transit, Europäische Revue, Heft 34, Publishing house Verlag, Neue Kritik, 2007.
7. Albert Camus, "Der Mythos des Sisyphos: Ein Versuch über das Absurde Taschenbuch", Rowohlt Taschenbuch, 2000.
8. Johannes Brachtendorf, "Vorlesung Religionsphilosophie, 19. und 20. Stunde.", timms video, Universität Tübingen, https://timms.uni-tuebingen.de:443/tp/UT_20191216_001_relphil_0001, 2019, Accessed 28 Dec 2023.
9. https://www.schule-bw.de/faecher-und-schularten/sprachen-und-literatur/latein/sprache/kasuslehre/kasuslehre-gesamt.html
10. https://www.spektrum.de/lexikon/philosophie/universalienstreit/2099

11. Rüdiger Goerner, "Der Universalist", Deutschland-funk, 07.04.2013, https://www.deutschland-funk.de/der-universalist.1184.de.html?dram:ar-ticle_id=242746

12. Ludwig Wittgenstein, "Tractatus logico-philosophi-cus: Logisch-philosophische Abhandlung", Suhr-kamp, Satz 5.6, 1963.

13. Ludwig Wittgenstein, "Philosophische Untersuchun-gen", Suhrkamp, Satz 5.6, § 43, 2003.

14. Gerda von Bredow, "Coincidentia Oppositorum", in: Historisches Wörterbuch der Philosophie, Band 1, Sp. 1022-1023, Basel und Darmstadt 1971.

15. Anselm von Canterbury; Franciscus Salesius Schmitt (Hrsg.): Proslogion. Untersuchungen. Lateinisch-deutsche Ausgabe, Stuttgart-Bad Cannstatt, S. 13, 1962.

16. Max Horkheimer und Theodor W. Adorno, "Dialek-tik der Aufklärung", S. 25, 1944.

17. Bernard Stiegler, "States of Shock: Stupidity and Knowledge in the 21st Century", Polity, 2015.

18. Friedrich Nietzsche, "Jenseits von Gut und Böse", Insel-Verlag, 1984.

19. Friedrich Nietzsche, "Zur Genealogie der Moral, Erste Abhandlung", § 7, Werke in drei Bänden, Band 2, S. 771-785, Carl Hanser Verlag, München, 1954.

20. Friedrich Nietzsche: "Also sprach Zarathustra", Ni-kol, 2011.

21. Michael Reitz, Irene Schuck, "Michael Foucault - Was macht Macht", BR radiowissen, https://www.y-outube.com/watch?v=dZifLDpl5EY, 2014.

22. Dietmar Hübner, "Politische Philosophie 12: Moderne 3 - Luhmann, Foucault, https://www.youtube.com/watch?v=Bdu-e6IyYO0, 03.02.2016.
23. Christoph David Piorkowski, "Eine Lange Nacht über Michel Foucault. Die Spur der Macht in uns allen", Deutschlandfunk, https://www.deutschlandfunk.de/eine-lange-nacht-ueber-michel-foucault-die-spur-der-macht.704.de.html?dram:article_id=365838 oder https://www.youtube.com/watch?v=VgrQSlA-KaIA, 08.10.2016.
24. Michel Foucault's Conception of Discourse as Knowledge and Power, University Quick Course, https://www.youtube.com/watch?v=mb02e2SYdGg, 04.07.2019.
25. https://www.uni-due.de/genderportal/studis_diskursbegriff.shtml
26. https://www.spektrum.de/lexikon/philosophie/falsifizierbarkeit/698
27. Philipp Hübl, "In Search of a Master Plan. How Conspiracy Theorists Get the Scientific Method Wrong", Elephant in the Lab, DOI: 10.5281/zenodo.396439
28. Michel Foucault, "Dispositive der Macht: Über Sexualität, Wissen und Wahrheit", Merve Verlag Berlin, S. 54, 1978.
29. Jean-Paul Sartre, "Der Existentialismus ist ein Humanismus: Und andere philosophische Essays 1943 - 1948", Rowolth Taschenbuch, 2000.
30. Theodor W. Adorno, "Minima Moralia", Suhrkamp 1969, S. 42.

31. Dan Zahavi, "Phänomenologie für Einsteiger", Wilhelm Fink Verlag, 2018.
32. Christian Weilmeier, "Edmund Husserl: Phänomenologie, phänomenologische Reduktion, Intentionalität", 04.12.2017, https://www.youtube.com/watch?v=JcSqF14dTRc
33. Max Born, "Die Relativitätstheorie Einsteins", Springer 2003.
34. Edmund Husserl, "Cartesianische Meditationen und Pariser Vorträge", S. 130, Martinus Nijhoff. The Hague, Netherlands, 1973,
35. Antoine de Saint-Exupéry, "Der kleine Prinz", Anaconda, 2015.
36. https://www.duden.de/rechtschreibung/Solipsismus
37. https://www.duden.de/rechtschreibung/Psychologismus
38. "Die fabelhafte Welt der Amélie", von Jean-Pierre Jeunet, 2001.
39. Immanuel Kant, "Kritik der reinen Vernunft", 2. Aufl., Riga, S. 25, 1787.
40. Andreas Luckner, Sebastian Ostritsch, "Existenz", De Gruyter, S. 118, 2018.
41. Information Philosophie, "Husserls Transzendentalphilosophie." Fragen an Sebastian Luft, Heft 3/2014, S. 41-62
42. Maurice Merleau-Ponty, "Phänomenologie der Wahrnehmung", de Gruyter, Berlin, 1966.
43. Steffen Herrmann, "Politik der Leiblichkeit. Von Maurice Merleau-Ponty zu Iris Marion Young und Judith Butler", in: Thomas Bedorf, Tobias N. Klaas (Hg.), "Leib – Körper – Politik. Untersuchungen zur

Leiblichkeit des Politischen", S. 61-82, Weilerswist: Velbrück, 2015.

44. Walter Gölz, "Dasein und Raum", Max Niemeyer Verlag Tübingen, S. 210, 1970.

45. Wolfgang Welsch, "Die Philosophie seit 1945, Teil 1", Vorlesung, Friedrich-Schiller-Universität Jena, 1998, https://shop.auditorium-netzwerk.de/detail/index/sArticle/17545

46. George Lakoff, "The Neuroscience of Language and Thought", 07.10.2018, https://www.youtube.com/watch?v=JJP-rkilz40

47. Wladimir Kaminer, "Meine Mutter, ihre Katze und der Staubsauger", Manhattan, 2016.

48. Stangl, W. (2021). Stichwort: 'Metapher – Online Lexikon für Psychologie und Pädagogik'. Online Lexikon für Psychologie und Pädagogik. WWW: https://lexikon.stangl.eu/560/metapher (2021-07-11).

49. George Lakoff, Mark Johnson, "Metaphors we live by", The University of Chicago Press, 1980.

50. Elisabeth Zima, "Einführung in die gebrauchsbasierte Kognitive Linguistik", De Gruyter, 2021.

51. Christian Hoffstadt, "Denkräume und Denkbewegungen. Untersuchungen zum metaphorischen Gebrauch der Sprache der Räumlichkeit." KIT Scientific Publishing, 2009.

52. https://www.duden.de/rechtschreibung/Metonymie

53. George Lakoff: "How Brains Think: The Embodiment Hypothesis", 7.4.2015, https://www.youtube.com/watch?v=WuUnMCq-ARQ

54. George Lakoff on "Embodied Cognition and Language", Central European University, 22.10.2013, https://www.youtube.com/watch?v=XWYaoAoijdQ
55. George Lakoff: "The Brain's Politics: How Campaigns Are Framed and Why", 27.04.2016, https://www.youtube.com/watch?v=80_GUCeysec
56. John H. Byrne, "Intro to Neuroscience", 17.09.2017, https://www.youtube.com/watch?v=nlSL7Qg7-Po
57. John H. Byrne, "Synaptic Plasticity", 17.09.2017, https://www.youtube.com/watch?v=G-y-bIgQ6MY
58. LEXIKON DER NEUROWISSENSCHAFT, "Bahnung", https://www.spektrum.de/lexikon/neurowissenschaft/bahnung/1237#:~:text=Bahnung%2C%20synaptische%20Bahnung%2C%20Facilitation%2C,(Endkn%C3%B6pfchen%3B%20siehe%20Zusatzinfo%20).
59. John H. Byrne, "Learning and Memory", 17.09.2017, https://www.youtube.com/watch?v=oEVxNt2VES4&list=PLeRCSVJpV37Iqv6w0p8hiuCYTB-LutCqId&index=5
60. D. O. Hebb, "The Organization of Behavior; A Neuropsychological Theory." New York: Wiley. xix, 335 pp, 1949.
61. Jesper Sjöström and Wulfram Gerstner, Scholarpedia, 5(2), 1362, 2010.
62. Oana David, George Lakoff, and Elise Stickles, "Cascades in metaphor and grammar: A case study of metaphors in the gun debate", in Constructions and Frames 8(2), 2016.
63. https://www.duden.de/rechtschreibung/salient

64. Stangl, W. (2021). Stichwort: 'Spiegelneuronen'. Online- Lexikon für Psychologie und Pädagogik. WWW: https://lexikon.stangl.eu/932/spiegelneuronen (2021-10-22)
65. Giacomo Rizzolatti und Corrado Sinigaglia, "Empathie und Spiegelneurone: Die biologische Basis des Mitgefühls", Suhrkamp, 2008.
66. George Lakoff, "Mapping the brain's metaphor circuitry: metaphorical thought in everyday reason", Front. Hum. Neurosci., 16 December 2014, https://doi.org/10.3389/fnhum.2014.00958
67. George Lakoff. The Brain's Mathematics: The Cognitive and Neural Foundations of Mathematics, 2016 Breakthrough Prize Symposium in Mathematics, 09.12.2015, https://www.youtube.com/watch?v=S-TZBvjc3s8
68. Andreas Huber, "Metaphorik und Handeln: metaphorisches Priming am Beispiel der Vorgesetzten-Kommunikation", Dissertation, Universität Duisburg-Essen, 2005.
69. https://www.duden.de/rechtschreibung/Utilitarismus
70. L. M. Oberman, V. S. Ramachandran, "Reflections on the Mirror Neuron System: Their Evolutionary Functions Beyond Motor Representation". In J.A. Pineda, "Mirror Neuron Systems", Humana Press. 39-59 (2009).
71. Dr. Christian Keysers, "The Empathic Brain", 09.11.2018, https://www.youtube.com/watch?v=Yw8p2D2Jejg
72. Bernhard Hommel, Dieter Nattkemper, "Handlungspsychologie. Planung und Kontrolle intentionalen

Handelns (Springer-Lehrbuch)", S. 22 f, Springer, 2011.

73. Andreas Kaminski, "Was heißt es, dass eine Metapher absolut ist? Metaphern als Indizien." In: Alexander Friedrich, Petra Gehring und Andreas Kaminski (Hg.): Journal Phänomenologie. Schwerpunkt: Metaphern als strenge Wissenschaft 41, S. 47–62, 2014.

74. Hans Blumenberg, "Paradigmen der Metaphorologie", Bonn, 1960.

75. Michael Reitz, "Der Geist ist sich selbst voraus. Die Metaphernlehre des Philosophen Hans Blumenbergs", Deutschlandfunk, 29.07.2012."

76. Hans Blumenberg, "Licht als Metapher der Wahrheit: im Vorfeld der philosophischen Begriffsbildung", in "Hans Blumenberg. Ästhetische und metaphorologische Schriften", Suhrkamp 2001.

77. Johann Kreuzer, "Das Licht als Metapher in der Philosophie, in "Studium Generale. Licht", Óscar Loureda Hrsg., Heidelberg University Publishing, 2016.

78. Karlheinz Boß, "Von 'Hebammen' und anderen Metaphern. Metaphern in der Pädagogik: Schmuck oder Notwendigkeit?", Diplomarbeit, Institut für Bildungswissenschaft, Universität Wien, S. 34, 2009.

79. Rüdiger Zill, "Der Fallensteller. Hans Blumenberg als Historiograph der Wahrheit", in: Zeitschrift für Ideengeschichte, Jahrgang 1, Heft 3, S. 21 - 38, 2007.

80. "Hans Blumenberg. Pädagogische Lektüren", Hrsg. F. Ragutt und T. Zumhof, Springer VS, S. 133, 2016.

81. Friedrich Nietzsche, "Über Wahrheit und Lüge im außermoralischen Sinn", Werke in drei Bänden, Band 3, Carl Hanser Verlag, München 1954.

82. Johann Wolfgang von Goethe, "Maximen und Reflexionen", Berliner Ausgabe. Kunsttheoretische Schriften und Übersetzungen, Bd. 18, Berlin: Aufbau, S. 602-632, 1960 ff.

83. Douglas Adams, "Per Anhalter durch die Galaxis", Heyne, 2009.

84. Joseph Freiherr von Eichendorff, "Gedichte", M. Simion, S. 227, 1843.

85. Johann Wolfgang von Goethe, "Gesammelte Werke", Anaconda, e-book, 2015.

86. Robert Frost, "Stopping by Woods on a Snowy Evening", Dutton, 1978.

87. Die Bibel, nach Martin Luther.

88. Joseph M. Gaßner, "Urknall, Weltall und das Leben. Von Aristoteles zur Stringtheorie", https://www.youtube.com/channel/UClD-nGiwSyTyu7gxO8X5U18g, 2017.

89. Stefan Gillessen et al., "Eine Gaswolke auf dem Weg ins Schwarze Loch im Zentrum der Milchstraße", https://www.mpg.de/6764356/mpe_jb_20121

90. https://www.technology.org/2021/08/23/how-time-becomes-space-inside-a-black-hole/

91. Manfred Dahlmann, "Michel Foucault und das Rätsel der Macht", Ça-ira-Verlag, 2018.

92. Prof. Em. Dr. William J. Hoye, Vorlesung: "Theologische Themen bei Hans Blumenberg", https://elec-

tures.uni-muenster.de/engage/theo-dul/ui/core.html?id=d7e88a67-38ae-4f80-be11-83e449c9e4dd, 3.11.2017.

93. Walter Ötsch, Welt-Bilder, Aus der Vorlesung „Themen und Theorien der Kulturwissenschaften I" an der Johannes Kepler Universität Linz, 2012-2013, https://www.youtube.com/watch?v=IYwiIeaN-pjc&list=PLxR1evL-Jul6ZVUiQQNDR6m_mquWMDcFl-

94. Rüdiger Safranski, "Romantik: Eine deutsche Affäre", Carl Hanser Verlag, 2007

95. Christoph Keese, "Romantik verzaubert die Wirklichkeit", Die Welt, veröffentlicht am 16.09.2007, https://www.welt.de/kultur/article1187529/Romantik-verzaubert-die-Wirklichkeit.html

96. Jürgen Egyptien, "Stefan George: Dichter und Prophet", wbg, 2018

97. Stefan George, "Einem Pater", Der siebente Ring. Gesamt-Ausgabe der Werke, Band 6 / 7, S. 185-186, Berlin 1931

98. https://www.duden.de/rechtschreibung/Aphorismus

99. Wladimir Iljitsch Lenin, Wladimir I. Lenin, "Ankündigung der Redaktion der Iskra", Oktober 1900.

100. Herbert Theierl, "Nietzsche. Mystik als Selbstversuch (Nietzsche in der Diskussion)", Königshausen u. Neumann, 2000

101. Friedrich Nietzsche, "Götzen-Dämmerung oder Wie man mit dem Hammer philosophiert", Leipzig, C.G. Naumann, 1889

102. Manuell Knoll, "Nietzsches Begriff der sozialen Gerechtigkeit", Nietzsche Studien, S. 180, De Gruyter, November 2009

103. Friedrich Nietzsche, "Die fröhliche Wissenschaft", Anaconda, 2009

104. Friedrich Nietzsche, "Also sprach Zarathustra", Insel Verlag, 1994

105. Friedrich Nietzsche, "Die Geburt der Tragödie", Leipzig: Kröner, 1930

106. Johanna Janina S. Aulich, "Die Orphische Weltanschauung der Antike und ihr Erbe bei den Dichtern Nietzsche, Hölderlin, Novalis und Rilke", Master Thesis, Simon Fraser University, Dezember 1990

107. https://www.jacob-boehme.org/index.php/einzelwerke/27-von-sechs-punkten

108. https://www.erfurt.de/ef/de/erleben/entdecken/geschichte/personen/111723.html

109. "Meister Eckhart. Deutsche Werke." Herausgegeben von Josef Quint und später von Georg Steer, Kohlhammer, seit 1958.

110. Bernard McGinn reflects on "Mystical Language in Meister Eckhart" A Lecture in Honor of John Connolly; Sophia Smith Professor of Philosophy Smith College, Northampton, MA, https://www.youtube.com/watch?v=Uxh2MHzEc3g, October 20, 2011.

111. Andreas Weis, "Die Philosophie Simone Weils unter dem Aspekt der Lehre Schopenhauers", Jahrbuch der Schopenhauer-Gesellschaft, S. 141, 2015.

112. Karl Schnabel, "Meister Eckharts mystische Schriften", Berlin, S. 130-136, 1903.

113. Prof. Em. Dr. William J. Hoye, "WS1516 - 022667 Vorlesung: Christliche Mystik", Vorlesung 7, WWU eLectures. https://www.youtube.com/watch?v=VoAZH9jV5W0, 04.12.2015.

114. https://relilex.de/blut-und-boden-ideologie/

115. Ludwig Trepl, "Die Idee der Landschaft. Eine Kulturgeschichte von der Aufklärung bis zur Ökologiebewegung.", transcript Verlag 2012.

116. Konstantin Tschernenko, "Volk und Partei sind eins: ausgew. Reden u. Aufsätze." Übers. von N. S. Letneva, Verlag Eisenstadt, 1984.

117. George Orwell, "1984", Ullstein Taschenbuch, 2007.

118. Jeremy Bentham, "Panoptikum", Matthes & Seitz Berlin, Reihe:Batterien Bd. 014, 2013.

119. https://www.kas.de/de/web/linksextremismus/falsche-vorbilder-wladimir-iljitsch-lenin

120. Wladimir Iljitsch Lenin, "Was tun?", W. I. Lenin Werke, Bd.5, S.355-549, Dietz Verlag Berlin, 1977.

121. Anfang Mai 1945, zitiert in: Wolfgang Leonhard: Die Revolution entläßt ihre Kinder (1955). Leipzig 1990. S. 406.

122. W. I. Lenin, "Staat und Revolution", Werke, Bd. 25, S. 393 - 507, Dietz Verlag Berlin, 1972.

123. W. I. Lenin, Werke, Bd. 24, S. 39 - 77, Berlin, 1959.

124. Wladimir Iljitsch Lenin, "Staat und Revolution", W. I. Lenin, Werke, Bd. 25, Berlin, S. 482 ff, 1977.

125. W. I. Lenin, Werke, Bd. 25, S. 369, Dietz Verlag Berlin, 1972.

126. W. I. Lenin, Werke, Bd. 28, S. 481, Dietz Verlag Berlin, 1972.

127. Mao Tse-tung: "Worte des Vorsitzenden Mao Tse-tung", Verlag Neuer Weg, 1993.
128. Mao Tse-tung, Schlußansprache auf der 2. Tagung des 1. Nationalkomitees der Politischen Konsultativkonferenz des chinesischen Volkes (23. Juni 1950).
129. Mao Tse-tung, "Über die richtige Behandlung der Widersprüche im Volke", 27. Februar 1957.
130. Gettysburg Address von Abraham Lincoln, 19. 11. 1863
131. Mao Tse-tung, "Reden bei der Aussprache in Yenan über Literatur und Kunst" (Mai 1942), Ausgewählte Werke Mao Tse-tungs, Bd. III, S. 92
132. Mao Tse-tung, Vorbemerkung zum Artikel "Ein Ausweg für die überschüssige Arbeitskraft gefunden" (1955), in: Der sozialistische Aufschwung im chinesischen Dorf, Bd. II
133. Mao Tse-tung, "Einige Fragen der Führungsmethoden" (6. Juni 1947), Ausgewählte Werke Mao Tse-tungs, Bd. III, S. 119.
134. Mao Tse-tung, "Der Platz der Kommunistischen Partei Chinas im nationalen Krieg" (Oktober 1938), Ausgewählte Werke Mao Tse-tungs, Bd. II.
135. Mao Tse-tung, "Über die Verhandlungen in Tschungking" (17. Oktober 1945), Ausgewählte Werke Mao Tse-tungs, Bd. IV., S. 59.
136. Mao Tse-tung, "Gespräch mit der amerikanischen Korrespondentin Anna Louise Strong", Ausgewählte Werke Mao Tse-tungs, Bd. IV, S. 100, August 1956.
137. Mao Tse-tung, Rede auf der Tagung des Politbüros des ZK der KP Chinas in Wutschang (1. Dezember 1958), zitiert in der Anmerkung zum "Gespräch mit

der amerikanischen Korrespondentin Anna Louise Strong", Ausgewählte Werke Mao Tse-tungs, Bd. IV, S. 98-99.

138. Mao Tse-tung, "Gegen den Liberalismus" (7. September 1937), Ausgewählte Werke Mao Tse-tungs, Bd. II, S. 31-32.

139. Mao Tse-tung, "Probleme des Krieges und der Strategie" (6. November 1938), Ausgewählte Werke Mao Tse-tungs, Bd. II, S. 225

140. Mao Tse-tung, "Rede in der Festsitzung des Obersten Sowjets der UdSSR anläßlich des 40. Jahrestags der Großen Sozialistischen Oktoberrevolution" (6. November 1957)

141. Mao Tse-tung, "Über die Koalitionsregierung" (24. April 1945), Ausgewählte Werke Mao Tse-tungs, Bd. III, S. 257

142. Mao Tse-tung, "Über den Widerspruch" (August 1937), Ausgewählte Werke Mao Tse-tungs, Bd. I, S. 313

143. Mao Tse-tung, "Woher kommen die richtigen Ideen der Menschen?" (Mai 1961). S. 1

Autor: K. Theo Frank
-geboren in Mitteldeutschland
-Naturwissenschaftler

Bisherige Titel:

Philosophie:
-Papa, bin ich noch links? - Ein limenistischer Essay;
Limenistik - Die Leipziger Vorträge

Fantasy:
-Marie und die Zauberer; Marie und die Zauberer 2;
I.V.; R.I.; Goethe, Schiller vs. Psychokiller

Dystopie/Sci-Fi:
-E.G.; E.G.2.; E.G.3; Angriff von Links! Angriff von
Rechts!; Die Idee über die Welt; Der Wunsch der Androi-
den